인간 욕망의 법칙

인간 욕망의 법칙

로버트 그린 지음 | 안진환 · 이수경 옮김

웅진 지식하우스

일러두기 ―
이 책은 『권력의 법칙』(웅진지식하우스, 2009)의 에센셜 에디션입니다.

항상 선하려고 애쓰는 자는
선하지 않은 많은 사람들 틈에서
반드시 파멸하게 되어 있다.
그러므로 권력을 지키고자 하는 군주는
선하지 않게 되는 법을 배워야 한다.

_니콜로 마키아벨리, 『군주론』

인간의 가장 원초적인 욕망 '권력',
교활하고 무자비하며 매혹적인 그 힘을 탐하다

권력 세계를 지배하는 불변의 특성인 이중성은 과거 흉계가 넘치 던 궁정 세계의 권력 역학과 매우 흡사하다. 궁정 신하들은 주군 을 섬겨야 했지만, 너무 드러나게 비위를 맞추거나 아첨하는 듯 보이면 주변 신하들의 반감을 사곤 했다. 따라서 교묘한 방법으로 주군의 환심을 사야 했다. 궁정은 가장 높은 수준의 교양과 품위 를 대표하는 곳이었다. 폭력적으로 권력을 행사하거나 너무 공공 연한 방법을 동원하면 은근한 멸시의 대상이 되었다. 궁정 사람들 은 힘을 사용하는 동료를 조용하고도 은밀하게 적대시했다. 이것 이 궁정 신하의 딜레마였다. 우아함을 잃지 않으면서도 교묘한 방 법으로 상대의 의표를 찌르고 훼방을 놓아야 했던 것이다.

　　오늘날 우리는 궁정 신하와 흡사한 역설에 직면해 있다. 모든 것이 교양 있고 품위 있으며 민주적이고 공정해 보여야 한다. 그러나 만약 너무 엄격하게 그 규칙들에 준거해서 움직이면, 그렇게 멍청하지 않은 주변 사람들에게 짓밟히게 된다. 궁정은 세련된 품위의 정점으로 간주됐지만, 그 아래에서는 탐욕과 질투, 욕정, 증오 등 어두운 감정들의 가마솥이 부글부글 끓었다. 우리의 세계도 이와 유사하다. 그 어떤 시대보다도 공정성이 가장 발전된 것처럼 보이지만, 그 아래에는 여전히 궁정 시대와 다를 바 없는 추한 감정들이 우리 내부를 휘젓고 있다. 게임의 규칙은 변하지 않았다. 겉으로는 고상한 가치들을 존중하는 듯 보여야 하며, 동시에 속으로는 빠르게 계산할 줄 알아야 한다.

그러나 이처럼 권력 게임을 벌인다는 발상은 어떤 사람들에게는 요즘 시대에 맞지 않는 사악하고 부도덕한 태도로 여겨질 수 있다. 그들은 권력을 추구하는 태도와 짐짓 거리를 두며, 권력을 비롯해 그와 비슷한 모든 욕망에 초연한 모습을 보이기도 한다. 그러나 당신은 바로 이런 사람들을 조심해야 한다. 겉으로는 그렇게 보여도 실제로는 권력 게임에 정통한 고수들인 경우가 많기 때문이다. 그들이 그런 전략을 구사하는 이유는 당연히 자기들이 뒤에서 조종하고 있다는 사실을 교묘하게 위장하기 위해서다.

물론 완벽한 정직성과 솔직한 태도를 갖추면 권력 게임을 피할 수 있다고 생각할 수도 있다. 권력을 추구하는 사람들의 주요 기법 중 하나가 기만과 비밀주의이기 때문이다. 그러나 완벽한 정직성을 추구하다 보면 뜻하지 않게 많은 사람에게 상처와 모욕을 줄 수밖에 없다. 그들 중 일부는 앙갚음을 계획할 것이다. 또한 어느 누구도 당신의 정직하고 솔직한 발언을 완벽하게 객관적이며 전혀 사심이 없는 것으로 받아들이지 않을 것이다. 사람들의 그런 태도는 매우 합리적이다. 정직성을 이용하는 것 역시 권력 전략 가운데 하나로서, 사람들에게 자신이 고상하고 선량하며 이기심 없는 인물이라는 확신을 주려는 것이기 때문이다.

마지막으로, 권력 게임에 관심이 없다고 주장하는 사람들은 순진한 척 가장하는 것일 수도 있다. 이 역시 경계의 대상으로 삼아야 한다.

이렇게 짐짓 권력에 무관심한 체하는 사람들은 자신들의 도덕적 자질과 경건한 언동, 예민한 정의감 등을 과시하게 마련인데, 우리는 그런 모습에서 그들의 실체를 파악할 수 있어야 한다. 이들은 도덕적 우월성이라는 연막으로 자신들의 권력 게임을 가리려는 것뿐이다. 우리는 자신을 포함한 모든 사람은 권력을 욕망하며, 또한 우리의 거의 모든 행동은 권력을 얻으려는 목적에 맞춰져 있음을 인정해야 한다.

세상이 흉계가 난무하는 거대한 궁정과 같고, 우리가 그 안에 갇혀 있는 것이라면, 권력 게임에서 벗어나려는 시도는 아무런 소용이 없는 일이다. 권력 게임이 불가피하다면, 그것을 거부하거나 서투르게 다루기보다는 게임의 달인이 되는 것이 낫지 않겠는가. 사실 권력을 잘 다루면 다룰수록 당신은 더 나은 동료, 더 나은 상사, 더 나은 연인, 더 나은 인간이 될 수 있다.

권력 게임을 배우기 위해서는 먼저 세상을 보는 관점의 변화가 필요하다. 이는 많은 노력이 필요한 일이지만, 몇 가지 기본을 익히면 권력의 법칙들을 좀 더 쉽게 적용해볼 수 있다.

우선 당신이 과거에 저지른 실수들, 특히 가장 참담했던 실수들을 검토하는 데서 시작하라. 이 책의 48가지 법칙에 비추어 그것들을 분석하고, 거기서 교훈을 도출한 다음 맹세하라. "다시는 그런 실수를 되풀이하지 않겠다. 다시는 그런 함정에 빠지지 않겠다." 스스로를 평가하고 그에 준해 행동을 유지할 수 있다면, 당신은 과거의 어리석은 패턴들을 깨뜨리는 방법을 배울 수 있다.

권력 게임은 외양을 가장하는 능력을 요구한다. 그러므로 당신은 상황에 맞는 다양한 가면과 기만 전략을 준비해야 한다. 기만과 가장을 비윤리적이라고 여겨서는 안 된다. 모든 인간관계에는 다양한 차원에서 기만이 필요하다. 어떤 면에서 보면 인간과 동물을 구별해주는 것은 거짓말과 속이는 능력이다.

기만이 가장 강력한 무기라면 인내는 당신이 꼭 갖춰야 하는 방패다. 인내는 바보 같은 실수를 저지르는 것을 막아준다. 감정 통제와 마찬가지로 인내 역시 하나의 기술이다. 즉, 저절로 생기는 것이 아니라 노력해서 익혀야 한다는 이야기다.

권력은 근본적으로 도덕과 관계가 없다. 권력을 얻기 위한 가장 중요한 기술 가운데 하나는 선악을 판단하는 것이 아니라 상황을 보는 능력이다. 거듭 강조하건대, 권력은 게임이다. 그 게임에서 당신은 의도가 아니라 행동의 결과로 상대를 판단해야 한다.

권력의 절반은 당신이 하지 '않은' 일, 당신이 끌려들지 '않은' 일에 의해 결정된다. 이를 염두에 두고 치러야 하는 대가를 기준으로 상황과 사물을 판단하는 능력을 키워야 한다. 당신은 가치 있는 모종의 목표를 달성할 수도 있다. 하지만 그것을 위해 치러야 하는 대가가 무엇일지 계산할 줄 알아야 한다.

　권력은 사회적인 게임이다. 권력 게임에서 능숙한 플레이어가 되기 위해서는 인간 심리를 꿰뚫어야 한다. 상대의 동기를 간파하고, 사람들의 행동을 둘러싼 뿌연 연막을 꿰뚫고 그 너머를 봐야 한다. 감춰진 동기를 알아내는 것은 권력을 얻기 위한 가장 핵심적인 열쇠다. 일단 그것을 간파하면 당신 앞에는 기만과 유혹과 조작을 위한 무궁무진한 가능성의 길이 열린다.

　인간은 끝도 없이 복잡한 존재다. 평생을 관찰해도 완벽하게 이해하기란 불가능하다. 따라서 당신은 지금 당장 훈련을 시작해야 한다. 또한 그 과정에서 한 가지 원칙을 꼭 기억해야 한다. 누구를 연구하고 누구를 신뢰할 것인지 구별해놓지 마라. 누구도 완전히 믿지 말고 모든 사람을 면밀히 연구하라. 여기에는 친구나 사랑하는 이도 예외가 될 수 없다.

　이 책에 소개한 법칙들은 권력 게임을 연구하고 훌륭하게 활용한 사람들에 관한 많은 글에 기초를 두고 있다. 이 글들이 쓰인 시기는 3천 년 이상에 걸쳐 있으며, 그 가운데는 고대 중국이나 르네상스 시대 이탈리아 등 다양한 사회에서 나온 것들이 포함되어 있다. 그러나 모두 공통된 주제와 교훈을 담고 있으며, 아직 그 누구도 명확히 규정한 적 없는 권력의 본질에 대해 우리에게 많은 것을 알려준다. 이 책은 역사 속의 가장 뛰어난 전략가, 정치가, 궁정 신하, 사기꾼 등에 관한 글들 가운데 정수를 뽑아 그것을 토대로 엮었다.

이 법칙들은 간단한 전제를 바탕으로 한다. 어떤 행동은 거의 항상 권력을 강화시키지만, 어떤 행동은 권력을 약화시키고 심지어는 파멸로 이끈다는 점이다. 이처럼 권력의 법칙을 준수하는 사례와 위반하는 사례를 역사적 사건들을 통해 이해하기 쉽게 전달할 것이다. 이 법칙들은 시대를 초월한 보편성을 지닌다.

권력은 그 자체로 무한히 유혹적이며 기만적이다. 권력은 복잡하게 뒤얽힌 미로와 같다. 그 미로 안의 수많은 문제를 푸는 데 열중하다 보면, 당신은 자신도 모르는 사이에 즐거운 쾌감을 느끼며 몰두했었다는 사실을 깨닫게 될 것이다. 그러한 중요한 문제 앞에서 경박한 사람이 되지 마라. 권력의 신들은 경박한 자들을 향해 얼굴을 찌푸린다. 그들은 권력을 연구하고 숙고하는 자에게 궁극적인 기쁨과 만족을 주며, 재미 삼아 겉만 핥는 자에게는 벌을 내릴 것이다.

CONTENTS

PART 1 권력의 원천

PART 2 · 권력 획득의 법칙

PART 3 권력 유지의 법칙

PART 4

권력 행사의 법칙

PART 1
권력의 원천

권력의 세계에 들어서려는 자는 그 본질부터 명확하게 파악해야 한다. 권력은 게임이다. 나를 중심으로 일어나는 모든 일에 통제력을 행사하는 것, 내가 원하는 대로 다른 사람을 움직이는 것이 바로 권력이다. 따라서 앞길을 가로막는 모든 것들을 물리치고, 조력자와 먹잇감을 구별해 그에 맞는 전략을 구사하겠다는 목표를 세우고, 도덕이나 사회적 통념과는 거리를 두어야 한다. 이것이 권력 세계의 윤리다.

권력 게임에 필요한 재능은 타고나는 것이 아니다. 게다가 본능적인 감정 표출은 오히려 권력 게임에 장애가 되기 때문에, 감정이 시키는 대로 행동해서는 결코 권력의 세계에 가까이 가지 못한다. 권력자가 되기 위해서는 중요한 기술들을 끊임없이 갈고닦아야 하며 세련된 행동 규칙을 익혀야 한다. 일단 그것들을 정복한 후에야 권력의 세계에 들어설 자격이 주어진다.

출발점은 권력이 당신의 본질이 아닌 외양을 가지고 하는 게임이라는 점을 아는 것이다. 상황에 맞게 자신을 재창조하라. 여러 개의 가면을 가지고 있다가 그 순간에 맞게 바꿔 써야 한다는 뜻이다. 또한 표정뿐만 아니라 자신 안의 감정도 통제할 수 있어야 한다.

이어지는 다섯 개의 장은 당신 자신을 재창조하고, 궁극적으로는 대중의 지지를 얻어 권력의 왕좌를 차지하는 일련의 전략을 담고 있다. 이 행동 지침을 가슴 깊이 새긴다면 당신이 하고자 하는 일은 절반 이상 달성된 셈이다.

자신을
재창조하라

자기 혁신

사회가 떠맡기는 역할을 그냥 받아들이지 마라. 사람들의 관심을 끄는 동시에 결코 그들을 지루하게 만들지 않을 새로운 아이덴티티를 창출함으로써 당신 자신을 재창조하라. 다른 사람들이 당신의 이미지를 정의하도록 놔두지 말고, 당신 스스로 이미지를 만드는 주체가 되어라. 사람들 앞에서 보이는 몸짓과 행동에 극적인 장치를 결합하라. 당신의 권력은 강화될 것이고, 됨됨이는 실제보다 더 대단해 보일 것이다.

뛰어난 흥행사 황제, 카이사르

기원전 65년, 율리우스 카이사르는 로마의 조영관으로 선출되면서 이름을 떨치기 시작했다. 조영관은 식량 공급을 관리하고 축제와 각종 경기의 운영을 책임지는 관직이었다. 카이사르는 야생동물 사냥, 화려한 검투사 시합, 연극 콘테스트 등 여러 행사와 볼거리들을 적시에 개최하여 대중의 주목을 받았다. 이러한 대중적 인기는 그가 나중에 집정관이 될 때까지 권력의 토대가 되었다.

기원전 49년, 두 경쟁자인 카이사르와 폼페이우스 사이에 갈등이 고조되어 내전의 분위기가 감돌았다. 어느 날 카이사르는 연극 공연을 관람한 뒤에 깊은 생각에 잠겨 천천히 어둠 속을 걷다가 루비콘 강가의 진지로 돌아갔다. 루비콘은 갈리아와 이탈리아를 경계 짓는 강이었고, 갈리아는 그가 이미 정복한 땅이었다. 군대를 이끌고 루비콘강을 건너 이탈리아로 들어간다는 것은 폼페이우스와 전쟁을 하겠다는 의미였다.

카이사르는 참모들 앞에서 루비콘강을 건널 것인가 말 것인가를 놓고 마치 무대 위의 배우처럼 독백했다. 그리고 강가에 나타난 키 큰 병사를 손으로 가리키며 말했다. 그 병사는 나팔을 불다가 잠시 후 루비콘강의 다리를 건너갔다. "저것을 신이 보내는 신호로 생각하자. 적들에게 복수하기 위하여 그 신호를 따르자. 주사위는 이미 던져졌다." 카이사르는 손으로 루비콘강을 가리키고 시선은 장군들에게로 향한 채 엄숙하고 극적인 어조로 말했다. 그 전까지 주저하고 있던 장군들은 그의 웅변에 압도되어 마음을 바꾸었다. 장군들은 같은 대의를 향해 하나로 뭉쳤다. 카이사르는 군대를 이끌고 루비콘강을 건넜고 이듬해 폼페이우스를 무찔렀다. 이후 카이사르는 로마의 독재자로 군림했다.

가장 힘센 말을 타고 전장에 나가 군대를 지휘하는 카이사르의 모습을 보면서 병사들은 그를 신과 같은 존재로 느꼈다. 로마에 있는 모든 군대 중에서 카이사르의 군대가 가장 충성심이 강했다. 과거 그가 기획한 행사들에 열광했던 시민들처럼, 병사들은 그의 목표와 일체감을 느꼈다.

폼페이우스를 무찌르고 난 후 공연과 행사의 규모는 더욱 커졌다. 전차 경주는 더 화려해졌고 검투사 시합은 극적인 요소가 한층 강해졌다. 카이사르는 귀족들끼리 싸워 죽음에까지 이르는 시합을 조직하기도 했다. 인공 호수를 만들어 가상 해전을 벌이기도 했다. 로마 곳곳에서 연극이 공연되었고, 타르페이아 바위가 있는 산에 커다란 극장이 새로 지어졌다. 기원전 45년, 카이사르는 이집트에서 전투를 끝내고 로마로 돌아올 때 극적인 효과를 위해 클레오파트라를 데리고 와서 시민들을 깜짝 놀라게 했다.

카이사르는 이미지 관리에 능한 고수였다. 그로 인해 대중은 카이사르를 실제보다 훨씬 더 대단한 사람으로 생각하게 되었다. 또한 카이사르는 뛰어난 웅변가였다. 적게 말하면서 많은 것을 전달하는 법을 알았으며, 효과를 극대화하려면 언제 연설을 끝내야 할지 직감적으로 알았다. 대중 앞에 나설 때면 항상 깜짝 놀랄 만한 무언가를 계획했고, 극적 효과를 높이는 발언을 준비했다.

카이사르는 로마 시민들에게는 인기 있었지만, 경쟁자들에게는 증오와 공포의 대상이었다. 기원전 44년 3월 15일 브루투스와 카시우스가 주도하는 일단의 음모자들이 원로원에서 그를 칼로 찔러 죽였다. 카이사르는 심지어 죽어가면서도 극적 효과를 잊지 않았다. 그는 옷을 끌어 올려 얼굴을 덮고 옷의 아랫부분은 다리 위에 걸쳐 드리워지도록 하여, 천에 덮인 채 품위 있는 모습을 보이고자 했다. 로마의 역사가 수에토니우스^{Suetonius}의 말에 따르면, 브루투스가 두 번째 칼을 찌르려고 하자 카이사르는 마치 연극 대사처럼 "브루투스, 너마저!"라는 마지막 말을 던졌다고 한다.

●   **해석**

연극은 삶의 희로애락을 극적인 형태로 보여준다. 로마에서 연극은 마치 종교의식처럼 평범한 시민들에게 즉각적이고 강력한 영향을 미쳤다. 율리우스 카이사르는 권력과 연극 사이의 중요한 관계를 처음으로 간파한 정치인일 것이다. 카이사르는 세계라는 무대에서 스스로 배우이자 연출자가 되었다. 그는 대본을 읽듯이 말했으며 몸짓과 행동을 할 때는 자신의 모습이 청중에게 어떻게 비칠지 늘 의식했다. 그 덕분에 카이사르는 대단한 인기를 누렸다.

카이사르는 모든 리더와 권력자들이 이상으로 삼을 만한 인물이다. 당신도 영향력을 강화하기 위해 놀랄 만한 요소, 긴장감, 정서적 공감, 대상과의 상징적 일체감 등 극적인 장치를 이용하는 법을 익혀야 한다. 아울러 카이사르처럼 항상 청중을 의식해야 한다. 그들이 무엇에 즐거워하고 무엇을 지루해하는지 알아야 한다는 뜻이다. 당신은 늘 무대의 중심에서 관심의 초점이 되어야 하며 그 자리를 다른 누구에게도 내주어서는 안 된다.

◆ 　　　　　　　　　　　　　　　　　　　**권력의 열쇠**

자신을 재창조하라

선천적으로 타고난 성격을 성인이 된 후에도 반드시 유지하는 것은 아니다. 유전적인 특성들 이외에도 부모, 친구, 주변 사람들이 당신의 인격을 형성하는 데 영향을 미친다. 권력을 갖기 위해서는 당신 스스로 그 과정을 통제하고, 다른 이들이 거기에 영향을 가하지 못하도록 해야 한다. 권력을 가진 사람으로 당신을 재창조하라. 과거 수천 년 동안에는 오로지 왕과 군주만이 대중적 이미지를 만들어내고 자신의 아이덴티티를 결정할 자유를 누렸다. 그러나 오늘날에는 누구나 자기 창조를 추구할 수 있다.

자기 창조의 첫 번째 단계는 자기의식이다. 자기 자신을 배우로 생각하고 자신의 외양과 감정을 통제해야 한다는 뜻이다. 훌륭한 배우는 자신을 통제할 줄 안다. 또한 진심에서 우러나온 것처럼, 슬프거나 동정심을 느끼는 척 '연기'할 수 있다.

자기 창조의 두 번째 단계는 기억에 남는 이미지를 창출하는 것이다. 훌륭한 연극은 단 하나의 특별한 장면으로 만들어지지 않는다. 관객에게 지속적인 긴장감을 주려면, 사건을 천천히 전개하다가 통제할 수 있는 속도와 패턴에 맞춰 적절한 순간에 속도를 높여야 한다. 손에 쥔 패를 절대 한 번에 보여주지 말고, 극적 효과를 최대화할 수 있는 순서로 보여주어라.

마지막으로, 다양한 역할을 해내는 방법을 배워야 한다. 그 순간에 필요한 얼굴이 되라는 이야기다. 상황에 맞는 가면을 꺼내 쓰고 변화무쌍한 인물이 되어라. 파악할 수 없는 대상을 무너뜨리기는 불가능하다.

● **뒤집어보기**

물론 극적인 요소가 지나치게 과장되어서는 안 된다. 과장된 연기는 때로 역효과를 낼 수도 있음을 명심하라. 꾸민 티가 너무 나는 부자연스러운 행동은 피하라. 자연스럽게 보이는 데도 연기가 필요하다.

Law
02

상대가 어떤 사람인지
정확히 알라

조력자와 먹잇감

세상에는 실로 다양한 사람들이 존재한다. 따라서 모든 사람이 당신의 전략에 똑같이 반응할 거라고 추정해서는 안 된다. 어떤 사람들은 자신이 당한 일에 대해 평생 이를 갈며 복수를 꿈꾼다. 희생양이나 적수는 신중하게 골라야 한다. 사람을 잘못 건드리면 큰코다칠 수도 있다.

경쟁자와 조력자, 그리고 희생자

권력자로 부상하기까지 수많은 유형의 상대들을 만나게 된다. 당신은 이들 중 누가 경쟁자이고 누가 조력자인지 (혹은 먹잇감인지) 파악할 수 있어야 한다. 권력의 기술에서 최고 경지는 양 떼 속의 늑대를 구분하고, 산토끼 무리 속의 여우를 찾아내며, 독수리 무리 속의 매를 식별해내는 능력이다. 인간의 유형을 파악하고 그에 맞춰 행동하는 능력을 갖추는 것은 대단히 중요하다. 다음은 과거의 권모술수 대가들이 가장 위험하고 다루기 힘들다고 여긴 다섯 가지 유형이다.

거만하고 자존심 강한 유형

비록 처음에는 내색하지 않겠지만, 이런 사람의 자존심을 건드리는 행위는 대단히 위험하다. 그런 사람을 조금이라도 경시하는 태도를 보였다간 엄청난 폭력이 더해진 복수를 불러오게 된다. 당신은 이렇게 말할지도 모른다. "나는 그저 파티에서 다들 취해 있길래 재미 삼아 그런 이야기를 한 것 뿐이야." 그러나 이런 유형의 사람들의 과도한 반응은 전혀 근거가 없으므로 그를 이해해보려고 해봐야 아무 소용이 없다. 만약 과민한 데다 자존심이 강한 상대를 만나면 곧바로 도주하라.

자신감이 없는 유형

이런 유형의 인간은 거만하고 자존심 강한 유형과 관계가 있지만 폭력성이 덜하고 식별하기가 더 어렵다. 그의 자아는 취약하고, 자신감도 대단히 부족하다. 그래서 만약 자신이 기만이나 공격을 당했다고 느끼면, 쉽게 상처 입고 속에서 부글부글 끓는다. 그는 평생이 걸리더라도 야금야금 끈질기게 당신을 공격해 결국에는 큰 상처를 입히는 스타일이다. 이런 유형의 사람을 기만하거나 해를 끼쳤다는 사실을 깨달았을 경우, 오랜 기간 그의 눈에서 멀어져야 한다.

의심이 많은 유형

앞서 언급된 유형들의 또 다른 변종으로, 그는 다른 사람들에게서 자신이 보고 싶은 것만(일반적으로 최악의 것만) 보며 모든 사람이 자신을 노리고 있다는 망상에 빠져 있다. 그의 의심 많은 본성을 자극하면 그는 쉽게 다른 사람을 적대하게 된다. 하지만 그의 의심이 당신을 향하는 경우, 몸조심해야 한다.

뱀처럼 교활하면서 기억력이 뛰어난 유형

상처를 입거나 기만을 당했을 때, 이런 유형의 사람은 자신의 분노를 겉으로 드러내지 않는다. 그는 이해타산을 계산하며 꾹 참는다. 그러다 묵은 빚을 청산할 기회가 오면 가차 없이 보복한다. 이런 사람은 그의 생활 다른 부분에서 드러나는 이해타산과 교활함을 통해 식별할 수 있다. 만약 그에게 어떤 식으로 해를 끼쳤다면, 그를 완전히 몰락시키거나 완전히 제거해야 한다.

솔직하고 겸손하며 대체로 지능이 뛰어나지 않은 유형

아, 우리는 이런 매력적인 먹잇감을 만났을 때 귀가 쫑긋해진다. 하지만 생각보다 속이기가 쉽지 않다. 때로는 계략에 빠지는 것조차 어느 정도 지능과 상상력을 요구하기 때문이다. 이런 유형의 사람이 위험한 이유는 그가 남에게 해를 끼치거나 보복을 하기 때문이 아니라 그를 속이려고 노력하는 동안 당신의 시간과 에너지, 자원을 비롯해 온전한 정신마저 낭비할 수 있기 때문이다. 이런 사람을 식별할 수 있도록 일종의 테스트(일종의 농담이나 재미있는 이야기)를 준비해두어야 한다. 만약 그의 반응이 신통치 않다면, 바로 이 유형의 사람을 상대하고 있다고 봐도 된다. 그런 사람에게 계속 도전을 해도 상관없지만 모든 책임은 당신에게 있음을 명심하라.

상대를 잘못 고른 무하마드

13세기 초, 호라즘의 샤shah('왕'을 뜻하는 페르시아어)인 무하마드는 수차례의 전쟁을 통해 거대한 제국을 구축했다. 그의 제국은 오늘날 터키의 서부에서 아프가니스탄 남부까지 뻗어 있었다. 제국의 심장부는 아시아의 위대한 수도, 사마르칸트였다. 샤의 군대는 강력하고 잘 훈련되어 있었고 며칠 내로 20만 명의 전사들을 동원할 수 있었다.

1219년, 무하마드는 동쪽에 있는 새로운 부족의 지도자가 보낸 사절을 접견했다. 사절단은 온갖 종류의 진귀한 선물을 가져와 위대한 무하마드에게 바쳤다. 몽골은 아직 작지만 계속 팽창하고 있었다. 칭기즈 칸은 유럽으로 향하는 비단길의 재개통을 원했고 그 교역로를 함께 공유하자고 제안하면서 동시에 두 제국 사이의 평화를 약속했다.

무하마드는 동쪽에서 갑자기 등장한 그 제국을 알지 못했기에 그런 요구를 하는 칭기즈 칸이 대단히 거만하다고 생각했다. 그자는 자신과 대등하게 대화를 하고 있지 않은가. 그는 칸의 제안을 묵살했다. 칭기즈 칸은 이번에는 낙타 100마리에 중국에서 약탈한 희귀품들을 실은 대상을 파견했다. 하지만 대상들이 사마르칸트 접경 지역에 도착했을 때 그 지역의 지사인 이날치크가 그들을 체포해서 우두머리들을 처형해버렸다.

칭기즈 칸은 또다시 사절을 파견해 이전의 제안과 함께 문제의 지사를 처벌해달라고 요구했다. 그러자 무하마드는 사절 중 한 명의 목을 베고 나머지는 머리를 밀어버린 다음 돌려보냈다. 그것은 몽골인에게는 지독한 모독 행위였다. 칭기즈 칸은 샤에게 서신을 보냈다. "당신은 전쟁을 선택했다. 그에 상응하는 일이 일어날 것이며 그것이 어떤 일이 될지는 우리도 모른다. 오로지 신만이 알 뿐." 칭기즈 칸은 이날치크가 다스리는 지역을 공격해 주도를 함락시켰다. 그리고 이날치크를 생포해 그의 눈과 귀에 녹인 은을 부어 죽였다.

다음 해까지 칭기즈 칸은 일련의 게릴라전을 전개하며 샤의 군대를 무찔렀다. 몽골군은 완전히 새로운 형태의 전술을 구사했다. 병사들은 말을 타고 엄청난 속도로 이동했을 뿐만 아니라 마상 활쏘기의 달인이었다. 그의 군대가 가진 속도와 유연성은 무하마드를 혼란에 빠뜨렸다. 칭기즈 칸의 군대가 어디서 출몰할지 전혀 예측할 수 없었다. 결국 사마르칸트는 함락되었다. 무하마드는 도주했고 1년 뒤 사망했다. 그의 거대한 제국도 완전히 파괴되었다. 칭기즈 칸은 사마르칸트와 비단길을 지배하게 되었다.

●　　　　　　　　　　　　　　　　　　　　　　　　**해석**

당신이 대적하는 상대가 당신보다 약하다거나 덜 중요하다고 생각하지 마라. 화를 잘 내지 않는 사람일수록 속마음을 파악하기가 무척 어렵기 때문에 그런 사람들을 무례하게 대하는 경우가 있다. 그러나 그들의 명예나 자존심을 건드린다면 그런 사람들도 갑자기 화를 내거나 과격하게 복수할 수도 있다는 사실을 잊지 마라. 설령 터무니없는 요구를 해온다고 할지라도 우선은 정중하게 거절하라. 당신이 상대방을 제대로 알기 전에는 절대로 모욕을 주지 마라. 당신이 대적하는 사람이 칭기즈 칸일지도 모른다.

◆   권력의 열쇠
상대가 어떤 사람인지 정확히 알라

권력을 잡고 유지하는 데 가장 중요한 것은 우리가 누구를 상대하고 있는지를 판단하는 능력이다. 그런 역량이 없다면 앞이 보이지 않는 상황이나 다름없다. 당신은 상대방에게 아첨한다고 생각하지만 실제로는 그를 모욕하고 있을 수 있다. 어떤 행동에 돌입하기 전에 상대가 어떤 유형인지 가늠해보라. 그들의 약점과 그들의 갑옷에 생긴 균열, 그들이 자신 있어 하는 분야와 그렇지 못한 분야를 연구하라. 당신은 그들을 상대할지 말지를 결정하기 전에 그들을 속속들이 파악하고 있어야 한다.

마지막으로 다음 두 가지 사항에 유의하라. 첫째, 상대를 가늠하고 판단할 때 결코 자신의 본능에 의지하지 마라. 부정확한 지표에 의존할 경우 최악의 실수를 저지르게 될 것이다. 상대를 파악하는 최고의 전술은 오직 구체적 정보를 수집하는 방법뿐이다.

시간이 오래 걸리더라도 상대방을 연구하고 감시하기를 게을리해서는 안 된다.

둘째, 외형을 절대 신뢰하지 마라. 뱀의 심장을 가진 자는 그것을 감추기 위해 친절을 가장할 수 있다. 겉으로는 난폭한 자가 실제로는 겁쟁이인 경우도 많다. 그들의 외형을 꿰뚫고 표리부동한 측면을 볼 수 있어야 한다. 상대방이 스스로 각색하여 제공하는 겉모습을 그대로 받아들이지 마라. 외형은 거의 신뢰할 수 없는 정보다.

●   **뒤집어보기**

상대방에 대한 무지로부터 얻을 수 있는 것은 아무것도 없다. 양과 사자를 구분하는 방법을 모른다면 대가를 치르게 될 것이다. 이 법칙은 무슨 수를 쓰든지 지켜야 한다. 왜냐하면 이 법칙에 관한 반대 사례는 존재하지 않기 때문이다.

Law
03

냉철한 이성을
유지하라

감정 통제

분노와 감정 노출은 전략적으로 비생산적이다. 당신은 항상 침
착함과 객관성을 유지해야 한다. 만약 적을 화나게 하면서 당
신 자신은 침착할 수 있다면, 당신은 결정적 이점을 확보하게
된다. 적의 평정을 흐트러뜨려라. 적의 자만 속에서 맹점을 찾
아 휘저어놓아라. 그러면 당신이 적을 조종할 수 있게 된다.

하일레 셀라시에의 노련한 정치

1920년대 말, 하일레 셀라시에^{Haile Selassie}는 에티오피아의 통치권을 완전히 장악한다는 목표를 거의 이뤘다. 당시 셀라시에는 선대 여왕의 의붓딸이었던 자우디투^{Zauditu} 여황제의 섭정이자 왕위 후계자로서 몇 년 동안 에티오피아의 다양한 군벌 세력을 약화시켰다. 이제 그의 길을 가로막는 장애물은 여황제와 그의 남편 라스 구그사^{Ras Gugsa}뿐이었다. 셀라시에는 이 부부가 자신을 없애고 싶어 한다는 걸 알았다. 그래서 그들이 음모를 꾸미지 못하도록 구그사를 에피오피아 북쪽 베게메데르 지역의 지사로 임명해 여황제가 사는 수도를 떠나 있게 했다.

몇 년 동안 구그사는 지방관의 임무를 충실하게 해냈다. 하지만 셀라시에는 그를 믿지 않았다. 그는 구그사와 여황제가 복수의 칼을 갈고 있다는 것을 알았다. 셀라시에는 자신이 어떻게 해야 하는지를 잘 알았다. 구그사의 성미를 건드려 준비가 덜 된 채 행동에 나서게 하는 것이었다.

에티오피아 북쪽의 아제부 갈라스 부족은 몇 년 동안 왕권에 저항해왔다. 이들은 인근 촌락의 물건을 훔치고 약탈했으며 세금 내기를 거부했다. 셀라시에는 그들의 세력이 더 강성해지도록 놔두었다. 1929년, 셀라시에는 구그사에게 군대를 이끌고 가서 그들 골칫거리 부족을 치라고 명령했다. 구그사는 그러겠다고 했지만 속으로는 화가 끓었다. 자신은 아제부 갈라스와 아무 원한도 없었고, 게다가 그런 명령을 받은 게 자존심이 상했다. 그는 군대를 조직하면서 추문을 퍼뜨렸다. 셀라시에가 교황과 한통속이 되어 에티오피아를 로마 가톨릭으로 개종시켜 이탈리아의 식민국가로 만들려 한다는 것이었다(에티오피아 국민 대다수는 기독교와 이슬람교를 믿는다). 구그사의 군대는 급속히 불어났다. 1930년 3월, 3만 5천 명의 대군은 아제부 갈라스가 아닌 수도 아디스아바바를 향해 진군했다. 구그사는 자신감에 차서 이 전쟁이 진정한 기독교 국가로 거듭나기 위한 성전이 될 것이라고 주장했다.

하지만 그는 그것이 자신을 잡으려는 덫임을 알지 못했다. 구그사에게 아제부 갈라스를 치라는 명령을 내리기 전에, 셀라시에는 에티오피아 교회를 자기편으로 만들어놓은 뒤였다. 그리고 구그사의 핵심 동맹자들을 뇌물로 매수해 전장에 나타나지 말라고 일렀다. 남쪽으로 행군하는 반란군의 머리 위로 비행기에서 전단지가 뿌려졌다. 교회의 수장들이 셀라시에를 에티오피아의 진정한 기독교 지도자로 인정하며, 구그사는 내란 획책 혐의로 파문한다는 내용이었다. 성전의 명분은 심각하게 훼손되었다. 게다가 동맹군들이 전장에 나타나지 않자 사기가 꺾인 병사들은 달아나거나 전열에서 이탈해버렸다.

전투가 개시되자 반란군은 금세 무너졌다. 항복을 거부한 구그사는 전장에서 싸우다 목숨을 잃었다. 남편의 전사 소식에 충격을 받은 여황제는 며칠 만에 세상을 떠났다. 4월 30일 셀라시에는 스스로 '에티오피아 황제'임을 선포했다.

● **해석**

하일레 셀라시에는 늘 몇 수 앞을 내다보았다. 라스 구그사가 때와 장소를 골라서 반란을 일으키게 놔두었다간 큰 위험이 닥치리란 걸 알았다. 그래서 셀라시에는 구그사의 자존심을 건드려 그가 반란을 일으키도록 몰아갔다. 구그사가 자신과 아무 원한도 없는 사람들을 상대로, 그것도 자신의 적을 위해 싸우도록 한 것이다. 셀라시에는 구그사의 반란이 무위로 끝날 것이며, 마지막 남은 두 적을 제거하는 데 이를 활용할 수 있으리라 확신했다.

물을 가만히 놔두면 적이 선수를 쳐서 상황을 장악하게 될 것이다. 따라서 물을 휘저어 물고기를 표면에 떠오르게 하라. 적이 채 준비하기 전에 움직이게 만들어 주도권을 빼앗는 것이다. 이때는 자존심, 허영심, 사랑, 증오 등의 통제하기 힘든 감정들을 이용하는 것이 최선책이다. 화를 내면 낼수록 그들은 통제력을 잃고 마침내는 당신이 만든 물살에 휩쓸려 익사할 것이다.

냉철한 이성을 유지하라

화를 내는 사람들은 결국 어처구니없는 모습을 연출하게 마련이다. 이들은 상황을 너무 심각하게 받아들여 자신에게 가해진 상처나 모욕을 과장한다. 하지만 그런 모습은 균형 감각을 잃은 것처럼 보인다. 사나운 행동은 권력이 아니라 무력하다는 표시다. 당신이 분노를 폭발시키면 사람들은 때때로 겁을 먹기도 하겠지만, 결국 당신은 존경심을 잃을 것이다.

　그렇다고 분노나 감정적인 반응을 억누르는 것이 능사는 아니다. 대신 우리의 관점을 바꿔야 한다. 사회라는 틀 속에서는 그리고 권력 게임에서는 그 어떤 것도 개인적으로 받아들여서는 안 된다. 사람들은 누구나 지금 이 순간이 닥치기 전에 일어난 일련의 사건들의 고리 속에 얽혀 있다. 우리의 분노는 어린 시절 겪은 문제에서 비롯되는 경우가 많은데, 그 문제는 또 우리 부모가 어린 시절 겪은 문제에서 비롯되는 경우가 많다. 이런 식으로 꼬리에 꼬리를 물고 이어진다. 우리의 분노는 다른 사람들과의 상호작용에 뿌리를 두고 있기도 하다. 사람과의 관계 속에서 느낀 실망감과 상처 따위에 말이다. 만일 어떤 사람이 당신을 향해 화를 터뜨리면(그리고 그 화가 지나치면) 당신은 그 화가 온전히 당신만 향하고 있는 게 아님을 알아야 한다. 오랫동안 쌓인 수십 가지 상처가 원인이다. 그것을 개인적인 원한으로 보지 말고, 막강한 수를 위장한 감정 분출로 보라. 당신을 통제하거나 응징하려는 시도인 것이다.

이렇게 관점을 바꾸면 보다 명확하고 에너지가 넘치는 상태에서 권력 게임을 벌일 수 있다. 과민 반응을 해서 상대가 쳐놓은 감정의 덫에 걸리는 대신, 역으로 통제력을 잃은 그들을 당신에게 유리하게 이용하라. 성급한 사람을 상대할 때 최선책은 아무 반응을 하지 않는 것이다. 자기는 이성을 잃고 있는데 상대방은 아무렇지 않게 냉정을 유지하면 바짝 약이 오른다. 이렇게 상대방을 불안하게 만들어 유리한 입지를 확보하고 나면 귀족이라도 되는 듯 만사가 지루하다는 태도를 취하라(단, 조롱이나 의기양양한 태도가 아니라 그저 무관심해 보여야 한다). 그러면 상대방은 불같이 화를 낼 것이다. 상대방이 감정적 동요에 휘말려 이성을 잃을수록 당신은 여러 번 승리를 거머쥘 수 있다.

● **뒤집어보기**

사람의 감정을 이용할 때는 신중해야 한다. 사전에 적을 면밀히 연구하라. 어떤 물고기는 건드리지 않고 연못 바닥에 내버려두는 것이 좋다. 강자를 약 올려 그가 가진 힘을 분산시킬 수 있지만 그전에 먼저 빈틈을 찾아야 한다. 빈틈이 없는 적을 건드렸다간 아무것도 얻지 못하고 오히려 모든 것을 잃을 수 있다. 신중하게 약 올릴 상대를 고르라. 절대 상어를 건드리지 마라.

Law
04

이미지와 상징을
앞세워라

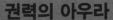

권력의 아우라

인상적인 이미지와 웅대한 상징은 권력의 아우라를 창출한다.
모두가 그에 반응하지 않을 수 없다는 뜻이다. 당신을 둘러싼
사람들에게 멋진 광경을 보여주어라. 흥미로운 볼거리와 찬란
한 상징은 당신의 존재감을 드높여준다. 이런 광경에 취하면
사람들은 당신이 진짜 하려는 일을 눈치채지 못할 것이다.

◆ **법칙 준수 사례**

사냥의 여신, 디아나의 환생

앙리 2세는 왕세자 시절이었던 1536년에 디안 드 푸아티에^{Diane de} ^{Poitiers}를 만났다. 노르망디 지사의 미망인이었던 디안은 당시 서른 일곱 살이었고, 앙리는 혈기 왕성한 열일곱 살이었다. 처음에는 앙리가 디안에게 열정적으로 정신적인 사랑을 쏟아붓는 플라토 닉 관계로 보였다. 하지만 곧 앙리는 아내인 카트린 드 메디시스 보다 디안의 침실을 더 자주 찾았다.

1547년, 앙리가 왕위에 올랐을 때 디안 드 푸아티에는 벌써 마흔여덟 살이었다. 정부로서는 치명적 위협이었다. 냉수 목욕을 하고 젊음의 묘약을 마신다는 소문에도 불구하고 나이를 속일 순 없었다. 앙리는 다시 왕비의 침실로 돌아갈 수도 있었고, 새로운 정부를 들일 수도 있었다. 앙리는 스물여덟 살에 불과했고, 용모 도 늠름했다. 하지만 디안은 쉽게 포기하지 않았다. 그녀는 지난 11년 동안 그랬던 것처럼 앙리를 계속 사로잡을 작정이었다.

디안의 비밀무기는 상징과 이미지였다. 앙리의 정부가 된 초반부터 그녀는 자신과 앙리의 이름 이니셜로 상징을 만들어 둘의 결합을 나타냈다. 이 아이디어는 앙리에게도 주문처럼 작용했다. 앙리는 자신의 궁정 예복 및 기념물, 루브르 박물관 정면, 파리의 왕궁 등 어디에나 이 상징을 붙였다. 디안은 검정과 흰색 옷만 입었고, 상징에도 가급적이면 이 색깔들을 이용했다. 앙리가 왕이 되자 디안은 한 걸음 더 나아갔다. 자신과 이름이 비슷한 로마의 여신 디아나의 분신이 되기로 마음먹은 것이다. 디아나는 앙리가 좋아하는 사냥의 여신이었으며, 르네상스 시대 예술에서 순결과 정숙을 상징하기도 했다. 디아나 여신으로 상징된다면 프랑스 왕궁에 정숙의 이미지를 심어 존경심을 일으킬 수 있을 뿐만 아니라, 과거 간통을 일삼던 정부들과는 격이 달라질 것이었다.

디안은 먼저 아네에 있는 자신의 성을 완전히 허물고, 그 자리에 로마 시대 사원 양식을 따라 도리아식 기둥이 들어간 장대한 건물을 세웠다. 노르망디산﹡ 새하얀 석재에는 검정색 규소가 점점이 박혀 있어 디안의 트레이드마크인 검은색과 흰색을 나타냈다. 기둥과 문, 창문, 카펫에는 그녀와 앙리의 이름 첫 자를 딴 문양을 장식했다. 그리고 성문과 건물 정면에 디아나 여신을 상징하는 초승달과 수사슴, 사냥개를 장식했다. 건물 내부에는 디아나 여신의 이야기가 담긴 거대한 태피스트리가 바닥과 벽을 덮었고, 정원에는 프랑스의 조각가 쟝 구종Jean Goujon이 만든 유명한 조각상 '정숙한 디안'이 세워졌다. 이 외에도 디아나의 모습을 담은 그림들과 각종 예술품들이 성 구석구석에 배치됐다.

앙리는 디안의 의도대로 그녀의 이미지를 로마 여신으로 떠받들게 되었다. 1548년 왕실 행사차 앙리와 디안이 나란히 리옹을 찾았을 때, 시민들은 사냥하는 디아나 여신의 그림으로 두 사람을 환영했다. 당대 프랑스 최고의 시인이었던 피에르 드 롱사르 Pierre de Ronsard도 디아나 여신을 칭송하는 시를 썼다. 이처럼 디안 때문에 디아나 여신을 숭배하는 풍조가 일기 시작했다. 앙리는 그녀를 숭배하는 것을 자신의 운명처럼 여겼고, 1559년에 죽을 때까지 그녀에게 거의 종교적인 헌신을 보여주었다.

● **해석**

디안 드 푸아티에는 평범한 중산층 출신이었지만 20년 넘게 앙리를 사로잡는 데 성공했다. 디안은 왕을 잘 알고 있었다. 디안에게는 시각적 화려함을 좋아하는 앙리의 모습이 순진한 어린아이처럼 보였고, 언제든 기회만 있으면 이 약점을 이용했다.

디안의 기지가 가장 돋보였던 부분은 디아나 여신의 이미지를 끌어온 것이다. 이로써 디안은 승부를 물리적 차원에서 정신적 상징 차원으로 끌어올렸다. 여신의 이미지가 받쳐주지 않았다면 디안은 늙어가는 정부에 불과했을 것이다. 어깨 양편에 여신 디아나의 이미지와 상징을 단 덕분에 그녀는 숭배해야 할 신화적 인물로 보였다.

당신 역시 이러한 이미지를 이용할 수 있다. 디안이 자기만의 색깔과 이름 문양을 이용한 것처럼, 당신을 상징하는 시각적인 단서들을 만들어내라. 그러한 트레이드마크를 확립해 당신의 격을 높여라. 과거에서 당신의 상황에 꼭 들어맞을 이미지나 상징을 찾아내 그것들을 망토처럼 어깨에 두르고 다녀라. 그러면 당신은 실제보다 더 커 보일 것이다.

◆   권력의 열쇠

이미지와 상징을 앞세워라

당신이 처한 상황을 말로 호소하는 것은 위험천만한 일이다. 말은 위험한 도구인 데다 종종 엇나가기 때문이다. 사람들이 말로 설득을 하면, 우리는 각자 나름의 말로 그 내용을 곱씹다가 결국엔 정반대로 생각해버리는 경우가 많다. 또 말은 화자의 의도와 무관한 어떤 생각들을 불러일으키기도 한다.

반면 시각적 이미지는 복잡하게 얽힌 말의 미로를 단숨에 통과한다. 감정적 호소력을 갖고 즉각 가 닿기 때문에, 내용을 곱씹거나 의심할 틈을 주지 않는다. 음악처럼 시각적 이미지도 합리적이고 이성적인 사고를 거칠 필요가 없다. 말이 논쟁과 분열을 일으킨다면, 이미지는 사람들을 한곳에 결집시킨다. 이미지는 권력을 줄 때 빠져서는 안 될 도구다.

상징도 똑같은 힘을 지닌다. 이때 상징은 (디아나 조각상처럼) 시각적 상징이든 ('태양왕'이란 말처럼) 언어적 상징이든 상관없다.

상징물은 ('디아나'의 이미지가 정숙을 상징한 것처럼) 추상적인 무언가를 더 나타내게 된다. 순결, 애국심, 용기, 사랑 같은 추상적인 개념엔 감정적이고 강력한 연상을 일으킬 여지가 다분하다. 상징은 표현의 지름길로, 하나의 단순한 어구나 형상에 수십 가지 의미가 들어갈 수 있다.

특히 시각적 이미지는 커다란 감정적 힘을 지닌다. 그중에서도 새로운 조합을 사용하는 것이 효과적이다. 여러 이미지와 상징을 섞어 여태껏 한 번도 본 적 없는 것을 만들어내라. 단 당신의 새로운 생각과 메시지를 명확히 드러내야 한다. 이렇게 과거의 것에서 새로운 이미지와 상징을 만들어내면 낭만적인 효과가 발생한다. 그것을 본 사람들의 연상 작용이 활발해져 창조 작업에 동참하고 있다는 느낌이 들기 때문이다.

이미지와 상징을 활용하는 가장 좋은 방법은 상징을 조합해 웅장한 장관을 연출하는 것이다. 사람들은 웅장하고, 화려하고, 실물보다 큰 것을 좋아한다. 감정에 호소하면 사람들은 당신이 연출한 장관을 보려고 앞다투어 몰려들 것이다. 시각적 이미지야말로 사람들의 마음에 와닿는 가장 손쉬운 길이다.

●   **뒤집어보기**

이미지와 상징을 무시하고 권력을 손에 쥐는 예는 없다. 이 법칙에는 반증 사례가 없다.

목숨을 걸고
평판을 지켜라

대중의 지지

◆

평판은 권력의 초석이다. 평판 하나만으로도 상대를 위협하고
승리를 거둘 수 있다. 하지만 일단 평판에 흠집이 나면 당신은
취약해지고 사방에서 공격을 받게 된다. 평판을 훼손하려는 공
격 가능성에 늘 대비하고 미연에 방지하라. 한편 적의 평판에
구멍을 냄으로써 적을 파멸시키는 방법을 익혀라. 적의 평판에
일격을 가한 후에는 옆으로 비켜서서 적이 여론의 물매를 맞고
거꾸러지는 모습을 지켜보라.

100명의 군사로 대군에 맞선 제갈량

중국 삼국시대(207~265년)의 전쟁이 한창일 때, 촉나라 군대를 이끌던 명장 제갈량은 대군을 멀리 파견하고 자신은 일단의 병사들과 함께 작은 마을에서 휴식을 취했다. 그때 보초들이 황급히 달려오더니 15만에 달하는 사마의의 적군이 다가오고 있다고 전했다. 제갈량이 아무리 명장이라고 해도 겨우 병사 100명으로 적군과 대적하기에는 역부족이었다.

하지만 제갈량은 운명을 한탄하며 시간을 낭비하지 않았다. 그는 곧바로 병사들에게 깃발을 내리고 성문을 열어젖힌 다음, 숨어 있으라고 명령했다. 그런 다음 자신은 도복道服을 입은 채로 성벽 위 가장 눈에 띄는 곳에 앉았다. 제갈량은 향을 피우고 현악기를 연주하며 노래를 부르기 시작했다. 몇 분 후, 적의 군대가 끝없는 행렬을 이루며 몰려왔다. 제갈량은 못 본 체하고 계속 악기를 연주하며 노래를 불렀다.

곧 적군이 성문 앞에 멈춰 섰다. 적장 사마의는 성벽에 앉아 있는 사람을 금방 알아보았다. 성문은 수비도 없이 활짝 열려 있었지만 사마의는 더는 나아가지 않고 머뭇거리며 제갈량을 살펴보았다. 그런 다음 즉각 회군하라고 명령했다.

● **해석**

'와룡臥龍'으로 알려진 제갈량은 삼국시대에 전설적인 공적을 세운 인물이다. 한번은 적장이 찾아와서 정보와 도움을 주겠다고 제안했다. 제갈량은 그것이 함정이라는 사실을 즉시 알아차리고 그자의 목을 벨 것을 지시했다. 그러나 도끼가 그의 목에 떨어지려는 찰나, 제갈량은 처형을 중단시키고 이중 첩자가 되겠다면 목숨을 살려주겠다고 제안했다. 적장은 이에 동의하고 적에게 허위 정보를 제공하기 시작했다. 이후 제갈량은 계속되는 전투에서 연승을 거둘 수 있었다. 이렇듯 제갈량은 중국에서 가장 영리한 사람, 늘 유사시에 활용할 꾀를 가진 사람이라는 평판을 주의 깊게 구축해 나갔다. 이러한 평판은 어떤 무기보다도 더 강력하게 적을 두려움으로 몰아넣었다.

　사마의도 그의 명성을 익히 알고 있었다. 그는 텅 빈 도시에 왔다가 제갈량이 성벽에 앉아 노래를 부르는 모습을 보고 혼란에 빠졌다. 도복과 노래와 향. 그것은 무척 위협적이었고, 제갈량이 파놓은 함정이 분명해 보였다. 아주 잠깐 사마의는 제갈량이 정말 혼자이며 절망적인 상태일지도 모른다는 생각이 뇌리를 스치기도

했다. 그러나 제갈량에 대한 두려움이 너무도 컸기 때문에 감히 그
것을 확인하는 모험을 감행할 수가 없었다. 그것이 바로 평판의 힘
이다. 이로 인해 제갈량은 화살 한 번 쏘지 않고도 엄청난 규모의
대군을 후퇴시킬 수 있었다.

◆

목숨을 걸고 평판을 지켜라

평판은 겉모습으로 사람을 판단하는 위험한 게임에서 당신의 본
모습을 파악하고자 안간힘을 쓰는 사람들의 날카로운 시선을 분
산시키고 세상이 당신을 판단하는 방식까지 어느 정도 통제하게
해줌으로써 당신을 보호해줄 것이다. 즉 강력한 입지를 구축해준
다는 이야기다. 똑같은 행동을 해도 그것이 멋지게 비치느냐 끔찍
하게 비치느냐는 전적으로 행위자의 평판에 따라 좌우될 수 있다.

우선 당신은 관대하다는 평판이든 정직하다는 평판이든 혹
은 교활하다는 평판이든 한 가지 두드러진 평판을 구축하고자 노
력해야 한다. 당신이 그러한 한 가지 속성으로 부각되면 사람들은
당신에 관해 이야기하기 시작할 것이다. 그런 다음에는 당신의 평
판이 최대한 많은 사람에게 알려지게 하고(단, 교묘하게 확고한 기반
을 토대로 천천히 구축되도록 주의를 기울여야 한다) 그것이 삽시간에
퍼져나가는 것을 지켜보라.

확고한 평판은 당신의 존재를 부각하고 굳이 많은 에너지를

쏟아붓지 않아도 당신의 장점들을 과장해준다. 확고한 평판은 또한 다른 이들에게 존경심을, 심지어는 두려움을 주입하는 독특한 분위기를 창출할 수 있다. 한 가지 확실한 속성을 토대로 단순한 평판을 구축하라. 그러면 이 단 하나의 속성, 이를테면 효율성이나 매혹성 등이 당신의 존재를 알리고 다른 사람들을 매료시키는 일종의 명함이 될 것이다. 예를 들어, 정직하다는 평판을 구축하면 당신은 온갖 종류의 기만을 행할 수 있다. 카사노바는 자신의 평판을 훌륭한 유인물로 활용함으로써 미래의 정복 대상들을 향해 발을 내디딜 수 있었다. 여자들은 그에 대한 소문을 듣는 순간, 호기심이 발동하여 무엇 때문에 그가 로맨스에서 그토록 큰 성공을 거두는지 확인하고 싶어 했다.

● **뒤집어보기**

평판은 극도로 중요하다. 따라서 이 법칙에는 예외가 없다. 다른 이들의 시선을 신경 쓰지 않는다면 무례하고 오만하다는 평판을 얻을 것이다. 그러나 그것 역시 그 자체로 귀중한 이미지가 될 수 있다. 사회를 이루고 살아가는 우리는 다른 이들의 의견에 의존해야 한다. 따라서 평판을 무시함으로써 얻을 수 있는 것은 아무것도 없다. 다른 이들의 인식을 신경 쓰지 않을 경우, 다른 이들이 당신을 대신하여 당신에 대한 인식을 마음대로 결정해버린다. 자기 운명의 주인이 되어라. 아울러 자기 평판의 주인이 되어라.

PART 2
권력 획득의 법칙

정상으로 향하는 첫걸음을 떼었다면 구체적인 실행 계획을 점검하라. 당신이 얻을 것만 생각하지 말고 당신이 치러야 하는 대가를 염두에 두면서 상황과 사물을 판단하는 능력이 필요하다. 특히 물러설 때와 나아갈 때를 아는 것이 중요하다. 때론 상대보다 멍청하게 보이고, 때론 마치 왕이 된 것처럼 행동할 줄 아는 유연함을 갖춰야 한다.

그렇게 하기 위해서는 우선 인간의 심리를 꿰뚫어 봐야 한다. 상대의 행동에 속지 말고 그 뒤에 숨은 의도를 간파해야 한다. 사람들의 말이 만들어내는 뿌연 연막을 꿰뚫고 그 너머를 봐야 한다. 감춰진 동기를 알아내는 것은 권력을 얻기 위한 가장 핵심적인 열쇠다. 일단 상대의 카드를 읽게 되면 당신 앞에는 기만과 유혹과 조작을 위한 무궁무진한 가능성이 열린다.

이어지는 내용은 당신을 도울 사람들 혹은 라이벌이 될 사람들에게 다가가는 방법을 담고 있다. 각각의 법칙을 적용할 때 한 가지 원칙만을 기억하라. 누구도 완전히 믿지 말고 모든 사람을 면밀히 연구하라는 것이다. 여기에는 친구나 사랑하는 이도 예외가 될 수 없다.

그러고 난 후 심리적 허점을 공략할지, 우회적으로 다가가거나 직접적인 방법을 쓸 것인지 판가름할 수 있을 것이다. 권력 획득의 법칙을 완벽하게 익힌다면, 완벽한 전략가이자 조종자의 모습을 점잖은 신사의 외양 속에 감춘 채 현대판 궁정에서 성공을 거둘 수 있을 것이다.

Law

06

무슨 수를 쓰든
관심을 끌어라

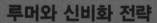

루머와 신비화 전략

모든 것은 보이는 바에 의해 판단된다. 보이지 않는 것은 알아
주지 않는 법이다. 결코 군중 속에 녹아들거나 망각 속에 묻히
지 마라. 고개를 내밀어라. 반드시 두드러져라. 관심을 끌어당
기는 자석이 되어, 덤덤하고 소심한 무리보다 더 커 보이고 더
화려해 보이고 더 신비로워 보이도록 하라.

베일에 싸인 무희, 마타 하리

1905년 초, 동양에서 온 한 무희에 대한 소문이 파리에 퍼지기 시작했다. 무희는 춤을 추면서 몸에 두르고 있던 여러 겹의 베일을 차례로 한 겹씩 벗는다고 했다. 그녀의 춤을 목격한 한 기자는 "극동 출신의 여인이 향수와 보석을 가득 안고 유럽으로 와서 무료함으로 가득한 유럽의 도시에 풍부한 동양의 색채와 삶을 도입했다"고 보도했다. 그녀의 이름은 마타 하리^{Mata Hari}였다.

그해 겨울, 인도의 조각상들과 유물 장식이 동양의 신비를 한껏 자아내는 살롱에는 특별히 초대된 소규모의 관객이 모였다. 관현악단이 힌두 음악과 자바 음악을 연주했다. 마타 하리는 관객들의 궁금증이 한껏 고조될 때까지 기다렸다가 어느 순간 파격적인 의상을 입고 등장했다. 그녀는 인도의 보석들로 뒤덮인 흰색 브래지어와 몸의 곡선을 그대로 드러내는 사롱(인도 등지에서 치마처럼 허리에 두르는 옷), 그것을 지탱하는 보석 허리띠, 여러 개의 팔찌를 착용하고 있었다. 곧이어 마타 하리는 춤을 추기 시작했다. 마치

황홀경에 빠진 듯 온몸을 흔드는 그녀의 춤이 발산하는 매력에 관객들은 흥분했다. 그녀는 그 춤이 인도의 신화와 자바의 민간 설화를 토대로 나온 것이라고 설명했다. 마타 하리가 나체로 성스러운 춤을 춘다는 소문이 퍼지자 파리의 상류층과 여러 외국 대사들은 이 살롱에 초대받기 위해 경쟁을 벌이기 시작했다.

대중들은 그녀에 대해 더 많이 알고 싶어 했다. 그녀는 기자들에게 자신은 사실 네덜란드 출신인데 자바에서 자랐다고 말했다. 그리고 인도에서 보낸 시간과 그곳에서 성스러운 힌두 춤을 배우게 된 과정을 설명하고, 인도 여성들은 총도 쏘고 말도 탈 수 있으며 대수학을 하고 철학을 주제로 토론한다고 말했다. 그해 여름, 마타 하리의 춤을 실제로 본 사람은 극소수에 불과했지만 그녀의 이름은 모든 사람의 입에 오르내렸다.

마타 하리가 인터뷰할 때마다 그녀의 과거도 계속해서 바뀌었다. 이제 그녀는 자신이 인도에서 자랐고, 할머니는 자바 공주의 딸이었으며, 수마트라섬에 살면서 그곳에서 총을 들고 말을 타며 목숨을 걸고 모험을 하기도 했다고 말했다. 기자들은 그녀의 과거가 계속 바뀌는 것을 전혀 개의치 않았다. 그들은 그녀를 인도의 여신, 보들레르의 시에 등장하는 생명체로 여겼고, 이 신비로운 동양 여자를 자신이 원하는 대로 상상했다.

1905년 8월, 마타 하리는 처음으로 대중 앞에서 공연했다. 개막식 밤에는 그녀를 보기 위해 몰려든 군중들 사이에서 폭동이 일어나기도 했다. 이제 그녀는 숭배의 대상이 되었고, 많은 이들이 그녀를 모방했다. 머지않아 마타 하리와 그녀의 성스러운 인도 춤에 대한 명성은 파리를 넘어 다른 지역으로까지 퍼져나갔다. 이후 몇 년 동안 그녀는 유럽 전역에서 공연하며 최상류층 사람들과 어울리고 막대한 수입을 올렸다. 그 시대의 여성으로서는 좀처럼 누리기 힘든 독립적인 생활을 영위하기도 했다.

그러던 중 1차 세계대전이 끝나갈 무렵 그녀는 프랑스에서 독일 스파이로 체포되었다. 재판정에서 진실이 밝혀졌다. 마타 하리는 인도 출신도, 자바 출신도 아니었고, 동양에서 자란 적도 없었다. 그녀의 본명은 마르가레타 첼레^{Margaretha Zelle}였으며, 네덜란드 프리슬란트주 북부에서 태어났다.

●   **해석**

1904년, 마르가레타 첼레는 거의 무일푼으로 파리에 왔다. 해마다 젊은 여성들이 화가의 모델이나 나이트클럽의 무희, 폴리베르제르^{Folies Bergere}(파리에 있는 뮤직홀 겸 버라이어티쇼 극장)의 배우로 일하기 위해 파리로 몰려들었다. 첼레는 그런 여자 중 하나였다.

하지만 첼레는 야망이 큰 여자였다. 사실 그녀는 춤을 춰본 적도 없었고 극장에서 공연해본 적도 없었다. 어릴 때 가족과 함께 여행하면서 자바와 수마트라에서 현지 춤을 본 것이 전부였다. 하지만 그녀는 춤이나 얼굴, 외모 따위가 아니라 신비감이 중요하다는 것을 분명하게 이해하고 있었다. 그녀의 신비로운 분위기는 그녀의 춤뿐만 아니라 그녀의 의상과 그녀가 들려주는 이야기 혹은 자신의 과거에 대한 끊임없는 거짓말에까지 영향을 미쳤다. 그녀에 대해 확실하게 말할 수 있는 것은 아무것도 없었다. 그녀는 늘 변화했고 새로운 의상과 새로운 춤, 새로운 이야기로 관객을 매료시켰다. 마타 하리의 외모는 파리로 몰려든 다른 여성들보다 크게 나을 것이 없었으며 춤이 특별히 뛰어난 것도 아니었다. 그런 그녀가 자기만의 차별화된 매력으로 대중의 시선을 끌 수 있었던 것은 바로 신비감 때문이었다.

사람들이 신비에 매혹되는 것은, 신비에는 끊임없는 해석이 뒤따르며 절대 물리지 않기 때문이다. 신비로움은 불가해하다. 그리고 불가해한 것, 즉 이해할 수 없는 것은 권력을 창출한다.

◆　　　　　　　　　　　　　　　　　　　　　권력의 열쇠

신비감을 조성하라

점차 진부하고 평범해지는 세상에서는 수수께끼처럼 보이는 것이 즉각적인 시선을 끈다. 당신이 하고자 하는 일을 너무 명확하게 알리지 마라. 패를 전부 보여주지 말라는 이야기다. 신비한 분위기는 당신의 존재를 부각시키며, 모두가 다음에 일어날 일을 파악하기 위해 당신을 주시할 것이다.

신비감을 조성한다고 해서 반드시 당신 자신을 장엄하거나 경외심을 일으키는 존재로 만들 필요는 없다. 그보다는 일상적인 행동에서 표출되는 신비, 미묘한 신비가 사람들을 매혹시키고 시선을 끄는 데 훨씬 더 강력한 힘을 발휘한다. 그저 참고 침묵을 지키며 이따금 모호한 말을 내뱉고 의도적으로 모순된 모습을 보이고 아주 미묘한 방식으로 이상한 행동을 하기만 해도 신비의 아우라를 창출할 수 있을 것이다. 그렇게 되면 주변 사람들이 끊임없이 당신을 해석하려고 노력함으로써 그 아우라를 극대화할 수 있다.

● **뒤집어보기**

정상으로 향하는 첫 단계에서는 어떤 대가를 치르더라도 주목을 끌어야 한다. 그러나 점점 더 높이 올라갈수록 방식을 계속 수정하고 조정해야 한다. 절대 같은 전술로 사람들을 물리게 해서는 안 된다. 마타 하리는 거짓말을 지나치게 많이 했다. 설사 그녀가 스파이가 아니었다고 해도, 당시에는 그렇게 가정하는 것이 합당할 수밖에 없었다. 그녀의 모든 거짓말을 감안할 때, 지극히 의심스럽고 사악하게 보였기 때문이다. 당신의 신비감이 사기꾼이라는 평판으로 천천히 변형되도록 허용하지 마라. 당신이 조성한 신비감은 무해하고 유쾌한 일종의 게임처럼 보여야 한다. 결코 선을 넘어서는 안 되며, 따라서 멈춰야 할 때를 아는 것도 중요하다.

관심을 과도하게 탐하는 것처럼 비치지 마라. 그것은 불안하다는 신호이며 불안은 권력을 날려버린다. 때로는 관심의 한가운데 자리하는 것이 불리할 수도 있다는 점을 명심하라.

Law
07

덫을 놓고
적을 불러들여라

주도권 장악

상대를 움직이게 만들면 통제권은 당신 손에 들어온다. 상대에게 자신의 계획을 포기하고 당신에게 오도록 만드는 것이 언제나 더 유리하다. 굉장한 이득이 있을 것이라고 유혹하고, 상대가 오면 공격하라. 그래야 절대적으로 유리한 입장을 차지할 수 있다.

엘바섬을 빠져나온 괴물

1814년 빈 회의가 열리자 유럽의 열강들은 몰락한 나폴레옹 제국의 잔해를 나누어 갖기 위해 모였다. 도시는 온통 축제 분위기였고, 연일 열리는 무도회는 화려하기 그지없었다. 하지만 나폴레옹의 그림자가 회의장을 뒤덮고 있었다. 나폴레옹은 처형당한 것이 아니라 이탈리아 해안에서 그리 멀지 않은 엘바섬으로 유배되었기 때문이다.

비록 섬에 갇혀 있기는 해도, 나폴레옹 보나파르트가 얼마나 대담하고 창조적인 인물인지를 생각한다면 결코 마음을 놓을 수 없었다. 오스트리아는 그를 암살하려는 음모를 꾸몄지만, 너무 위험한 일이라고 결론을 내렸다. 러시아의 변덕스러운 차르, 알렉산드르 1세는 의회가 폴란드의 일부를 러시아에 양도하는 것을 거부하자 "조심하시오. 안 그러면 내가 그 괴물을 풀어놓겠소" 하고 위협하며 불안을 가중시키기도 했다. '그 괴물'이란 나폴레옹을 말하는 거였다. 빈에 모인 정치가 중 유일하게 나폴레옹의 외무장관이었던 탈레랑만이 차분하고 근심이 없어 보였다. 마치 다른 사람이 모르는 것을 그만이 알고 있는 것 같았다.

한편 엘바섬에 유배 중인 나폴레옹의 삶은 그의 옛 영광에 대한 조롱이나 다름이 없었다. 그는 엘바의 '왕'으로서 궁정을 거느릴 수 있도록 허용되었다. 그의 궁정에는 요리사 한 명과 의상 담당 하녀, 공식 피아니스트, 몇몇 궁전 신하들이 있었다. 이 모든 것이 나폴레옹을 모욕하려는 의도였다.

그해 겨울, 너무나 이상하고 극적인 사건들이 발생했다. 엘바섬은 영국 해군의 전함들로 둘러싸여 있었고, 그들의 함포는 모든 탈출로를 봉쇄하고 있었다. 그럼에도 어찌 된 일인지, 1815년 2월 26일 대낮에 900명의 병사를 실은 한 척의 배가 나폴레옹을 태우고 출항했다. 영국 해군이 그 배를 추적했지만 나폴레옹의 배는 멀리 달아나버렸다. 그의 탈출 소식이 전해지자 전 유럽 사회가 경악했다. 빈 회의의 정치가들은 공포에 떨었다.

나폴레옹은 단순히 프랑스로 돌아간 정도가 아니라 왕좌를 되찾겠다는 희망을 품고 한 줌의 무리에 불과한 군대를 이끌고 파리로 행군했다. 그의 전략은 성공했다. 모든 계층의 프랑스 국민이 그의 발 앞에 무릎을 꿇었다. 육군 원수 네[Ney]가 거느린 군대가 파리에서 그를 체포하기 위해 출동했지만, 병사들은 옛 지휘관의 모습을 보는 순간 주인을 바꾸어버렸다. 다시 나폴레옹이 황제로 선포됐고, 지원자들이 그의 군대로 몰려들었다. 파리에서는 군중이 광란에 빠졌고, 국왕은 외국으로 도주했다.

이후 100일 동안 나폴레옹이 프랑스를 통치했다. 하지만 곧 열정은 가라앉았다. 프랑스는 파산 상태에 빠져 있었고, 나폴레옹이 할 수 있는 일은 없었다. 그해 6월의 워털루 전투에서 그는 영원히 무너졌다. 그의 적들도 교훈을 얻었다. 그들은 나폴레옹을 아프리카 서부 해안 인근의 황량한 섬, 세인트헬레나로 추방했다. 이번에는 탈출을 꿈꿀 수도 없는 곳이었다.

● **해석**

몇 년이 흐른 뒤 나폴레옹이 극적으로 엘바섬을 탈출할 수 있었던 비밀이 밝혀졌다. 그가 이런 대담한 행동을 결심하기 전에, 그의 궁정을 방문한 자가 있었다. 그는 나폴레옹에게 프랑스에서는 그의 인기가 그 어느 때보다 많아 다시 그를 받아들일 것이라고 귀띔했다. 이들 방문자 중 한 사람이 오스트리아의 콜러Koller 장군이었다. 그는 나폴레옹에게 그가 탈출한다면, 영국을 포함하여 유럽의 열강들이 그의 복위를 환영할 것이라고 말했다. 또한 영국이 그의 탈출을 막지 않을 것이라는 암시를 주었다. 실제로 그의 탈출극은 태양이 최고조에 달한 오후의 정점에 영국인들의 모든 망원경이 지켜보는 가운데 벌어졌다.

그러나 나폴레옹이 몰랐던 사실이 하나 있다. 이 모든 사건의 배후에 있는 사람이 바로 자신의 전임 외무장관 탈레랑이라는 것이다. 게다가 그가 이 일을 벌인 이유는 과거의 영광을 되살리는 것이 아니라 나폴레옹의 영원한 몰락에 있었다. 황제의 욕망이 존재하는 한 유럽의 안정은 없다고 생각한 것이다. 나폴레옹의 유배지가 엘바로 결정됐을 때, 탈레랑은 반대하며 나폴레옹을 더 먼 곳으로 보내지 않으면 유럽은 결코 평화를 얻을 수 없다고 주장했다. 하지만 그의 말은 받아들여지지 않았다.

탈레랑은 더 이상 자신의 주장을 밀어붙이지 않고 때를 기다렸다. 은밀한 작업을 통해 영국과 오스트리아의 외무장관인 캐슬레이와 메테르니히를 설득하는 데 성공했다. 이들은 힘을 합쳐 나폴레옹이 탈출하도록 유인했다. 콜러가 엘바를 방문하여 유배된 자의 귀에 영광을 약속하는 말들을 속삭인 것도 계획의 하나였다. 그는 나폴레옹이 함정에 걸려들 것을 확신했다. 또한 나폴레옹이 프랑스를 전쟁으로 몰고 갈 것이며, 그 전쟁은 프랑스의 약화된 상황을 고려할 때 불과 몇 개월 가지 못할 것도 내다보았다. 마치 카드놀이의 대가처럼, 모든 일은 탈레랑의 예견대로 이루어졌다.

◆ **권력의 열쇠**

덫을 놓고 적을 불러들여라

역사에서 이런 식의 시나리오가 얼마나 자주 반복됐던가! 공격적인 지도자는 일련의 과감한 행동을 구사하는데, 그것은 더 많은 권력을 장악하는 것으로 시작한다. 하지만 서서히 그의 힘은 정점에 도달하게 되고 그 순간 모든 것이 그에게 불리하게 돌아간다.

그가 만든 적들이 하나로 뭉치며, 그 결과 그는 자신의 권력을 유지하기 위해 여기저기로 분주하게 뛰어다니느라 힘을 소진한다. 이런 유형이 반복되는 이유는 공격적인 사람이 완벽한 통제력을 장악하게 되는 경우가 거의 없기 때문이다. 그는 한두 수 이상을 내다보지 못하며, 이번의 과감한 수가 초래한 결과도 예견하지 못한다. 점차 늘어만 가는 적대 세력의 움직임에 대응하느라, 그리고 자신의 성급한 행동이 초래할 결과를 예측하지 못하기 때문에, 그의 공격적 에너지는 오히려 독으로 작용한다.

권력의 세계에서 당신은 반드시 스스로 자문해보아야 한다. 여기저기 쫓아다니며 문제를 해결하고 적을 물리치려고 노력해봐야, 결국 내가 주도권을 장악하지 못한다면 무슨 소용이 있을까? 왜 나는 항상 상황을 유도하지 못하고 끌려다니기만 하는 것일까? 답은 간단하다. 권력에 관한 생각이 잘못됐기 때문이다. 당신은 공격적인 행동을 효과적인 행동으로 오해하고 있다. 하지만 대부분 가장 효과적인 행동은 한 걸음 물러서서 평정을 유지한 채, 상대가 당신이 놓은 덫에 걸려서 좌절하게 놔두는 것, 단기적 승리보다는 장기적 권력을 추구하는 것이다.

기억하라! 권력의 핵심은 주도권을 잃지 않으면서 상대로 하여금 당신의 움직임에 반응하게 만들고, 상대나 주변 사람들을 항상 방어적 상태에 머물게 하는 것이다. 그런 입장에 서려면 두 가지 전제조건을 만족시켜야 한다. 우선 자신의 감정을 다스릴 줄 알아야 하며, 결코 분노가 자신을 지배하지 못하게 해야 한다. 동시에 당신은 다른 사람의 유인에 따라 미끼를 물었을 때, 사람들이 본능적으로 분노하며 반응하는 특징을 잘 활용해야만 한다. 결국 다른 사람이 당신을 쫓아오게 만드는 능력이야말로 어떤 공격적 도구보다 훨씬 더 강력한 무기가 된다. 사람마다 가지고 있는 에너지에 한계가 있기 때문에, 쫓아오는 사람은 결국 힘을 소진할 수밖에 없다.

상대를 우리가 있는 곳으로 끌어들일 때 얻게 되는 또 하나의 이점은 우리의 영역에서 싸울 수 있다는 것이다. 낯선 곳에 있다는 사실은 사람을 긴장시키기 때문에 잦은 실수를 저지르게 된다. 협상이나 회담에서도 언제나 상대를 우리의 영역, 즉 우리가 선택한 영역으로 유인하는 것이 현명한 선택이다. 익숙하지 않은 곳에 들어선 사람은 방어적인 위치에 놓이게 된다.

다른 사람을 조종하는 것은 위험한 게임이다. 일단 자신이 조종당하고 있다고 의식되면, 점점 더 상대방을 통제하기가 어려워진다. 하지만 상대로 하여금 자발적으로 우리 영역으로 오게 만든다면, 상대는 자신이 상황을 지배하고 있다는 환상을 품게 된다. 그것은 마치 나폴레옹이 엘바섬을 탈출하고 황제로 복위하는 과정에서 자신이 모든 상황을 지배하고 있다고 믿었던 것과 같다.

모든 것은 우리의 미끼가 얼마나 달콤한가에 달려 있다. 우리의 미끼가 충분히 매력적이라면, 감정적 동요와 갈망으로 인해 상대는 맹목적으로 현실을 무시하게 될 것이다. 그들의 탐욕이 크면 클수록, 그들은 더욱 멀리 끌려다니게 될 것이다.

상대가 우리를 찾아오게 만들 때, 때로는 그들이 우리의 손바닥 안에서 놀고 있다는 사실을 일부러 알려주는 편이 더 나을 때도 있다. 노골적인 통제를 위해 가면을 벗어던지는 것이다. 상대방은 심리적으로 큰 충격을 받게 된다. 다른 사람을 자기에게 오게 만들 경우 그 사람은 대단히 강력한 존재이자 존경심을 요구하는 인물로 보이게 된다. 만약 한 번만 다른 사람이 당신을 찾아오게 하여 당신의 위신을 세웠다면, 다음부터는 그런 노력을 기울이지 않아도 당신의 위엄에 굴복하게 될 것이다.

● **뒤집어보기**

비록 적이 당신을 쫓아다니다 스스로 지치게 만드는 것이 현명한 방법이기는 하지만, 정반대의 방법으로 기습적으로 상대방을 타격하여 적의 사기를 꺾음으로써 에너지를 소진시킬 수도 있다. 상대가 당신을 찾아오게 하는 대신, 당신이 그들을 쫓아가 결말을 강요함으로써 주도권을 장악한다. 신속한 공격이 가공할 무기가 될 수 있는 것은 상대에게 생각할 여유를 주지 않고 서둘러 반응하게 만들기 때문이다. 시간에 쫓기는 사람은 실수를 저지르게 마련이며, 방어적인 자세를 취하게 된다.

Law
08

말이 아닌 행동으로
승리를 쟁취하라

논쟁의 부작용

◆

논쟁을 통해 거둔 잠깐의 승리는 상처뿐인 영광에 불과하다.
상대가 갖게 되는 분개와 악의가 일시적인 입장 변화보다 더
강하고 더 오래가기 때문이다. 행동을 통해 당신에게 동의하게
만드는 것이 훨씬 더 강력하다. 설명하지 말고, 행동으로 보여
주어라.

미켈란젤로의 속임수

1502년 이탈리아 피렌체, 산타 마리아 델 피오레 성당의 공사 현장에는 거대한 대리석 블록이 서 있었다. 한때는 장엄한 형태의 원석이었지만 실력 없는 조각가가 인물상의 다리가 돼야 할 부분에 엉뚱하게 구멍을 뚫어버린 바람에 망쳤다. 피렌체의 시장인 피에로 소데리니Piero Soderini는 레오나르도 다빈치나 다른 대가들에게 조각을 의뢰하여 어떻게든 그 대리석을 살려보고 싶었지만, 모두가 그 원석은 이미 쓸모없어졌다고 말해 포기하고 말았다. 결국 돈만 날리고 원석은 교회의 어두운 실내에 처박히게 되었다.

그러던 중 당시 로마에 살던 미켈란젤로에게 피렌체의 친구들이 편지를 보냈다. 편지에서 그들은 오직 미켈란젤로만이 그 대리석으로 무엇인가를 해낼 수 있다고 주장했다. 미켈란젤로는 피렌체까지 와서 대리석 상태를 점검한 뒤, 대리석이 잘려나간 상태에 맞는 포즈를 선택한다면, 훌륭한 인물상이 될 것이라는 결론을 내렸다. 시장은 시간 낭비라고 주장했지만 결국 허락했다. 미켈란젤로는 돌팔매질하는 소년 다비드상을 조각하기로 했다.

　몇 주일 뒤, 미켈란젤로가 조각에 마지막 손질을 가하고 있을 때 시장이 작업장을 방문했다. 그는 마치 전문적인 미술품 감정사라도 되는 양 거대한 작품을 관찰하더니 작품이 웅장하고 화려하기는 한데 코가 너무 큰 것 같다고 말했다. 미켈란젤로는 소데리니가 거대한 인물상의 바로 밑에 서 있어서 전체를 균형 잡힌 시각으로 볼 수 없다는 사실을 알아챘다. 그는 아무 말도 하지 않고 시장에게 작업대로 올라오라고 손짓했다. 그러고는 조각칼과 바닥에 쌓인 대리석 가루를 한 줌 집어 들고, 아래쪽 작업대에 있는 시장이 볼 수 있도록 조각칼을 톡톡 두드리며 대리석 가루를 조금씩 밑으로 떨어뜨렸다. 그 모습이 마치 코의 모양을 손보고 있는 것 같았다. 몇 분 동안 코를 다듬는 흉내를 내던 그는 옆으로 한 걸음 물러서며 말했다. "이제 다시 한번 봐주시죠." 그러자 시장은 "코를 손보니 한결 나아 보이는군요. 마치 살아 있는 사람의 코 같습니다" 하고 말했다.

● **해석**

미켈란젤로는 코의 모양을 바꾸면 조각품을 망칠 것이라고 생각했다. 하지만 고객은 자신의 심미적 안목에 대해 자부심을 갖고 있었다. 그와 논쟁을 벌이는 것은 아무런 이익이 되지 않을 뿐만 아니라, 미래의 고객을 끊는 행위였다. 미켈란젤로는 어리석은 사람이 아니었다. 그의 해결책은 시장의 시야에 변화를 주면서(그를 코 가까이에 다가서게 하는 것), 시야 때문에 그가 전체 작품을 잘못 이해했다는 사실을 깨닫지 못하게 하는 것이었다.

미켈란젤로는 자신의 작품에 손대지 않으면서 시장에게는 그가 바라는 대로 개선했다는 인상을 주었다. 논쟁이 아니라 행동으로 승리하는 방법은 이처럼 두 배의 효과를 가져다준다. 상대의 기분을 상하게 하지 않으면서 자신의 주장을 관철하는 방법이다.

◆
말이 아닌 행동으로 승리를 쟁취하라

권력의 세계에서는 자신의 행동이 다른 사람에게 미치는 장기적 영향을 판단하는 방법을 배워야 한다. 논쟁을 통해 어떤 주장을 관철시키고자 할 경우, 문제는 그것이 상대에게 어떤 영향을 미쳤는지 결코 확신할 수 없다는 것이다. 어쩌면 상대방은 예의상 당신의 주장에 동의하는 척했을 뿐 속으로는 당신을 욕하고 있을지도 모른다. 혹은 당신이 무심코 내뱉은 말에 기분이 상했을 수도 있다. 말이란 상대방의 기분이나 불안감에 따라 해석이 달라진다. 심지어 가장 설득력이 있는 말조차 믿을 수 없을 정도다. 그래서 어떤 사람과 합의를 이루었지만 며칠 뒤에는 순전히 습관에 의해 그것을 뒤집어버리기도 한다.

말은 누구나 할 수 있다. 열띤 논쟁의 순간에는 자신의 주장을 관철하기 위해 어떤 말이든 하게 된다. 성경을 언급할 수도 있고 입증하기 어려운 통계치를 근거로 제시할 수도 있다. 그처럼 허황한 말들이 난무하는 상황에서 과연 누구를 설득시킬 수 있다는 말인가? 행동으로 보여주는 것이 훨씬 더 설득력 있다. 그것은 눈으로 직접 확인할 수 있기 때문이다. "코를 손보니 한결 나아 보이는군요." 여기에는 어떤 오해의 여지도 존재하지 않는다. 눈앞에 있는 증거를 반박할 수 있는 사람은 아무도 없다. 17세기 스페인의 작가 발타사르 그라시안Baltasar Gracián은 다음과 같이 논평했다. "진실은 대체로 눈에 보이지 귀에 들리지 않는다."

자기 생각을 행동으로 보일 때의 이점은 상대가 방어적인 태도를 보이지 않기 때문에 그를 더 쉽게 설득할 수 있다는 것이다. 상대에게 전달하려는 의미를 물리적으로 느끼게 할 경우, 그것은 말보다 훨씬 더 설득력이 강하다.

니키타 흐루쇼프Nikita Khrushchyov가 스탈린의 죄상을 밝히는 연설을 하는데 청중 한 명이 갑자기 야유하며 외쳤다. "당신은 스탈린의 동지였소. 그렇다면 왜 그때 그를 저지하지 못했소?" 이 말을 들은 흐루쇼프는 이렇게 고함을 쳤다. "방금 누가 말했소?" 아무도 손을 들지 않았다. 긴장된 가운데 몇 초간 침묵이 흐르자 마침내 흐루쇼프가 조용히 말했다. "자, 이제 여러분도 내가 왜 그때 그를 저지하지 못했는지 알았을 거요." 스탈린 앞에서는 누구도 두려움에 떨 수밖에 없었다고 말로 설득하기보다 스탈린을 마주 대하는 것이 어떤 기분인지를 사람들에게 직접 느끼게 했던 것이다. 실연은 직관적이기 때문에 더 이상의 논쟁이 필요 없다.

영향력을 목표로 삼거나 그것을 지키고 싶을 경우, 간접적 경로를 찾아라. 또한 전투할 때와 피할 때를 신중하게 파악해야 한다. 다른 사람의 동의 여부가 중요하지 않을 경우(즉 시간이 지나면 상대가 자연히 당신의 의도를 이해하게 될 경우)에는 자기 생각을 행동으로 보여줄 필요가 없다. 당신의 힘을 아끼고 그냥 갈 길을 가기만 하면 된다.

●   **뒤집어보기**

권력의 세계에서 논쟁이 유용한 경우는 하나다. 기만전술을 수행 중이거나 거짓말을 하다가 들켰을 때, 사람들의 주의를 다른 곳으로 돌릴 수 있다는 것이다. 그런 경우에는 모든 설득력을 동원해 논쟁을 벌이는 편이 유리하다. 거짓말을 하다가 들켰을 때는 격정적이고 확신에 찬 모습을 보일수록 당신이 진실하게 보일 가능성이 크다.

Law
09

정직하고 아량 있는
태도를 보어라

경계심 풀기

한 번의 정직한 처신이 열 번의 부정직한 행동을 덮어주는 법
이다. 정직하고 아량 있는 태도를 보이면 아무리 의심이 많은
사람이라도 경계심을 풀게 된다. 그렇게 상대의 갑옷에 구멍을
내고 나면, 당신은 마음대로 속이고 조종할 수 있다. 적시에 제
공하는 선물(일종의 '트로이의 목마')도 같은 효력을 발휘한다.

알 카포네를 속인 사기꾼

1926년 말끔하게 차려입은 키 큰 남자가 당시 암흑가의 최고 거물이었던 알 카포네를 찾아왔다. 남자는 세련된 유럽 억양으로 자신을 빅토르 루스티히 백작이라고 소개했다. 그는 카포네에게 자신한테 5만 달러를 주면 두 배로 불려주겠다고 제안했다. 카포네에게 5만 달러는 없어도 그만인 돈이었지만, 그는 결코 낯선 사람에게 큰돈을 맡기는 사람이 아니었다. 카포네는 백작을 다시 훑어보았다. 그는 품위 있고 세련된 태도를 지녔으며 평범한 사람들과는 달라 보였다. 카포네는 직접 돈을 세어 백작에게 건네며 말했다. "좋소. 두 달 안에 이 돈을 두 배로 늘려 오시오." 루스티히는 그 돈을 은행 금고에 넣어두고 손대지 않았다.

두 달 후 그는 금고의 돈을 꺼내서 다시 카포네를 찾아갔다. 그는 카포네 옆에 서 있는 무표정한 경호원들을 흘끗 보고 나서, 미안한 표정을 지으며 카포네에게 말했다. "카포네 씨, 정말로 미안합니다. 안타깝게도 계획이 실패했습니다."

카포네는 천천히 자리에서 일어났다. 그는 이자를 어느 강물에 빠뜨려 죽일까 하는 눈초리로 루스티히를 노려보았다. 그때 루스티히가 주머니에서 5만 달러를 꺼내 책상 위에 올려놓았다. "여기 당신 돈을 가져왔습니다. 진심으로 사과드립니다. 어떻게 말씀을 드려야 할지 모르겠군요. 제가 생각한 대로 일이 잘 풀리질 않았습니다."

카포네는 이해할 수 없다는 표정으로 다시 의자에 앉았다. "백작, 나는 처음부터 당신이 사기꾼이라는 걸 알고 있었소. 하지만 10만 달러를 받거나 아니면 한 푼도 돌려받지 못하거나, 둘 중 하나일 거라 생각했소. 그런데 이렇게 돈을 돌려주다니……." 백작은 다시 한번 사과했다. "카포네 씨, 정말 죄송합니다." 그리고 돌아가려고 모자를 집어 들었다. 그때 카포네가 말했다. "당신은 정직한 사람이군요! 그 일이 실패해 당신이 곤란한 상황에 처했다면, 이걸 가져다 쓰시오." 카포네는 5만 달러 중에서 천 달러짜리 지폐 다섯 장을 그에게 건넸다. 루스티히는 놀란 표정을 지으며 고개를 숙여 고맙다고 말하고는 돈을 가지고 떠났다. 그 5천 달러는 루스티히가 애초부터 목표하던 돈이었다.

●   **해석**

여러 나라 언어를 구사할 줄 알며 세련되고 품위 있는 몸가짐을 지닌 빅토르 루스티히 백작은 당대 최고의 사기꾼 가운데 하나였다. 그는 대담하고 뻔뻔할 뿐만 아니라 인간의 심리를 꿰뚫는 데 뛰어난 인물이었다. 루스티히는 만난 지 몇 분 만에 상대의 약점을 파악했고, 잘 속아 넘어오는 사람을 금세 알아챘다. 루스티히는 대부분 사람이 사기꾼에 대비해 방어 태세를 갖춘다는 것을 잘 알고 있었다. 루스티히가 할 일은 그러한 방어 태세를 무너뜨리는 것이었다.

이를 위한 한 가지 확실한 방법은 정직하고 성실한 태도를 보여주는 것이다. 정직하게 행동하는 사람을 누가 믿지 않을 수 있겠는가? 원래 루스티히는 상황에 따라 정직함을 적절히 이용하는 사람이었지만 카포네 앞에서는 더 높은 수를 썼다. 평범한 사기꾼은 카포네 같은 거물에게 감히 접근하지 못한다. 카포네 같은 인물을 잘못 건드렸다가는 평생 두려움 속에 살아야 하기 때문이다. 그러나 루스티히는 카포네 같은 사람은 아무도 신뢰하지 않는다는 사실을 잘 알고 있었다. 그의 주변에는 정직하고 관대한 사람이 아무도 없었다. 항상 늑대들에 둘러싸여 살아간다는 것은 긴장과 피로와 우울함을 동반하는 일이었다. 따라서 카포네 같은 인물은 정직한 인물을 그리워하고, 모든 사람이 불순하고 간악한 음모를 품는 건 아니라고 믿고 싶어 한다.

카포네는 루스티히의 정직한 태도 앞에서 경계심을 풀어버렸다. 전혀 예상하지 못한 뜻밖의 태도를 보였기 때문이다. 진정한 사기꾼은 이러한 인간의 심리를 노린다. 이러한 심리 상태에 노출된 먹잇감은 늑대의 목표를 간파하지 못하고 쉽게 속아 넘어가게 된다. 루스티히가 사용한 전략을 기억하라. 적시에 정직과 아량을 보여주면 세상에서 가장 잔인하고 냉혹한 야수라도 당신 뜻대로 움직일 수 있다.

◆   권력의 열쇠

정직하고 아량 있는 태도를 보여라

정직한 모습을 보이는 전략은 처음 만나는 자리에서 사용하면 효과가 크다. 사람은 습관의 동물이기 때문에 쉽게 생각을 바꾸지 않는다. 관계를 맺은 초반에 상대가 당신을 정직한 사람이라고 믿으면, 그러한 믿음과 첫인상은 오래가게 마련이다. 그러면 당신은 상대를 조종할 수 있는 우위에 서게 된다.

때로는 한 번의 정직한 행동으로는 부족하다. 신망 있는 행동을 여러 번 보여줌으로써 정직하다는 평판을 쌓아야 할 때도 있다. 단, 그러한 행동들은 일관성을 지녀야 한다. 일단 정직하다는 평판이 생기고 나면 첫인상과 마찬가지로 쉽게 흔들리지 않는다.

정직은 상대의 경계심을 해제시키는 좋은 방법이지만, 그것이 유일한 방법은 아니다. 후하게 베푸는 관대한 행동도 효과가 있다. 선물을 마다할 사람은 거의 없다. 설사 원수가 보내는 선물이라고 해도 말이다. 선물은 사람들 마음속에 있는 유아적인 심리를 작동시켜 그 사람을 무장해제시킨다. 어떤 사람은 상대의 행동을 매우 냉소적으로 바라보기도 하지만 마키아벨리식 선물, 즉 다

른 동기와 속셈이 숨겨진 선물을 알아보는 경우는 드물다. 선물은 기만 작전을 숨기기 위한 훌륭한 수단이다.

친절도 기만 작전의 무기가 될 수 있다. 사람의 감정을 잘 이용하여 친절을 베풀면 카포네 같은 사람도 어린아이처럼 만들 수 있다. 하지만 감정을 이용하는 접근법이 모두 그렇듯, 이 전술은 매우 신중하게 사용해야 한다. 만일 상대가 당신의 의도를 간파하면, 감사와 호의로 가득했던 감정도 금세 격렬한 증오와 불신으로 바뀔 수 있다. 진심 어린 행동으로 보일 자신이 없다면 섣불리 불장난해서는 안 된다.

● **뒤집어보기**

당신이 기만 전략을 계속 수행해왔다면 아무리 정직하고 관대하고 친절하게 행동해도 상대는 속지 않는다. 오히려 상대는 더욱 경계할 것이다. 이미 사람들이 당신의 기만을 목격한 적이 있는 경우 갑자기 정직하게 행동하면 의심만 불러일으킨다. 그런 경우에는 차라리 드러내놓고 악당이 되는 편이 낫다.

권력의 세계에서 확고부동한 것은 없다. 때로는 기만적인 성향을 공공연하게 드러냄으로써 진짜 속셈을 감출 수 있으며, 부정직함을 정직하게 드러낸 것 때문에 존경을 받기도 한다.

자비나 의리가 아니라
이익에 호소하라

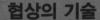

협상의 기술

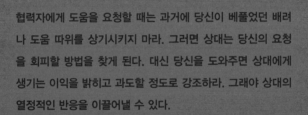

협력자에게 도움을 요청할 때는 과거에 당신이 베풀었던 배려
나 도움 따위를 상기시키지 마라. 그러면 상대는 당신의 요청
을 회피할 방법을 찾게 된다. 대신 당신을 도와주면 상대에게
생기는 이익을 밝히고 과도할 정도로 강조하라. 그래야 상대의
열정적인 반응을 이끌어낼 수 있다.

평화주의자 스테파노의 판단 착오

14세기 초 카스트루초 카스트라카니^{Castruccio Castracani}라는 젊은이가 일개 병사에서 이탈리아 루카시^市의 통치자 자리에 오르게 되었다. 포지오 가문이 그가 권력의 정점에 오르도록 중요한 도움을 주었다. 그러나 카스트라카니는 권력을 잡은 뒤에 그들을 등한시했다. 1325년 카스트라카니가 피렌체와 싸우기 위해 도시에서 멀리 떠나 있을 때, 포지오 가문은 다른 귀족 집안들과 힘을 합쳐 야심에 눈이 먼 카스트라카니를 제거할 음모를 꾸몄다.

　반란의 첫 번째 단계로서, 그들은 카스트라카니가 자리를 비운 동안 도시를 지배하고 있던 총독을 살해했다. 곳곳에서 폭동이 일었고, 카스트라카니 지지자들과 포지오 지지자들 사이에 금방이라도 전쟁이 벌어질 태세였다. 긴장이 최고조에 달했을 즈음, 포지오 가문의 원로인 스테파노 디 포지오^{Stefano di Poggio}가 중재자로 나서면서 양측은 무기를 내려놓게 되었다.

　평화주의자인 스테파노는 애초부터 음모에 가담하지 않았다.

그는 가문 사람들에게 그러한 방식은 결국 유혈 사태를 초래할 것이라고 말했다. 그러면서 자신이 중재자로 나서 카스트라카니를 설득해 포지오 가문의 요구를 들어주도록 만들겠다고 약속했다. 스테파노는 그 집안에서 가장 나이 많고 지혜로운 사람이었기에 포지오 사람들은 그의 평화적 중재안을 믿어보기로 했다.

한편 카스트라카니는 반란 소식을 듣고 급히 루카로 돌아왔다. 그리고 스테파노의 노력 덕분에 싸움이 중단되고 평화가 찾아왔다는 것을 알게 되었다. 스테파노는 반란을 잠재운 데 대해 카스트라카니가 자신에게 고마워하리라고 생각했다. 그래서 카스트라카니를 찾아가 자신이 반란을 진정시킨 과정을 설명하고 그의 자비를 구했다. 스테파노는 포지오 사람들이 미숙하고 경솔하여 반란을 일으켰다고 말했다. 또한 과거에 포지오 가문이 카스트라카니를 도와준 일을 상기시키면서, 포지오 사람들을 너그럽게 용서하고 그들의 불만에 귀 기울여달라고 간청했다.

카스트라카니는 조용히 모든 이야기를 들었다. 화가 난 기미도 전혀 없었다. 그는 공정하게 모든 일을 처리할 테니 안심하라고 말하고, 포지오 가문 사람들을 모두 궁으로 불러달라고 했다. 그러면서 자신이 관용과 친절을 베풀 기회가 생겨서 너무나 다행이라고 말했다. 그날 저녁 포지오 가문 사람들이 궁으로 들어왔다. 카스트라카니는 즉시 그들을 감옥에 가두고 며칠 뒤에 스테파노를 비롯한 모두를 처형했다.

스테파노 디 포지오는 대의가 정당하고 고결하면 된다고 믿는 사람의 전형이다. 물론 정의와 감사하는 마음에 호소하여 성공하는 예도 있지만 그러한 방식을 쓰면 대부분 비참한 결과가 초래된다. 특히 카스트라카니 같은 인물을 대할 때는 더욱 그렇다.

카스트라카니는 힘과 이익에만 관심이 있는 사람이다. 반란이 일어났을 때 그것을 잠재운 다음 카스트라카니에게 자비를 간청한 것은 매우 위험한 방법이었다. 하지만 스테파노가 그러한 치명적인 실수를 저질렀다 하더라도 그에게는 다른 선택안이 있었다. 카스트라카니에게 돈을 제시하거나, 미래를 위한 모종의 약속을 제안하거나, 포지오 가문이 카스트라카니의 권력 유지를 도와줄 수 있다는 점을 지적할 수도 있었다. 예를 들어, 포지오 가문이 로마의 여러 중요한 가문을 움직일 힘을 지녔고, 중차대한 혼사들에 영향력을 행사할 수 있다는 점을 지적할 수 있었을 것이다.

하지만 스테파노는 과거를 상기시키며 카스트라카니가 포지오 가문에게 입은 은혜를 들먹였다. 인간이 언제나 감사할 줄 아는 것은 아니다. 그리고 은혜란 기꺼이 저버리고 싶은 무거운 부담으로 느껴지는 법이다. 카스트라카니는 포지오 사람들을 제거함으로써 그들에 대한 부담을 지워버렸다.

자비나 의리가 아니라 이익에 호소하라

권력을 추구하다 보면 당신보다 더 큰 힘을 가진 사람에게 도움을 청해야 하는 경우가 반드시 생긴다. 도움을 청하는 데에도 기술이 필요하다. 이러한 기술을 발휘할 때는 상대를 제대로 이해하고 당신의 니즈와 상대의 니즈를 혼동하지 않는 것이 중요하다.

대부분 사람들은 자신의 욕구와 욕망에 빠져 있기 때문에 상대방이 아무런 사심 없이 자신을 도와주리라고 생각한다. 또 훌륭한 대의, 사랑이나 은혜 같은 고결한 감정을 들먹이면 도와주리라 생각한다. 하지만 현실만큼 호소력을 갖는 것은 없다. 이익에 호소하면 당신과 상대방 사이에 존재하는 차이를 뛰어넘을 수 있다. 모호하게 말할 필요도 없다. 귀중한 정보를 알려주겠다고, 당신의 금고를 황금으로 채워주겠다고, 더 오래 행복하게 살게 해주겠다고 말하라. 이것은 누구나 이해할 수 있는 말이다.

이익은 사람을 움직이는 지렛대와 같다. 당신이 상대의 욕구를 충족시켜주거나 상대의 목표 달성에 기여할 수 있음을 보여주면, 상대는 도와달라는 당신의 요청을 뿌리칠 수 없다. 권력을 손에 넣기 위한 과정에서 당신은 상대의 입장을 생각해보고, 그의 니즈와 이익을 파악하고, 진실을 흐릿하게 가리는 감정이라는 장막을 없애는 법을 익혀야 한다. 이 기술을 배우면 목표하는 바를 모두 이룰 수 있다.

어떤 사람들은 이익을 강조하며 접근하는 것을 추하고 창피한 일이라고 생각한다. 그런 사람들은 자선, 자비, 정의 등을 실천할 수있는 것을 더 좋아한다. 그들은 그러한 것을 베풂으로써 당신보다우월감을 느낀다. 그들에게 도움을 청할 때는 그들의 힘과 지위를강조하고 치켜세워주어라. 그들이 원하는 것은 당신에게 우월감을 느끼는 기회다. 이는 그들을 취하게 만드는 술과 같다. 우월감을 충족시켜주면 그들은 기꺼이 당신의 계획에 재정적인 지원을해주고, 당신에게 힘 있는 다른 사람을 소개해줄 것이다.

단, 이 모든 것을 많은 사람이 목격하게 하고, 훌륭한 대의를위한 것임을 알게 하라. 따라서 모든 사람에게 이익이라는 동기를이용해 접근해서는 안 된다. 이익을 좇아 움직이는 사람으로 비치기 싫어하는 이들도 있기 때문이다. 그들은 자비와 선한 마음을과시할 기회를 원한다.

또한 힘 있는 사람들 사이에도 차이가 있음을 명심하고 그들을 움직이게 만드는 것이 무엇인지 파악하라. 상대에게 탐욕스러운 기질이 엿보인다면 절대 자비에 호소하지 마라. 상대가 자비롭고 우아하게 보이고 싶어 한다면 절대 탐욕에 호소하지 마라.

Law
11

돈의 노예가
되지 마라

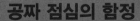

공짜 점심의 함정

공짜로 제공되는 것에는 위험이 담겨 있게 마련이다. 대개 술수나 모종의 부담이 숨겨져 있다. 가치를 지닌 것에는 반드시 값을 치러야 한다. 당신 나름대로 값을 치름으로써 부담이나 죄의식 혹은 책략에서 벗어나라. 일반적으로 충분한 값을 치르는 것이 현명한 선택이다. 잘고 인색한 행태로 탁월한 리더가 되는 것은 불가능하다. 돈을 아끼지 마라. 넉넉한 씀씀이는 권력의 신호이자 자석이다.

법칙 위반 사례

엘도라도에 미친 스페인

1532년 프란시스코 피사로^{Francisco Pizarro}가 페루를 정복한 후 잉카제국의 금이 스페인으로 쏟아져 들어오자, 스페인 사람들은 너도나도 곧 신세계의 부자가 될 거라는 꿈에 젖었다. 곧이어 페루 동쪽에 사는 인디언 추장의 이야기가 퍼져나갔다. 일 년에 한 번씩 금가루를 뒤집어쓰고 호수에 몸을 던지는 의식을 치른다는 소문이었다. 스페인어로 '금가루를 칠한 사람'을 '엘도라도^{El Dorado}'라고 하는데, 점점 소문이 왜곡되면서 '엘도라도'는 어떤 제국의 이름으로 바뀌었다. 이 제국은 잉카보다 부유하며, 길과 건물에 모두 금칠이 되어 있다고 했다. 머지않아 스페인 사람들은 엘도라도를 찾아 남아메리카 북부 전역을 뒤지기 시작했다.

1541년 2월, 피사로의 형제인 곤살로^{Gonzalo}는 최대 규모의 원정대를 이끌고 에콰도르의 키토를 떠났다. 340명의 스페인 사람들은 번쩍이는 갑옷과 색색의 비단으로 몸을 치장하고, 짐꾼 겸 정찰대를 맡은 인디언 4천 명과 돼지 4천 마리, 라마 수십 마리,

개 천여 마리와 함께 동쪽으로 향했다. 그러나 곧 폭우를 만나 가재도구들과 음식이 모두 못 쓰게 되어버렸다. 한편 곤살로 피사로는 도중에 인디언을 만날 때마다 엘도라도에 관해 물어보았다. 당연히 그들은 그런 이야기는 금시초문이라고 대답했다. 하지만 곤살로는 그들이 일부러 숨긴다고 생각하여 모조리 고문하고 개의 먹이로 던져주었다. 순식간에 인디언들 사이에는 스페인 사람들의 살인 행각에 대한 소문이 퍼졌다. 인디언들은 곤살로에게 화를 입지 않으려면 적당히 엘도라도 이야기를 꾸며내어 그를 최대한 멀리 보내야 한다는 것을 깨달았다. 곤살로 일행은 인디언들이 알려준 정보를 따라 계속 깊은 정글로 들어갔다.

하지만 엘도라도는 나타나지 않았고, 원정대는 사기를 잃어갔다. 제복은 오래전에 낡아 해졌고 갑옷은 녹슬어서 벗어버렸으며, 신발도 갈기갈기 찢어져서 맨발로 걸어야 했다. 짐꾼으로 데려간 인디언 노예들은 이미 죽거나 도망쳤다. 식량이 떨어지자 그들은 돼지들은 물론이고, 수천 마리의 사냥개와 라마까지 모두 잡아먹었다. 더 이상 이런 식으로 버틸 수 없다고 생각한 피사로는 위험을 무릅쓰고 강을 따라 가보기로 결심했다. 곤살로는 강가에 천막을 치고 바지선에 정찰대를 태워 인디언 마을을 찾아 식량을 구해오라고 지시했다. 그러나 아무리 기다려도 정찰대는 돌아오지 않았다. 원정대를 버리고 달아난 것이 틀림없었다.

비가 끝도 없이 내렸다. 엘도라도 따위는 잊은 지 오래였다. 그들은 이제 오직 키토로 돌아가는 것만 바랐다. 1542년 8월, 길을 나선 수천 명의 원정대 가운데 겨우 100여 명만이 키토로 돌아왔다. 그들은 마치 지옥에서 빠져나온 사람들 같았다. 그들은 1년 반 동안 무려 3,200킬로미터를 헤매다가 돌아온 셈이었다. 원정에는 막대한 돈이 들어갔지만 그들이 얻은 거라곤 아무것도 없었다. 엘도라도도, 금도 찾을 수 없었다.

● **해석**

곤살로 피사로가 참담하게 실패한 이후에도 스페인 사람들은 계속해서 엘도라도를 찾아 원정길에 올랐다. 그리고 피사로와 똑같이 마을마다 불을 지르고 약탈을 했으며, 인디언들을 고문했다. 그들은 결국 고생만 하고 금은 찾아내지 못했다. 원정에 들어간 돈은 계산할 수도 없을 정도였다. 그러나 원정이 매번 실패로 돌아갔음에도 환상의 유혹은 사라질 줄 몰랐다.

엘도라도 원정은 스페인 제국의 몰락을 재촉했다. 스페인은 금에 과도하게 집착했다. 실제로 많은 양의 금이 스페인으로 흘러 들어갔지만, 농업이나 여타의 생산업에 사용되기보다는 다음번 원정이나 사치품을 구입하는 데 쓰였다.

권력을 얻기 위해서는 자기 단련이 필요하다. 부자가 될 거라는 희망, 그것도 순식간에 부자가 될 거라는 희망은 감정에 혼란을 가져온다. 갑작스럽게 부유해진 사람들은 언제든 부를 더 얻을 수 있다고 믿는다. 공짜가 코앞에 있다고, 돈이 굴러들어올 거라

고 믿는 것이다.

이러한 환상에 빠진 탐욕스러운 졸부들은 진정한 권력의 토대, 이를테면 자제력과 다른 이들의 호의 등을 무시해버린다. 명심하라. 갑작스레 얻은 부가 오래가는 경우는 드물다. 단단한 토대 위에 구축된 것이 아니기 때문이다. 엘도라도는 멍청이들이나 찾아 헤매게 놔둬라.

◆　　　　　　　　　　　　　　　　　　　권력의 열쇠

돈의 노예가 되지 마라

권력의 영역에서는 모든 것이 비용을 기준으로 평가되어야 하며, 모든 것에는 합당한 값이 있음을 잊어선 안 된다. 공짜로 혹은 싼 값에 얻은 것에는 종종 심적인 가격표가 붙는다. 이 심적 가격표는 부담감과 좋지 않은 품질을 감수한 느낌 그리고 그로 인한 불안감 등이 복잡하게 뒤섞여서 만들어진다. 권력가들은 일찌감치 그들의 가장 귀중한 자원을 보호해야 한다는 점을 터득했다. 얽매이지 않는 독립성과 술책의 여지가 바로 그것이다. 그들은 온전히 제값을 치름으로써 위험한 일이나 걱정에 연루되는 것을 방지했다.

또한 돈에 대해 융통성 있고 개방적인 태도를 견지하면 전략적 관대함이 얼마나 가치 있는지 깨닫게 된다. 전략적 관대함은 '무언가를 얻고자 한다면 먼저 베풀어라'라는 오랜 비법의 변형이라고 할 수 있다. 당신이 적절한 선물을 주면 상대는 신세를 졌다는 느낌을 받는다. 관대함은 또한 사람들을 누그러뜨려 쉽게 속을 수 있는 상태로 만들어준다. 관대하다는 평판을 얻으면, 사람들은 당신이 벌이는 권력 게임을 쉽게 알아차리지 못하고 오히려 당신을 존경할 것이다.

● **뒤집어보기**

권력자들은 공짜로 제공되는 것에는 반드시 책략이 있다는 점을 잊지 않는다. 갚지 말라며 호의를 베푸는 친구들은 나중에 돈으로 갚는 것보다 훨씬 더 비싼 무언가를 요구할 것이다. 제값을 치르지 않은 것에는 물질적으로나 심리적으로나 문제가 숨어 있다. 그러니 반드시 값을, 그것도 제값을 치러라.

뒤집어서 이 법칙을 상대방에게 적용하면 훌륭한 기만과 사기의 기회를 얻을 수 있다. 공짜를 미끼로 내거는 것은 사기꾼들의 고전적인 수법이다. 사람들은 천성적으로 게을러서 열심히 일해서 돈을 벌기보다는 돈이 저절로 굴러들어오기를 바란다. 쉽게 돈을 벌 수 있다는 이야기에 한 번 넘어간 사람은 다시 속아 넘어갈 여지가 있다. 이처럼 탐욕은 눈을 멀게 할 정도로 강력하다.

Law

12

친구처럼 행동하고
스파이처럼 움직여라

정보전

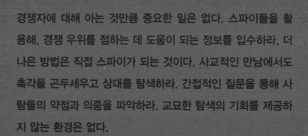

경쟁자에 대해 아는 것만큼 중요한 일은 없다. 스파이들을 활용해, 경쟁 우위를 점하는 데 도움이 되는 정보를 입수하라. 더 나은 방법은 직접 스파이가 되는 것이다. 사교적인 만남에서도 촉각을 곤두세우고 상대를 탐색하라. 간접적인 질문을 통해 사람들의 약점과 의중을 파악하라. 교묘한 탐색의 기회를 제공하지 않는 환경은 없다.

스파이 뺨치는 미술품 거래상

조지프 듀빈Joseph Duveen은 당대 최고의 미술품 거래상이었다. 그는 1904년에서 1940년까지 미국의 백만장자들이 모이는 미술품 수집시장을 거의 독점하다시피 했다. 하지만 거물 하나만은 그를 피해가고 있었다. 바로 기업가 앤드루 멜런Andrew Mellon이었다. 듀빈은 반드시 멜런을 자신의 고객으로 만들겠다고 마음을 먹었다.

듀빈의 친구들은 그건 이룰 수 없는 꿈이라고 말했다. 멜런은 고집불통인 데다 과묵한 사람이었다. 더구나 듀빈이 사람 비위 잘 맞추고 말이 많다는 것을 알고 그를 만나지 않겠다고 분명히 밝힌 터였다. 그러니 포기하라는 친구들에게 듀빈은 이렇게 말했다. "멜런은 나한테서 그림을 사게 될 뿐만 아니라, '나한테서만' 그림을 사게 될 걸세." 듀빈은 몇 년 동안 먹잇감의 뒤를 쫓으며 그의 습관과 취향, 공포증 등을 연구했다. 이 작업을 위해 멜런이 부리는 사람들 몇 명을 몰래 돈으로 매수해 그들에게서 값진 정보를 캐냈다. 그리하여 드디어 행동에 나설 때는 멜런의 아내만큼이나 멜런에 대해 잘 알게 되었다.

1921년 런던을 방문한 멜런은 클라리지 호텔 3층의 대궐 같은 방에 묵고 있었다. 듀빈은 그 방의 바로 아래 2층에 방을 예약했다. 시중을 들어주는 호텔 보이에게는 멜런의 보이와 친분을 쌓아두라고 일러둔 터였다. 계획을 실행에 옮기기로 한 운명의 날이 오자, 멜런의 보이가 듀빈의 보이에게 방금 멜런에게 외투를 입혀주었으며 그 기업가가 엘리베이터를 타러 복도를 나섰다고 알려주었다. 듀빈의 보이는 듀빈에게 이 이야기를 전했다.

듀빈의 보이는 서둘러 듀빈에게 외투를 입혀주었다. 몇 초 후 듀빈은 엘리베이터에 들어섰다. 멜런이 탄 바로 그 엘리베이터였다. "안녕하세요, 멜런 씨. 처음 뵙겠습니다." 듀빈이 자기소개를 하며 말문을 열었다. "전 지금 그림을 몇 점 보러 내셔널 갤러리에 가는 길입니다만." 참 묘하게도 멜런 역시 바로 거기에 가려던 참이었다. 그래서 듀빈은 먹잇감과 함께 성공이 확실히 보장되는 장소로 갈 수가 있었다. 그리고 함께 미술관을 이리저리 도는 동안 해박한 지식으로 그 거물을 깜짝 놀라게 만들었다. 또 한 번 참 묘하게도, 둘의 취향은 유난히 비슷한 것처럼 보였다.

멜런은 놀랍고도 기뻤다. 듀빈은 그가 예상했던 것과는 전혀 다른 사람이었다. 그는 매력적이고 사근사근할 뿐 아니라, 고상한 취향까지 갖고 있었다. 둘이 뉴욕으로 돌아왔을 때 멜런은 듀빈의 갤러리에 들렀는데 곧 그곳의 수집품과 사랑에 빠져버렸다. 모든 작품이 딱 그가 모으고 싶어 하던 종류여서 놀라움을 금치 못했

다. 그 뒤로 평생 멜런은 듀빈의 최고 고객이자 가장 손 큰 고객이
되었다.

●   **해석**

조지프 듀빈처럼 야심 있고 능력 있는 사람은 일을 운에 맡기는
법이 절대 없다. 운이 풀리길 바라는 것, 다시 말해 이 고객 저 고
객의 마음을 살 수 있길 바라기만 하는 게 무슨 소용이란 말인가?
그건 눈 가린 채 오리에게 총을 쏘는 것이나 마찬가지다. 지식으
로 조금만 무장해보라. 그러면 목표가 커진다.

멜런은 듀빈이 낚은 가장 커다란 대어였다. 사실 듀빈이 정탐
한 백만장자는 그 외에도 많았다. 잠재 고객의 집에서 일하는 사
람들을 돈으로 매수하는 방식을 통해 듀빈은 그들이 어디를 오가
고, 취향은 어떻게 바뀌었는지와 관련해 귀중한 정보를 항상 손에
넣을 수 있었다.

예술적 경지의 정탐이란 바로 이런 것이다. 이 능력이 있으면
당신은 모든 능력과 천리안을 겸비한 것처럼 보인다. 표적에 대해
잘 알면 당신은 매력적인 사람으로 비칠 뿐 아니라, 그가 바라는
것이 무엇인지도 꿰뚫게 된다. 당신의 힘이 어디서 나오는지는 그
누구의 눈에도 보이지 않는다. 사람들은 보이지 않는 것과는 싸울
수 없는 법이다.

친구처럼 행동하고 스파이처럼 움직여라

권력의 세계에서는 미래에 일어나는 일을 어느 정도 통제할 수 있어야 한다. 그런데 이때 생기는 문제 중 하나가 사람들은 자신의 생각과 감정, 계획을 모두 털어놓지 않는다는 것이다. 사람들은 할 말, 안 할 말을 가려 자기 성품의 가장 중요한 부분은 숨길 때가 많다. 자신의 약점이나 속마음, 집착 등을 말이다. 그 결과 당신은 사람들의 움직임을 예측하지 못해 오리무중 상태에 빠진다. 이때 활용할 수 있는 요령이 그들을 정밀히 탐색해 그들의 비밀과 숨기고 있는 의도를 밝혀내는 것이다. 사람들에게 당신이 어쩔 작정인지는 눈치채지 못하게 하고 말이다.

사실 이는 그리 어려운 일이 아니다. 정탐하는 가장 흔한 방법은 듀빈처럼 다른 사람들을 활용하는 것이다. 이 방법은 간단하고 막강하긴 하지만, 위험 부담이 크다. 정보는 확실하게 손에 넣을 수 있지만 정탐 작업을 하는 사람들을 통제할 방법이 없기 때문이다. 따라서 당신 자신이 직접 스파이가 되어 친구인 척하면서 몰래 정보를 모으는 것이 가장 바람직하다.

친목 모임에서든 악의 없는 만남에서든 주의를 기울여라. 그런 자리에서는 사람들이 경계심을 풀기 때문이다. 당신 자신을 드러내고픈 생각을 억누르면 사람들이 이것저것 터놓게 만들 수 있다. 이 기법에서 가장 기막힌 대목은 사람들이 당신의 관심을 우정으로 착각하기 때문에 당신은 여러 가지를 알게 될 뿐 아니라, 동맹군까지 얻게 된다는 것이다.

하지만 이 전략을 쓸 때는 주의를 기울이고 또 조심해야 한다. 당신이 대화를 위장해 자신의 비밀을 캐내고 있다고 사람들이 의심하기 시작하면 당신을 피하려 들 것이기 때문이다. 그러니 귀중한 정보보다 우정 어린 수다를 강조해야 한다. 당신이 보물 같은 정보를 구하고 있다는 것을 드러내서는 안 된다. 그러다 보면 당신이 캐묻는 질문 속에 당신이 찾고자 하는 정보보다 당신의 의도가 더 드러나게 된다.

● **뒤집어보기**

권력자에게 정보는 무엇보다 중대하다. 하지만 당신이 다른 사람을 정탐하는 바로 그 순간에 상대방도 당신을 정탐할 수 있다. 따라서 거짓 정보를 흘리는 것이 정보전의 가장 강력한 무기 중 하나가 된다. 윈스턴 처칠은 이렇게 말했다. "진실은 너무도 귀해서 항상 거짓말이라는 경호원들을 대동하고 다녀야 한다." 당신의 진실에 적이 침투하지 못하도록, 당신도 그런 경호원을 주위에 둬야만 한다. 당신의 뜻에 따르는 정보를 심을 수 있으면, 게임은 당신이 장악하게 된다. 사람들에게 거짓 정보를 흘려라. 그러면 당신은 누구보다 유리한 입지에 서게 된다.

상대보다
멍청하게 보어라

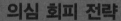

의심 회피 전략

◆

상대보다 더 멍청해 보이고 싶은 사람은 없다. 이를 역이용해
상대가 당신보다 더 똑똑하다고 느끼게 해주어라. 일단 당신이
자기보다 못하다는 확신이 서면, 당신의 숨은 의도를 결코 의
심하지 않을 것이다.

19세기 최대의 사기극

1872년 겨울, 미국의 금융업자 애즈버리 하펜딩^{Asbury Harpending}은 런던을 방문하던 중 "미국 서부에서 다이아몬드 광산이 발견됐다"는 전보를 받았다. 전보는 캘리포니아 은행의 소유주인 윌리엄 랠스턴^{William Ralston}이 보낸 것이었다. 하지만 하펜딩은 그것을 짓궂은 장난으로 생각했다. 미국 서부에서 금광이 발견된 적이 있긴 했지만, 다이아몬드 광산 이야기는 도저히 믿기 어려웠다. 하펜딩은 전보를 세계 최고의 부자인 로트실트 남작에게 보여주며, 농담이 틀림없다고 말했다. 하지만 남작은 이렇게 대답했다. "너무 자신하지 말게. 미국은 대단히 넓은 나라야. 우리를 놀라게 할 일이 더 있을지도 몰라." 그 말에 하펜딩은 즉시 미국으로 돌아왔다.

하펜딩이 샌프란시스코에 도착했을 때, 그곳은 1840년대 말의 골드러시를 연상케 하는 들뜬 분위기였다. 촌스럽고 지저분한 행색의 두 남자, 필립 아널드^{Philip Arnold}와 존 슬랙^{John Slack}이 다이아몬드 광산을 발견한 주인공이었다. 그들은 와이오밍주에 있는 광산

의 정확한 위치를 밝히기를 꺼렸다. 몇 주 전에 광산 전문가를 안
내할 때도 일부러 먼 길을 돌아가서 광산의 위치를 알지 못하게
했다. 그곳에 도착한 뒤, 전문가는 두 사람이 다이아몬드를 캐내
는 장면을 지켜보았다. 샌프란시스코로 돌아온 전문가는 그들이
캔 다이아몬드를 여러 보석상에게 보여주었는데, 그들 중 한 보석
상은 그것의 가치를 150만 달러라고 평가했다.

하펜딩과 랠스턴은 아널드와 슬랙에게 함께 뉴욕으로 가자고
제안했다. 뉴욕의 보석상인 찰스 티퍼니Charles Tiffany에게 감정을 받
아보자는 것이었다. 두 사람은 불안해했다. 교활한 도시인을 어떻
게 믿는단 말인가? 티퍼니와 이들 금융업자들이 작당해 그들에게
서 광산을 몽땅 훔쳐 가기라도 한다면? 랠스턴은 그들을 안심시
키기 위해 먼저 두 사람에게 10만 달러를 제공하고 추가로 30만
달러를 그들 앞으로 예탁해두었다. 그리고 거래가 완료되면 거기
서 다시 추가로 30만 달러를 더 주겠다고 했다.

그렇게 해서 그들은 뉴욕에 도착했다. 티퍼니는 다이아몬드가
진짜이며 금전적 가치가 상당히 높다고 평가했다. 두 금융업자는
흥분을 감추지 못했다. 그들은 로트실트를 비롯한 실업계의 거물
들에게 전보를 보내 다이아몬드 광산이 진짜임을 알리며 그들을
공동투자자로 초대했다. 그들은 또한 광산 전문가와 동행해 광산
을 답사하고 싶다고 말했다. 광산 발견자들은 마지못해 동의했다.

몇 주 뒤, 루이스 재닌Louis Janin이라는 미국 최고의 광산 전문가
가 그들과 합류했다. 재닌은 천성적으로 의심이 많은 사람이라 그

에게 광산의 진위 확인을 맡기기로 했다. 재닌과 하펜딩 외에도 몇 명의 금융업자들이 동행했다. 이번에도 아널드와 슬랙은 조사단을 복잡하게 이어진 계곡들 사이로 끌고 다니며, 일행들의 방향 감각을 완전히 잃게 만들었다. 광산에 도착하자 재닌은 금융업자들이 지켜보는 가운데 일대를 파헤치고 바위를 뒤집어가면서 약간의 에메랄드와 루비, 사파이어와 많은 다이아몬드를 캐냈다. 채굴 작업은 8일 동안 이어졌고, 마침내 재닌도 확신을 얻었다. 그는 투자자들에게 사상 최대의 다이아몬드 광산이라고 말했다. "인부 100명과 기계 설비만 갖춰진다면 매달 100만 달러 상당의 다이아몬드를 캐낼 수 있을 겁니다."

며칠 뒤 랠스턴과 하펜딩 일행은 신속하게 개인투자자들로 구성된 자산 1천만 달러의 기업을 설립했다. 그리고 그들은 아널드와 슬랙에게는 광산의 실제 가치를 밝히고 싶지 않아서 흥분을 감추고 시치미를 뗐다. 재닌의 말이 틀렸을지도 모르고, 실제로는 다이아몬드 매장량이 많지 않을 수도 있다고 말이다. 그 말에 광산 발견자들은 발끈했다. 그러자 이번에는 만약 그들이 광산에 대한 지분을 주장한다면, 신설된 기업을 운영하게 될 파렴치한 기업가와 투자자들에게 모든 것을 사기당할 수도 있다는 식으로 말했다. 그러니 이미 제안한 70만 달러에 만족하는 편이 더 낫지 않겠느냐고 구슬렸다. 결국 그들은 70만 달러에 광산에 대한 권리를 금융업자들에게 양도한다는 계약에 서명했다.

다이아몬드 광산 소식은 산불처럼 신속하게 퍼졌다. 탐광자들이 와이오밍 전역으로 몰려들었다. 그동안 하펜딩과 그의 무리는 투자자들에게서 끌어모은 수백만 달러를 써가며 장비를 구입하고, 광산업계의 최고 인력을 고용하고, 뉴욕과 샌프란시스코에 호화로운 사무실을 마련했다.

몇 주 뒤 그들이 광산을 다시 방문했을 때, 그들은 믿기 어려운 사실을 발견했다. 다이아몬드는커녕 단 한 개의 루비조차 나오지 않았다. 모든 것이 가짜였다. 그들은 파산했다. 하펜딩이 세계 최고 부자들을 19세기 최대의 사기극에 끌어들인 셈이었다.

● **해석**

아널드와 슬랙은 엄청난 사기극을 위해 가짜 공학자를 내세우거나 티퍼니에게 뇌물을 준 것이 아니다. 전문가들은 모두 진짜였다. 그들 모두 광산의 존재와 다이아몬드의 가치를 진짜로 믿었다. 그 모든 사람을 속인 것은 다름 아닌 아널드와 슬랙이었다. 그들 두 사람은 너무나 촌뜨기 같았고, 어리숙해 보였다. 그렇게 대담한 사기 행각을 벌일 능력이 있다고는 상상조차 할 수 없는 모습이었다. 그러나 이들은 그저 자신의 표적보다 멍청하게 보여야 한다는 법칙(사기꾼의 제1계명)을 따랐을 뿐이다.

사기의 원리는 단순했다. 몇 달 전 아널드와 슬랙은 다이아몬드 광산을 '발견'했다고 발표한 뒤, 유럽으로 건너가 1만 2천 달러짜리 진짜 다이아몬드를 구입했다. 이어서 그들은 가짜 광산에 이 원석들을 심어두었다. 첫 번째 전문가는 바로 그것을 파낸 뒤 샌 프란시스코로 갖고 왔다. 티퍼니를 비롯해 이들 광물을 평가했던 보석상들은 너무 흥분한 나머지 다이아몬드의 가치를 과대평가 했다. 그러자 랠스턴은 탐광자들에게 10만 달러를 일종의 보증금으로 제공했다. 두 탐광자는 뉴욕에 갔다 온 후, 이 돈을 가지고 바로 암스테르담으로 가서 다이아몬드 원석을 산 다음 가짜 광산에 이 원석들을 심어두었다. 의심 많은 광산 전문가 재닌마저 속을 수밖에 없었던 비밀이다.

음모의 성공은 무엇보다 아널드와 슬랙이 자신의 역할을 완벽하게 수행한 데 있었다. 뉴욕에서 두 사람은 시골뜨기 이미지를 완벽하게 연출하기 위해 사이즈가 작은 바지와 코트를 입고 대도시에서 보는 것마다 모두 놀라는 것처럼 연기했다. 이들 시골뜨기가 그 시대의 가장 교활하고 비열한 금융업자들에게 사기를 치고 있을지도 모른다고 의심한 사람은 아무도 없었다. 하펜딩과 랠스턴, 심지어는 로트실트까지 광산의 존재를 믿자 누구도 믿지 않을 수 없었던 것이다.

이 일로 하펜딩의 명성은 무너졌고 다시 회복하지 못했다. 슬랙은 돈을 갖고 사라진 후 모습을 드러내지 않았다. 아널드는 켄터키의 집으로 돌아갔다. 그가 채굴권을 판 행위는 완벽하게 적법했다. 구매자들은 최고 전문가들의 조언을 받았고, 광산에서 다이아몬드가 나오든 말든 그것은 전적으로 구매자들의 문제였다. 아널드는 그 돈으로 농장을 확장하고 직접 은행도 설립했다.

상대보다 멍청하게 보여라

우리는 다른 사람이 자신보다 더 똑똑한 것을 못 견딘다. 그런 감정을 다른 방식으로 정당화시키려고 애쓰기도 한다. "그자처럼 책에서 얻은 지식은 현실에서는 소용없어." "돈 많은 부모 밑에서 교육을 잘 받았으니까 그렇지. 나도 돈만 많았어봐⋯⋯." 그리고 최고의 변명 중 하나는 이것이다. "그가 자기 전문 분야에서는 나보다 더 많이 알지도 모르지. 하지만 다른 분야에서는 별 볼 일 없어. 아인슈타인도 물리학을 빼면 아무것도 몰랐다잖아."

지능이라는 개념은 사람들의 허영심 중에서 실로 큰 비중을 차지한다. 따라서 부주의하게 다른 사람의 두뇌를 모욕하거나 이의를 제기하는 짓은 치명적인 결과를 초래할 수 있다. 하지만 이 철칙을 유리하게 활용할 수 있다면, 당신은 온갖 종류의 속임수를 구사할 수 있게 된다. 상대가 당신보다 더 똑똑하다고 느끼게 만들면 그들은 우월감에 빠져 당신을 전혀 의심하지 않는다. 그때 당신은 상대를 제압할 수 있다.

그런 자질은 지능에만 해당하지 않는다. 취향이나 교양 역시 인간의 허영심에서 지능 다음으로 많은 비중을 차지한다. 상대가 당신보다 더 교양이 있다고 믿게 하라. 그러면 상대는 방패를 내릴 것이다. 아널드와 슬랙이 그랬던 것처럼, 완벽한 순진성은 놀라운 효과를 가져온다. 금융업자들은 뒤에서 그들을 비웃었지만 최후에 웃은 자는 누구였는가? 따라서 당신은 상대가 더 똑똑하고 더 세련됐다고 느끼게 만들어야 한다. 우월감에 빠진 상대는 당신을 계속 주변에 머물게 할 것이다. 당신이 그들 주위에 머무는 기간이 길어질수록 그들을 속일 기회는 더 많아질 것이다.

● **뒤집어보기**

당신이 똑똑하다는 것을 보여주는 것이 도움이 되는 경우는 거의 없다. 당신은 항상 실제보다 멍청하게 보이는 것이 좋다. 만약 사람들이 우연히 당신이 보기보다 똑똑하다는 사실을 알게 된다면, 그들은 당신을 겸손하고 사려 깊은 사람이라고 생각할 것이다. 물론 매사에 너무 어리석은 척할 수만은 없다. 당신은 상사가 아주 섬세한 방식으로, 주위의 경쟁자들보다 당신이 더 똑똑하다는 사실을 알아주기를 원할 수도 있다. 하지만 서열의 사다리를 오르는 동안에는 당신의 능력을 감출 필요가 있다.

물론 반대로 당신의 지적 능력을 과장되게 부풀려야 하는 경우도 있다. 대부분의 경우와 마찬가지로, 지능의 문제에서도 겉모습이 성공을 좌우한다. 만약 당신이 권위와 지식이 있는 것처럼 아주 그럴듯하게 보이면, 사람들은 당신이 하는 말을 믿을 것이다. 이것은 궁지를 벗어날 때 아주 유용하다.

Law

14

힘을
집중하라

집중과 분산

◆

힘과 에너지를 가장 강력한 한 점으로 집중시켜 보전하라. 풍
부한 광산을 찾아 깊이 파는 것이 이 광산 저 광산 집적대는
것보다 훨씬 많은 것을 안겨준다. 집중은 언제나 분산을 이기
는 법이다. 당신을 밀어줄 권력의 원천을 찾을 때도 핵심적인
후원자 한 명에게 집중하라. 오랜 기간 우유를 제공할 살찐 젖
소 말이다.

◆ **법칙 위반 사례**

승자의 함정에 빠진 오왕 부차

기원전 6세기 초, 오나라는 북쪽 국경에 인접한 국가들과 전쟁을 벌였다. 오나라는 신흥 강국으로 중국의 중심에서 성장한 중원의 국가들과 같은 위대한 역사나 문화가 아직 없었다. 오왕 부차^{夫差}는 이들 중원 국가들을 정복해 나라의 지위를 격상시키려고 했다.

전쟁 초반에는 몇 차례 승리를 거두었으나 곧 교착 상태에 빠졌다. 한쪽 전선에서 승리하면 곧 다른 전선이 취약해졌다. 오왕의 책사인 오자서^{伍子胥}는 왕에게 남쪽 오랑캐 국가인 월나라가 오나라의 취약점을 알아채고 침공을 준비하고 있다고 경고했다. 그러나 오왕 부차는 그저 웃어넘겼다. 한 번만 더 대승을 거둔다면 위대한 중원을 차지할 수 있는 순간이었다.

기원전 490년, 오자서는 자신의 아들을 제나라로 보냈다. 그것은 오왕이 계속 전쟁을 벌일 경우 오나라가 멸망할 것이라는 경고였다. 오왕은 배신감에 치를 떨며 오자서에게 자결을 명령했다. 오자서는 자신의 가슴에 칼을 꽂으며 외쳤다. "왕이시여, 내 눈을 뽑아다 성문에 걸어두시오. 나는 승리한 월나라 군대가 입성하는 광경을 지켜보겠소."

오자서가 예언한 것처럼, 몇 년 뒤 월나라 군대가 오나라로 쳐들어와 성문을 통과했다. 오랑캐의 군사들이 궁전을 포위하자 오왕은 오자서가 죽으면서 했던 말이 떠올랐다. 오자서의 눈이 자신의 치욕을 지켜보고 있는 것 같았다. 수치심을 참지 못한 오왕 부차는 저승에서 오자서의 힐난하는 눈초리를 피하기 위해 얼굴을 가리고 자결했다.

●   **해석**

오나라의 이야기는 제국들이 과도한 팽창을 꾀하다 파멸에 이르는 것을 보여주는 사례다. 감당 못 할 정도로 끝없는 야망에 집착했던 많은 제국들이 파멸의 길에 들어서 다시는 회복하지 못했다. 아테네가 바로 그랬다. 아테네인들은 멀리 떨어진 시칠리아섬을 탐하다가 쇠락하기 시작했다. 로마는 제국의 국경을 확장하여 광대한 영역을 집어삼켰지만 동시에 취약성을 드러내어 야만족의 침략을 받을 수밖에 없었다. 무익한 팽창이 그들 제국을 멸망으로 이끌었던 셈이다.

오나라의 몰락은 병력을 여러 전선에 분산시켜 가까운 이익을 추구하고 먼 곳의 위험을 보지 못했을 때 어떤 결과가 생기는지를 보여준다. 손자는 이렇게 말했다. "만약 당신이 위험에 처하지 않았다면, 결코 싸우지 마라." 이것은 절대적인 법칙이다. 즉 자신의 한계 이상으로 팽창하면 반드시 붕괴한다. 힘을 한곳에 집중하지 않고 여러 목표 사이에서 방황하거나 눈앞의 승리에 취해 목적의식이나 균형 감각을 잃어서는 안 된다. 집중되고 응집돼야 힘이 생긴다. 흩어지고 분열되고 팽창한 것은 몰락하고 만다. 지나치게 팽창한 것일수록 강하게 추락한다.

◆ **권력의 열쇠**

힘을 집중하라

세상은 점점 더 분화하고 있다. 국가, 정치 집단, 가족, 심지어 개인들 사이에서도 분화가 일어나고 있다. 총체적 분열과 분산 속에서 우리는 잠시도 한 가지 문제에 집중하지 못하고 수천 가지 문제 속에서 이리저리 방황한다. 현대 사회의 부조화 수준은 그 어느 때보다 심각하지만 우리는 거기에 적응할 수밖에 없다.

해결책은 한발 물러서서 우리의 내면이나 전통, 생각과 행동이 더욱 집중된 형태를 찾아가는 것이다. 한 가지 목표에 전적으로 집중하며, 그런 자질을 집중도가 떨어진 상대에게 적용한다면 언제나 표적을 명중시키고 상대를 압도할 수 있다.

단일 목표, 단일 과업에 집중하라. 권력의 세계에서 당신은 영향력 있는 다른 사람의 도움이 필요하다. 어리석은 자들은 이 사람 저 사람 사이를 잠시 스쳐 지나다니며 교제 범위를 넓힘으로써 도움을 얻고자 한다. 하지만 집중의 원칙에 따르면, 한 사람의 적절한 권력의 원천에 기대는 것이 에너지를 아끼고 더 큰 힘을 얻는 방법이다.

르네상스 시대의 미술가와 작가들도 이 같은 문제 때문에 씨름했다. 16세기 작가 피에트로 아레티노도 그중 한 명이었다. 아레티노는 이곳저곳을 기웃거리며 공작들에게 아첨해야 했다. 그러다가 더 이상 참을 수 없게 된 그는 카를 5세에게 의지하기로 했다. 그는 단 한 사람의 권력자에게 의탁함으로써 더욱 자유로워졌다. 미켈란젤로는 그런 자유를 교황 율리우스 2세에게서 찾았고, 갈릴레오는 메디치 가문에서 발견했다. 당신도 단일 후원자에게 집중하라. 그는 당신의 충성심을 높이 평가하고 당신의 봉사에 의존하게 된다. 장기적으로는 주인이 하인에게 봉사하는 것이다.

끝으로, 권력은 그 자체로서 집중된 형태로 존재한다. 어떤 조직에서든 소수의 집단이 통제권을 장악하는 것은 불가피한 일이다. 최고 직책을 가졌지만 통제권을 쥐지 못하는 사람도 많다. 권력의 게임에서는 오로지 어리석은 자만이 목표를 정하지 않은 채 도리깨를 휘두른다. 당신은 반드시 누가 조직을 통제하고 있고 누가 막후의 실세인지를 파악해야 한다. 17세기 초, 리슐리외는 프랑스 정치무대에서 최고 지위를 향해 올라가기 시작했을 때 결정을 내리는 사람은 루이 13세가 아니라는 것을 발견했다. 그것은 바로 왕의 모후였다. 따라서 그는 모후에게 밀착했고 최고 대신의 자리에까지 올라가는 데 성공했다.

집중 속에 위험이 존재하고, 분산이 적절한 전술이 되는 상황도 있다. 마오쩌둥과 중국 공산당은 국민당과 싸울 때 여러 전선에서 장기전을 펼치며 사보타주와 매복 전술을 주요 무기로 활용했다. 약자에게는 분산이 더 적합한 전술이 될 수 있다. 실제로 그것은 게릴라전의 핵심 원칙이기도 하다. 더 강한 적을 상대할 때, 전력을 한곳에 집중하면 쉽게 적의 표적이 된다. 주위 환경 속으로 스며들어 적을 피함으로써 그들에게 좌절감을 안겨주는 편이 더 낫다.

단 한 사람의 권력자에게 의지할 때 위험이 따를 수도 있다. 만약 그 사람이 사망하거나, 다른 곳으로 이동하거나, 지위가 떨어질 경우, 그에 따른 타격을 고스란히 받게 된다. 당신이 항상 보호를 받고자 한다면 여러 권력의 근원에 연줄을 갖는 것이 현명하다. 특히 급격한 변화가 있거나 적이 많을 때 그것은 현명한 처신이 된다. 분산은 심지어 각각의 근원들을 서로 대립하게 만드는 전술을 구사할 수 있게 만든다. 비록 당신이 하나의 권력에 집중하더라도, 경계를 늦추지 말고 주인이나 후원자가 더는 당신을 도와줄 수 없는 시기를 대비해야 한다.

Law
15

신앙심을 이용해
추종자를 창출하라

메시아 전략

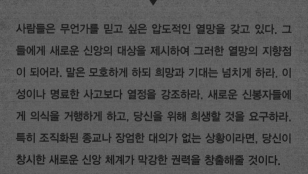

사람들은 무언가를 믿고 싶은 압도적인 열망을 갖고 있다. 그
들에게 새로운 신앙의 대상을 제시하여 그러한 열망의 지향점
이 되어라. 말은 모호하게 하되 희망과 기대는 넘치게 하라. 이
성이나 명료한 사고보다 열정을 강조하라. 새로운 신봉자들에
게 의식을 거행하게 하고, 당신을 위해 희생할 것을 요구하라.
특히 조직화된 종교나 장엄한 대의가 없는 상황이라면, 당신이
창시한 새로운 신앙 체계가 막강한 권력을 창출해줄 것이다.

전 유럽을 속인 가짜 연금술사

1653년, 스물일곱 살의 밀라노 젊은이 프란체스코 주세페 보리 Francesco Giuseppe Borri는 자신이 신비로운 환상을 보았다고 주장했다. 천 사장 미카엘이 그의 앞에 나타나 "너는 앞으로 새로운 세상을 탄생시킬 군대를 이끌라"고 선포했다는 것이다. 또한 천사장 미카엘은 보리에게 사람의 영혼을 꿰뚫어 보는 눈이 생겼으며, 곧 현자賢者의 돌(값싼 금속을 황금으로 바꿀 수 있게 해준다는 전설의 물질)을 발견하게 될 것이라고 말했다고 했다. 보리를 알고 지내던 사람들은 보리가 환상을 보았다는 소문을 듣고 깜짝 놀랐다. 그전까지 보리는 술과 여자와 도박에 빠져 살던 청년이었기 때문이다.

보리의 변화는 기적으로 느껴질 만큼 갑작스럽게 찾아왔고 그의 말에는 열정이 넘쳤다. 그러자 곧 그를 따르는 추종자들이 생기기 시작했다. 보리는 오스트리아, 네덜란드 등 유럽 이곳저곳을 방랑하면서 "나를 따르는 자는 기쁜 일이 생길 것이다"라고 말하며 다녔다. 그가 자신을 믿는 사람의 영혼을 봐주겠다고 하니 그에게 영혼을 봐달라는 사람들이 줄을 이었다. 보리는 최면에 걸린 듯한 표정으로 상대의 눈을 응시한 뒤에, 그 사람의 영혼이 보인다고 말하며 그의 깨달음 상태와 영적 성장을 이룰 가능성을 들려주었다. 만일 가능성이 보이는 사람은 그의 제자가 되었다.

보리가 제자들의 영혼에서 무엇을 보았느냐에 따라서 그들은 여섯 등급으로 나뉘었다. 노력과 헌신도에 따라 더 높은 등급으로 올라갈 수도 있었다. 보리는 사람들에게 청빈한 생활을 맹세하게 했다. 그래서 그들은 주저하지 않고 전 재산을 보리에게 맡겼다. 보리가 "곧 현자의 돌을 발견하게 될 것이오. 그러면 우리 모두 원하는 만큼 금을 가지게 될 것이오"라고 말했기 때문이다.

보리는 도시에서 가장 호화로운 저택을 빌려 잠시 거주하면서 그곳을 최고급 가구와 장식품들로 꾸몄다. 또 여섯 마리의 검은 말이 끄는, 보석으로 장식한 마차를 타고 다녔다. 그는 절대 한 곳에 오래 머물지 않았다. 더 많은 영혼을 돌보러 간다고 말하고 모습을 감추면 그의 명성은 더욱 높아졌다.

유럽 곳곳에서 장님과 절름발이와 불치병에 걸린 이들이 보리에게 신비한 치유 능력이 있다는 소문을 듣고 찾아왔다. 그가 기적을 일으켜 병자를 고쳤다는 소문까지 퍼졌다. 보리가 자신의 기적에 관해서 약간 암시하는 말만 던지면, 사람들은 상상을 통해서 그것을 엄청나게 부풀려 전했다. 예를 들어, 보리의 부는 제자들이 갖다 바친 재산으로 쌓은 것이었지만, 사람들은 그가 드디어 현자의 돌을 발견한 것으로 추측했다. 교회 당국은 이단자라고 비난하며 그를 추궁했지만 보리는 근엄한 침묵으로 대응했다. 원래 위대한 인물은 박해와 탄압을 받는 법 아니던가. 그럴수록 그의 명성은 높아졌고 추종자들은 더욱 맹목적이 되었다.

그러던 어느 날 보리는 암스테르담에 머물고 있다가 사람들이 맡겨둔 엄청난 양의 돈을 가지고 자취를 감췄다. 마침내 종교 재판소는 도피 중이던 그를 붙잡았다. 그는 남은 인생 20년을 로마의 감옥에서 보냈다. 그러나 그의 초자연적 능력에 대한 대중의 믿음이 워낙 강했기 때문에, 그가 죽는 날까지 부유한 추종자들이 끊임없이 그를 만나러 왔다.

● **해석**

방탕한 삶에 싫증을 느낀 보리는 그 생활을 접고 초자연적인 힘의 연구에 몰두하기로 했다. 그런데 그가 인생의 전환 계기를 설명하면서 신비한 경험을 넌지시 암시하면, 사람들은 더 자세한 이야기를 듣고 싶어 했다. 초자연적이고 신비로운 체험을 계기로 삶이 변화했다고 말하면 자신에게 힘이 생긴다는 것을 깨달은 보리는 신비한 경험을 지어내기 시작했다. 그가 본 환상이 장대할수록, 추종자들에게 더 큰 희생을 요구할수록, 그의 이야기는 더 호소력을 발휘해 신뢰를 얻었다.

기억하라. 사람들은 진실에 별로 관심이 없다. 열심히 노력해서 삶이 변화했다는 평범한 이야기는 듣고 싶어 하지 않는다. 그들이 원하는 이야기를 들려주어라. 신비로운 무언가로 인해 개인적인 변화를 겪었다는 암시를 주고 그것에 영묘한 색채를 더하라. 그러면 당신을 숭배하는 추종자들이 몰려들 것이다. 사람들의 욕망에 맞춰 움직여라. 구세주는 자신을 따르는 이들의 욕망을 그대로 비추어 보여줘야 한다. 그리고 항상 거창한 목표를 향하라. 당신이 제시하는 환상이 크고 대담할수록 더 효과적이다.

◆   **권력의 열쇠**

숭배와 같은 추종을 불러일으키는 5단계 전략

적은 노력으로 최대의 권력을 얻을 수 있는 효과적인 방법 가운데 하나는 숭배와도 같은 추종을 불러일으키는 것이다. 수많은 추종자가 생기면 다양한 종류의 기만을 실행할 수 있는 길이 열린다. 추종자들은 당신을 숭배할 뿐만 아니라, 당신을 적으로부터 보호해주고 자발적으로 나서서 다른 이들까지 끌어들인다.

인간은 본래 무언가를 믿고 싶어 하는 강렬한 욕구가 있다. 사람은 의심하는 기간이 길어지면 참지 못하고, 믿을 대상의 부재에서 기인하는 공허함을 견디지 못한다. 새로운 대의, 만병통치약, 단기간에 부자 되는 법, 최신 기술 트렌드나 예술운동을 눈앞에 들이대면, 사람들은 미끼를 물듯 그것에 금방 달려든다. 역사를 살펴보라. 군중을 단시간에 끌어모은 새로운 경향이나 숭배 대상의 사례를 무수히 발견할 수 있다.

다음은 추종을 불러일으키는 다섯 단계다. 이 방법은 매우 체계적으로 사용해야 한다.

- 1단계: 모호하고 단순하게 표현하라.
- 2단계: 지적인 요소 대신 시각적, 감각적인 요소를 강조하라.
- 3단계: 조직화된 종교의 형태를 빌려와 체계를 갖춰라.
- 4단계: 수입의 원천을 감춰라.
- 5단계: '우리 대 저들'의 대립 구도를 만들어라.

● **뒤집어보기**

추종 세력을 만드는 이유 중 하나는 개인보다 집단을 속이는 일이 더 쉽고, 집단이 더 큰 힘을 가져다줄 수 있기 때문이다. 하지만 여기에도 위험은 있다. 어느 순간 집단이 당신의 정체를 간파하면, 당신은 한 사람이 아니라 분노하는 군중을 마주해야 한다. 군중의 감정을 상대하려면 그들의 분위기나 욕구에 맞춰 그때그때 민첩하고 적절하게 움직여야 한다. 첩자를 이용하라. 모든 것을 완전히 파악하고 있으면서 언제든 튈 수 있게 짐을 싸두어라.

그러므로 때에 따라서는 한 사람씩 개별적으로 상대하는 것이 나을 수도 있다. 사람을 정상적인 환경으로부터 고립시키는 것은 집단에 집어넣는 것과 유사한 효과를 낼 수 있다. 고립되어 있으면 특정한 암시나 협박에 굴복하기가 더 쉽다.

Law
16

계획은 처음부터 끝까지
치밀하게 짜라

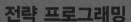

전략 프로그래밍

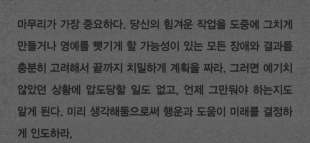

마무리가 가장 중요하다. 당신의 힘겨운 작업을 도중에 그치게
만들거나 영예를 뺏기게 할 가능성이 있는 모든 장애와 결과를
충분히 고려해서 끝까지 치밀하게 계획을 짜라. 그러면 예기치
않았던 상황에 압도당할 일도 없고, 언제 그만둬야 하는지도
알게 된다. 미리 생각해둠으로써 행운과 도움이 미래를 결정하
게 인도하라.

비스마르크의 치밀한 수 읽기

1863년 프로이센의 총리 오토 폰 비스마르크는 유럽의 정치 상황을 꼼꼼히 분석했다. 당시 주요 세력은 영국, 프랑스, 오스트리아였다. 독일 연방에 속한 나라들은 느슨하게 동맹을 맺고 있었고, 프로이센도 그중 하나였다. 독일 연방 가운데 주도적인 국가였던 오스트리아는 연방 내의 다른 국가들이 분열된 채 약소국으로 남아 있으면서 오스트리아에 복종하도록 만들려고 애썼다. 하지만 비스마르크는 프로이센이 오스트리아의 종속국 같은 지위에서 벗어나야 한다고 생각했다.

비스마르크는 게임을 시작했다. 그는 먼저 덴마크와 전쟁을 시작했다. 예전에 프로이센의 영토였던 슐레스비히-홀슈타인을 되찾기 위해서였다. 그는 프로이센이 움직이기 시작하면 프랑스와 영국이 민감하게 대응한다는 것을 알고, 오스트리아를 전쟁에 끌어들였다. 두 나라가 동맹을 맺어 슐레스비히-홀슈타인을 되찾으면 양국 모두에게 득이 될 것이라고 주장하면서 말이다. 전쟁이 끝난 뒤 비스마르크는 슐레스비히-홀슈타인이 프로이센에 귀속되어야 한다고 주장했다. 당연히 오스트리아는 분노했고, 두 나라는 협상을 했다. 결국 오스트리아는 슐레스비히를 프로이센에 넘기기로 동의했고, 1년 뒤에는 홀슈타인도 프로이센에 팔았다. 서서히 오스트리아는 힘이 약해지고 프로이센이 강자로 부상하고 있었다.

비스마르크의 다음 작전은 대담함이었다. 1866년, 그는 프로이센 왕 빌헬름을 설득해 독일 연방에서 탈퇴하고 오스트리아와 전쟁을 벌이도록 했다. 프로이센의 왕비, 왕세자, 다른 독일 공국들의 군주들은 전쟁을 거세게 반대했다. 그러나 비스마르크는 한 치도 굽히지 않고 밀어붙였고, 월등한 군사력을 바탕으로 '7주 전쟁'에서 오스트리아를 물리쳤다. 그러자 프로이센 왕과 장군들은 아예 빈까지 밀고 들어가자고 주장했다. 오스트리아 영토를 가급적 많이 빼앗자는 것이었다. 그러나 비스마르크는 반대하며 마치 평화를 원하는 사람처럼 행동했다. 그렇게 함으로써 그는 프로이센과 다른 독일 국가들의 독립을 보장받았다. 프로이센은 이제 독일 내에서 막강한 세력으로 자리 잡았을 뿐만 아니라 새로 성립된 북독일 연방의 중심국이 되었다.

프랑스와 영국은 비스마르크를 보며 아틸라[Attila](5세기 유럽을 침입한 훈족의 왕)를 떠올렸고, 비스마르크가 유럽 전체를 장악하려는 의도가 아닐까 두려워했다. 일단 정복의 길에 나서면 어디쯤에서 멈출지 아무도 알 수 없었다. 실제로 3년 뒤에 비스마르크는 프랑스를 자극하여 전쟁을 일으켰다. 처음에 그는 프랑스의 벨기에 합병을 용인하는 듯하다가, 마지막 순간에 마음을 바꿨다. 비스마르크는 묘한 신경전을 통해 프랑스의 나폴레옹 3세를 격노하게 만들었고, 프로이센 왕에게는 프랑스에 대한 분노를 품게 했다. 그 결과 1870년에 프로이센-프랑스 전쟁이 일어났다. 프로이센은 막강한 군사력으로 몇 개월 만에 승리를 거두었다. 비스마르크는 프랑스 땅을 빼앗는 것에 반대했지만, 장군들이 우겨 알자스-로렌 지방을 독일 연방에 병합했다.

이제 유럽의 모든 국가가 이 '철혈 재상'이 이끄는 프로이센의 다음 행보를 두려워하게 되었다. 1년 뒤 비스마르크는 독일을 통일하여 독일제국을 건설했다. 프로이센 왕은 제국의 황제가 되고, 비스마르크는 제국의 총리가 되었다. 그러나 이후의 상황은 사람들의 예상과 다르게 전개되었다. 비스마르크는 더는 전쟁을 원하지 않았다. 유럽 열강들이 다른 대륙에서 식민지를 건설하려고 안간힘을 쓰는 동안, 비스마르크는 독일의 식민지 개척을 엄격하게 제한했다. 더 많은 영토보다는 독일의 안정을 원했기 때문이다. 그는 여생 동안 유럽의 평화를 유지하고 전쟁 발발을 막기 위해 노력했다. 사람들은 세월이 흐르면서 비스마르크가 성격이 유해졌다고 생각했다. 하지만 그것은 착각일 뿐이다. 비스마르크는 처음부터 세워둔 계획의 마지막 장을 실현하고 있었던 것이다.

대부분 사람들은 공격을 멈춰야 할 때를 모른다. 이유는 간단하다. 애초에 목표를 구체적으로 세우지 않기 때문이다. 그들은 한번 승리를 맛보고 나면 더 많은 승리를 갈망한다. 도중에서 멈추는 것, 목표를 정해놓고 거기까지만 가는 것은 있을 수 없는 일처럼 느껴진다. 그러나 권력을 유지하기 위해서는 그래야 한다. 또다른 승리를 향해 너무 멀리 가는 사람은 결국 내리막길을 걷게된다. 그것을 막기 위한 유일한 해결책은 멀리 내다보고 계획을짜는 것이다. 올림포스의 신들이 구름을 뚫고 모든 만물의 운명을내다본 것처럼, 밝은 눈과 머리로 앞날을 계산하고 내다보라.

비스마르크는 정치계에 발을 들여놓았을 때 한 가지 목표를품었다. 프로이센의 주도하에 독립된 통일 독일을 이루는 것이었다. 덴마크와 전쟁을 벌인 것도, 영토 정복보다는 프로이센의 민족 감정을 자극하여 단결을 꾀하기 위해서였다. 오스트리아와 전쟁을 한 것도 프로이센의 독립을 위한 하나의 과정이었다(그래서오스트리아의 영토를 획득하려고 하지 않은 것이다). 프랑스와의 전쟁을조장한 것도 공동의 적에 대항해 독일 민족을 단결시킴으로써 통일을 위한 발판을 마련하기 위해서였다.

목표를 달성하자 비스마르크는 멈추었다. 그는 더 많은 승리를 꿈꾸지 않았으며, 더 많은 나라를 정복하라는 유혹에 굴복하지않았다. 그는 고삐를 단단히 쥐고서, 장군들이나 왕이나 프로이센 국민이 새로운 영토를 정복하라고 목소리를 높일 때마다 고삐를 잡아당겼다. 그 어떤 것도 그의 계획을 망칠 수 없었다. 그는 결코 헛된 도취감에 빠져 신중하게 계획해둔 목표를 넘어서 더 나아가지 않았다.

계획은 처음부터 끝까지 치밀하게 짜라

고대 그리스인들은 신들이 미래를 완벽하게 내다볼 줄 안다고 믿었다. 신들은 앞으로 다가올 모든 일의 복잡하고 세세한 부분까지 꿰뚫을 수 있었다. 반면 인간은 운명의 희생양이었으며, 당장의 일과 감정에 사로잡혀 눈앞의 위험 너머를 보지 못하는 존재로 여겨졌다. 멀리 내다보고 미리 계획을 세우는 오디세우스 같은 영웅들은 운명에 반항하는 존재로, 미래를 결정하는 신들과 비슷한 존재로 여겨졌다. 이는 지금도 마찬가지다. 앞날을 내다보고 끈기 있는 태도로 계획을 실현하는 사람은 신과 유사한 능력이 있는 사람으로 보인다.

눈앞의 위험이나 쾌락을 대담하게 무시할 줄 아는 자에게는 권력이 생긴다. 그것은 상황에 즉흥적으로 반응하는 인간의 자연스러운 경향을 극복하고, 한발 물러서서 상황 너머에 있는 보다 커다란 무언가를 파악하는 힘이다. 사람들은 자신이 미래를 인식하고 있다고, 앞일을 생각하며 계획을 세우고 있다고 믿는다. 그러나 그것은 착각이다. 사실 그들은 자신의 욕망에 굴복하고 있으며, 원하는 미래상을 그리고 있다. 현실이 아닌 상상에 의존하여 막연하고 모호한 계획만 세우는 것이다.

무엇을 하느냐가 아니라 무엇을 하지 않느냐에 따라서 당신의 권력이 좌우된다. 성급하고 어리석은 행동을 자제함으로써 커다란 곤경에 빠지는 것을 막아라. 행동하기 전에 세밀한 계획을 세워라. 막연한 계획에 이끌려 스스로 불행을 자초하지 마라. 이번의 행동이 의도하지 않은 결과를 낳을 것인가? 새로운 적이 생겨나지는 않을 것인가? 나의 움직임을 다른 사람이 교묘하게 이용하게 될 것인가? 철저하게 생각하고 따져보라. 이 세상에는 불행한 결말이 행복한 결말보다 훨씬 많다. 마음속의 해피엔딩에 휘둘려 눈이 흐려지지 마라.

앞의 단계들을 내다보고 끝까지 계획을 세우면, 순간의 감정이나 욕망에 휩쓸리지 않게 된다. 목표가 분명할수록 불안과 모호함은 사라질 것이다.

● **뒤집어보기**

전략가들은 계획을 세울 때는 대안이 있어야 하고 어느 정도 유연성을 지녀야 한다고 말한다. 물론 맞는 말이다. 계획에 너무 얽매이면 갑작스러운 상황 변화에 적절히 대응하기가 어렵다. 여러 가능성을 검토하고 목표물을 결정한 다음에는, 대안들도 마련하고 목표에 이르는 다른 경로들도 살펴두어야 한다.

그러나 치밀하게 세운 계획을 엄격하게 지킴으로써 잃는 경우보다, 모호한 목표를 세우고 상황 변화에 임기응변으로 대응함으로써 잃는 경우가 더 많다. 따라서 이 법칙을 뒤집어보는 것은 무의미하다. 앞일을 예상하고 끝까지 치밀하게 계획하기를 거부하면 아무것도 얻을 수 없기 때문이다. 충분히 멀리 그리고 분명하게 내다보면 당신은 미래가 불확실하다는 것도, 따라서 상황에 맞는 적응력을 가져야 한다는 것도 알게 된다. 명확한 목표와 장기적인 계획이 있어야만 그러한 자유로운 적응력도 생기는 법이다.

Law
17

별다른 노력 없이
성과를 달성한 척하라

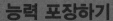

능력 포장하기

당신의 행동은 자연스러워 보여야 하고, 또 쉽게 실행되는 것처럼 보여야 한다. 모든 노고와 수단, 계책을 절대 드러내지 마라. 행동할 때는 별다른 노력을 기울이지 않는 것처럼 보여라. 훨씬 더 많은 것을 할 수 있다는 듯이 말이다. 얼마나 열심히 노력하는지 드러내고 싶은 유혹을 물리쳐라. 이는 능력에 대한 의문만 키울 뿐이다. 다른 사람들에게 당신만의 비결을 가르쳐 주지 마라. 당신에게 불리한 쪽으로 역이용될 수도 있기 때문이다

다도茶道에 숨은 뜻

센 리큐千利休는 일본의 다도를 정립한 인물이다. 그는 귀족 태생이 아니었음에도 출세하여 권력의 자리에 올랐다. 도요토미 히데요시의 총애를 받으며 다도에 관한 일을 맡아보았으며, 정치적인 조언을 하기도 했다. 리큐는 성과 뒤에 숨겨진 노력을 드러내지 않고 자연스럽게 보이는 것이 성공의 비결이라고 생각했다.

어느 날 리큐는 아들과 함께 지인의 집에서 열리는 다도 의식에 참석하러 갔다. 아들이 그 집의 대문을 들어서며 고풍스러운 대문 덕분에 집 전체에 호젓하고 고상한 분위기가 풍긴다고 말했다. 그러자 리큐가 말했다. "내 생각은 다르다. 보아하니 꽤나 멀리 떨어진 산중의 사원에서 가져온 것 같구나. 또 그것을 가져오기 위해 인부들을 쓰느라 많은 돈을 들였을 게 틀림없다." 집주인이 대문 하나에 그토록 많은 노력을 쏟아붓는 사람이라면, 다도 의식에서도 자연스러움보다는 인위적인 노력과 치장을 과시할 것이 분명하다고 생각했다. 리큐는 그날 다도 의식에서 일찍 자리를 떴다. 주인이 드러내는 노고와 겉치레를 참을 수 없었던 것이다.

또 다른 날 저녁, 리큐는 친구 집에서 차를 마시다가 친구가 집 밖으로 나가는 것을 보았다. 친구는 깜깜한 바깥으로 초롱불을 들고 나가더니 나무에서 레몬을 하나 따가지고 들어왔다. 리큐는 강한 인상을 받았다. 손님의 입맛을 돋우기 위해 문득 밖에 나가 레몬을 따왔다고 생각했기 때문이다. 하지만 조금 후 친구가 값비싼 떡과 레몬을 함께 내놓자 리큐는 그가 비싼 음식에 곁들일 레몬을 따는 모습을 보여주려고 처음부터 계획했다는 사실을 깨달았다. 그의 행동은 전혀 자연스러운 것이 아니라, 주인의 접대 솜씨를 보여주기 위한 방법이었다. 그는 자신이 노력하고 있다는 것을 드러내고 싶었던 것이다. 리큐는 떡이 담긴 접시를 정중하게 사양하고 그 집을 나왔다.

한번은 도요토미 히데요시가 다도 의식을 행하러 리큐의 집을 방문하기로 했다. 그런데 전날 밤에 눈이 내렸다. 리큐는 한 가지 아이디어를 생각해냈다. 그는 정원에서 집 현관을 따라 놓인 디딤돌 하나하나 위에 돌 크기에 꼭 맞는 방석을 올려놓았다. 날이 밝기 직전에 리큐가 밖을 내다보니 눈이 그쳐 있었다. 그는 밖으로 나가 조심스럽게 방석을 치웠다. 리큐의 집에 도착한 히데요시는 눈앞에 펼쳐진 아름다운 광경에 감탄했다. 눈이 하얗게 쌓인 정원에 동그란 디딤돌들만 눈이 쌓이지 않은 채 현관으로 이어져 있었던 것이다. 그것을 보고 히데요시는 리큐의 정중함과 존경의 마음을 읽을 수 있었다.

센 리큐가 죽은 후에도 그의 사상은 다도 관습과 상류사회의 문화에 큰 영향을 끼쳤다. 에도 시대, 도쿠가와 이에야스의 아들인 요리노부는 리큐의 가르침을 공부한 인물이었다. 요리노부의 정원에는 유명한 장인이 만든 석등石燈이 하나 있었는데, 영주인 사카이 다다카쓰가 그 석등을 구경하고 싶다고 했다. 요리노부는 사카이의 방문을 큰 영광이라고 생각하고, 하인들에게 집 안팎을 깨끗하게 정리하라고 지시했다. 그런데 다도의 정신과 미적 감각을 알 리 없는 하인들은 정원에 있는 석등의 화창火窓(석등의 불을 켜 놓는 부분에 뚫은 창) 크기가 너무 작아 보기 흉하다고 생각했다. 그래서 인부를 불러다가 화창을 더 크게 수리해놓았다. 사카이가 오기 며칠 전, 요리노부는 정원을 둘러보다가 화창 모양이 바뀐 것을 보고 크게 노했다. 그는 석등을 망쳐놓은 바보를 붙잡아다 당장이라도 칼로 찌를 태세였다. 석등 본래의 자연스러운 미가 훼손되어버렸으니 사카이가 찾아와서 무엇을 본단 말인가.

그러나 요리노부는 마음을 가라앉히고 자신이 석등을 두 개 샀다는 사실을 떠올렸다. 나머지 하나는 기슈섬의 영지에 있었다. 그는 기다란 배 한 척과 노를 잘 젓는 인부들을 구해 이틀 안에 섬에 있는 석등을 가져오라고 명했다. 그것은 거의 불가능해 보였지만 인부들이 밤낮으로 노를 젓고 순풍까지 불어준 덕분에 이틀 안에 석등을 옮겨올 수 있었다. 새로 가져온 석등은 첫 번째 것보다 훨씬 훌륭하고 아름다웠다. 20년 동안 대나무숲 속에서 사람의 손을 전혀 타지 않았기 때문에 고풍스러운 분위기가 풍겼고 보기 좋게 이끼가 덮여 있어 자연스러운 멋을 더했다. 그날 오후 늦게 사카이가 요리노부의 집에 도착했다. 사카이는 자신이 상상했던 것보다 훨씬 우아하고 격조가 있다면서 석등의 아름다움에 경탄했다. 그러한 감동을 주기 위해서 요리노부가 들인 시간과 노고를 전혀 알지 못했다.

● **해석**

센 리큐는 별다른 노고 없이 실현된 것처럼 보이는 자연스러운 아름다움을 최고로 쳤다. 자연은 고유의 법칙과 질서에 의해 그러한 아름다움을 창조해낸다. 그러나 인간은 노력을 기울이고 계획을 세워야만 그러한 효과를 창출할 수 있다. 하지만 거기에 들어간 노력을 드러내면 효과가 없어지고 만다. 리큐 부자父子가 방문한 집의 고풍스러운 대문은 너무 먼 곳에서 왔고, 리큐의 친구가 레몬을 딴 행동은 미리 계획한 티가 나고 말았다.

　당신은 때로 미적인 효과를 내기 위해서 요령과 교묘한 장치를 이용해야 한다(디딤돌 위의 방석, 밤새 노를 저은 인부들을 떠올려보라). 그러나 당신이 그 장치를 만들어내기 위해 얼마나 고심하고 노력했는지를 상대방은 짐작하지 못해야 한다. 자연은 아름다움의 창조 비결을 우리에게 가르쳐주지 않는다. 자연을 모방하면, 즉 별 노력을 기울이지 않은 것처럼 가장하면 당신은 자연과 유사한 힘을 갖게 된다.

별다른 노력 없이 성과를 달성한 척하라

인간이 처음으로 힘을 인식한 것은 원시시대에 자연과 마주쳤을 때다. 밤하늘에 번쩍이는 번개, 갑작스러운 홍수, 날쌔고 잔인한 맹수 같은 것들 말이다. 이러한 힘들은 어떤 생각이나 계획의 결과물이 아니었다. 그것들은 갑자기 모습을 드러내고, 삶과 죽음을 좌우하는 장대한 힘을 보여줌으로써 인간에게 경외감을 주었다. 인간은 늘 자연의 힘을 모방하고 싶어 했다. 과학기술의 발전으로 우리는 자연의 속도와 웅대한 힘을 재창조했지만, 한 가지가 부족하다. 우리가 만든 기계는 시끄럽고 요란하게 돌아가면서 엄청난 노력을 보여준다. 최고급 성능의 기술 장치가 등장한다 해도, 사람들은 여전히 전혀 힘들지 않은 듯 쉽고 편안하게 움직이는 것을 동경하고 바란다.

우리는 어떤 행동이나 일에 너무 큰 노력을 쏟는 사람들을 보면 환상이 깨지고 불편한 기분이 든다. 반면 침착하고 우아하게 행동하는 사람을 볼 때 우리는 편안하게 느낀다. 사실은 피나는 노력과 연습을 했다 하더라도, 우리는 그가 자연스럽게 그런 행동을 하고 있다고 믿는다.

권력은 당신이 창출하는 외양과 환상에 크게 의존한다. 당신이 대중 앞에서 하는 행동은 예술작품과 같다. 시각적 호소력이 있어야 하고, 기대감을 조성해야 하며, 때로는 대중을 즐겁게 해야 한다. 겉으로 보여주는 결과물의 내부 원리를 드러내면 당신도 그저 평범한 사람이 되고 만다. 이해할 수 있는 것은 경외의 대상이 되지 못한다. 사람들은 '돈과 시간만 있으면 나도 얼마든지 할 수 있다'고 생각하게 된다. 당신이 얼마나 영리한지 과시하고 싶은 유혹을 떨쳐라. 영리함이 작동하는 원리를 감추어라.

　당신의 비결과 수법을 감춰야 하는 이유가 또 있다. 상대가 그 비결을 당신에게 불리한 쪽으로 역이용할 수 있기 때문이다. 입을 다물고 있는 편이 훨씬 현명하다. 기억하라. 당신의 행동이 신비감에 둘러싸일수록 당신의 힘은 더 막강해진다. 그 일을 해낼 수 있는 유일한 사람처럼 보여라. 마지막으로, 우아하고 수월하게 일을 해낸 것처럼 비치면, 사람들은 당신이 조금만 더 노력하면 엄청난 일을 해낼 거라고 믿는다. 더 나아가 당신을 두려워하게 된다. 당신의 권력은 무한대가 된다. 아무도 당신의 한계를 가늠할 수 없기 때문이다.

●　　　　　　　　　　　　　　　　　　　　　　**뒤집어보기**

당신의 행동을 비밀스러운 장막으로 가리되 약간은 편하고 가벼운 분위기를 가미해야 한다. 감추려는 노력이 너무 강렬하면 불쾌한 느낌이나 편집증적인 인상을 줄 수도 있다. 너무 진지하게만 게임에 임하지 마라. 당신 자신에 대한 유머 감각을 어느 정도 유지하라.

떠벌리고 싶은 마음 때문이 아니라 신중한 계획의 일부로서 비법과 요령의 일부를 밝힌다면, 그것은 대단히 똑똑한 행동이다. 그러면 관객은 자신들이 좀 더 우월해졌고 쇼에 참여하고 있다고 착각한다. 사실 당신의 비법 대부분은 아직 모르는 상태인데도 말이다.

Law
18

사람들의
환상을 이용하라

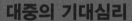

대중의 기대심리

진실은 추하고 불쾌하기 때문에 종종 외면을 당한다. 각성에
따르는 분노에 대비되어 있지 않다면, 절대 진실이나 현실에
호소하지 마라. 가혹하고 힘겨운 일상에 지친 사람들은 환상과
공상을 만들어낼 수 있는 사람을 사막의 오아시스로 여기고 찾
아든다. 실로 거대한 권력은 대중의 환상에서 나오는 것이다.

베네치아에 나타난 신비로운 남자

르네상스 전성기에 베네치아는 동방 교역을 독점함으로써 유럽에서 가장 부유한 도시국가가 되었다. 그러나 16세기에 이르자 상황이 달라졌다. 신세계가 발견되면서 힘의 중심이 스페인과 포르투갈, 그리고 나중에는 네덜란드와 영국으로 옮겨간 것이다. 게다가 1570년 오스만투르크에 키프로스섬을 빼앗기면서 베네치아는 결정적 타격을 입었다. 베네치아의 귀족 가문들은 파산했고, 은행들이 하나둘 문을 닫기 시작했다. 시민들은 번영을 구가하던 때가 그리 멀지 않은 과거라서 더욱 상실감이 컸다.

1589년, 베네치아에 이상한 소문이 돌기 시작했다. 일 브라가디노Il Bragadino라는 신비로운 남자가 베네치아에 나타났다는 것이다. 그는 연금술의 달인으로, 마법의 물질로 금을 만들어 엄청난 부자가 되었다고 했다. 마침 시민들 사이에는 "연금술에 정통한 사람이 나타나면 베네치아는 과거의 권세와 영광을 되찾을 것이다"라는 예언 같은 소문이 떠돌고 있던 터라, 브라가디노에 대한 소문은 금세 퍼져나갔다. 게다가 브라가디노는 연금술사라는 소문을 입증하듯 늘 금화를 짤랑거리며 갖고 다녔고, 또 그의 집에 있는 물건은 전부 금으로 만들어졌다는 이야기도 들려왔다. 그러자 사람들은 그가 베네치아에 다시 부와 번영을 가져다줄 것이라는 기대를 품기 시작했다.

베네치아의 주요 가문 사람들은 브라가디노가 살고 있는 브레시아로 찾아갔다. 그들은 브라가디노의 저택을 둘러보았고, 브라가디노가 쓸모없는 광석 물질을 금가루로 변화시키는 것을 경탄하며 지켜보았다. 베네치아 원로원은 브라가디노를 베네치아로 데려올 것인가 하는 문제를 토론했다. 호화로운 생활을 하는 그를 데려오려면 큰 비용이 들 것이기 때문이었다. 그런데 그즈음 만토바의 대공도 브라가디노를 데려가려 한다는 소문이 들렸다. 브라가디노를 만토바 대공에게 빼앗길까 두려워진 베네치아 원로원은 거의 만장일치로 그를 베네치아로 불러들이기로 했다.

그해 말에 브라가디노가 드디어 베네치아에 도착했다. 그는 짙은 눈썹 아래 날카로운 검은 눈을 갖고 있었으며, 커다란 검은색 맹견 두 마리를 항상 데리고 다녔다. 그에게서는 범접하기 어려운 위엄이 느껴졌다. 브라가디노는 주데카섬의 호화로운 저택에 거처를 정했다. 베네치아는 그의 화려한 연회와 값비싼 옷에 들어가는 비용을 지원해주고, 그가 요청하는 모든 것을 들어주었다. 베네치아 전체에 연금술 바람이 불었다. 거리 곳곳에서 행상인들이 연금술 책자와 증류 기구, 석탄, 풀무 등을 팔았다. 다들 연금술을 배우겠다고 난리였다.

그런 와중에도 브라가디노는 좀처럼 금을 만들어내지 않았다. 그리고 묘하게도 이처럼 동요 없는 침착함 때문에 그의 인기는 더욱 치솟았다. 유럽 전역에서, 심지어 아시아에서도 그를 보기 위해 찾아와 선물을 바쳤다. 하지만 그는 여전히 사람들이 그토록 기다리는 기적을 보여줄 기미가 없었다. 마침내 시민들은 조바심을 내기 시작했다. 처음에 원로원 의원들은 시민들에게 그를 닦달하지 말라고 부탁했다. 하지만 점차 귀족들까지 동요했고, 시민들은 그에게 들어간 엄청난 비용을 상기시키며 원로원을 압박했다.

브라가디노는 의심하는 자들에게 냉소를 보냈다. 그리고 이미 베네치아 조폐국에 금을 만들어내는 신비로운 물질을 잘 보관해두었다고 말했다. 그 물질을 단단히 봉한 채 7년간 놔두면 조폐국에 있는 금을 30배 이상으로 늘릴 수 있다고 했다. 원로원 의원들은 브라가디노의 말대로 기다리자고 했다. 하지만 일부 의원들은 7년 동안이나 어떻게 기다리느냐고 발끈했다. 마침내 사람들은 브라가디노에게 금을 만드는 능력을 당장 보여달라고 요구했다.

브라가디노는 거만한 태도로 나왔다. 인내심이 부족한 베네치아 시민들이 자신을 배신했으니 금을 만들 수 없다는 것이었다. 그는 베네치아를 떠나 파도바로 갔다가 1590년에는 바이에른 대공의 초청을 받아 뮌헨으로 갔다. 바이에른 대공은 과거에 엄청난 부를 누렸지만 방탕한 생활로 재정적 곤궁을 겪고 있었다. 그래서 브라가디노의 연금술을 통해 과거의 부를 되찾고 싶어 했다. 브라가디노는 그의 지원을 받으며 베네치아에서 누렸던 호화로운 생활을 다시 시작했고, 똑같은 패턴이 반복되었다.

● **해석**

키프로스 출신인 마무냐^{Mamugnà}는 과거에 베네치아에서 살았던 적이 있었다. 그는 훗날 연금술사 브라가디노가 되어 다시 베네치아에 나타났다. 그는 베네치아에 우울한 분위기가 감돌고 있음을, 시민들이 과거의 번영을 되찾고 싶어 한다는 것을 알았다. 다른 사기꾼들은 얄팍한 손재주나 속임수로 사기를 쳤지만, 마무냐는 인간의 본성을 이용하기로 했다. 그는 처음부터 베네치아를 목표물로 정하고 해외로 나갔고, 가짜 연금술을 통해 돈을 좀 번 다음 이탈리아로 돌아와 브레시아에 가게를 차렸다. 거기서 조금씩 평판을 쌓으며 베네치아에까지 소문이 나기를 기다렸다. 멀리에서 바라보면 신비한 힘에 대한 환상이 더욱 커지는 법이다.

그는 사람들에게 연금술을 보여준답시고 천박한 시범을 보이지 않았다. 화려한 저택과 의복, 짤랑거리는 금화를 보여주는 것으로 충분했다. 겉으로 드러나는 부가 뛰어난 연금술사라는 명성을 입증해주었고, 그 덕분에 만토바 대공 같은 후원자들이 돈을 대주어 부유한 생활을 영위할 수 있었다. 일단 명성이 확고해지자 원로원 의원들과 대공들은 앞다퉈 그를 데려가려고 했다. 그가 시범을 보여줄 필요성이 잠깐 있기는 했다. 하지만 시범을 보일 때도, 원로원 의원들은 브라가디노가 금을 만들 수 있다고 믿고 싶은 마음이 너무 절실했기 때문에 그의 소매에 숨겨진 유리 파이프에서 금가루가 흘러내리는 것을 알아채지 못했다. 브라가디노는 사람들의 환상을 만들어내는 연금술사였다.

우리 마음속에 자리 잡은 환상은 이처럼 진실로부터 우리의 눈을 가린다. 그러한 환상은 곤궁과 쇠퇴의 시기일수록 더욱 큰 힘을 가진다. 사람들은 대개 자신의 잘못이나 어리석음 때문에 문제가 생겼다고 생각하지 않는다. 대신 외부의 다른 존재를 탓하고 싶어 한다. 그것이 타인이든, 세상이든, 신이든 말이다. 따라서 구원 역시 외부에서 와야 한다고 생각한다.

권력을 얻으려면 주변 사람들에게 기쁨과 즐거움을 주어야 한다. 그리고 그러한 즐거움은 사람들의 환상에 부응하는 데서 나온다. 고된 노력을 통해 점진적으로 개선할 수 있다고 말하지 마라. 달을 따주겠다고, 단숨에 놀라운 변화를 일으키겠다고, 황금을 만들어주겠다고 약속하라.

◆　　　　　　　　　　　　　　　　　　　　　　　　**권력의 열쇠**

사람들의 환상을 이용하라

환상은 결코 홀로 힘을 발휘할 수 없다. 현실이 답답하고 괴로울 때 환상이 뿌리를 내리고 꽃피울 수 있는 법이다. 괴로운 현실에서 환상을 만들어내는 사람은 막강한 힘을 갖는다. 대중을 사로잡을 환상을 찾을 때는 그들의 어깨를 무겁게 짓누르는 현실이 무엇인지에 주목하라. 자신은 멋진 삶을 살고 있다고 가식적으로 말하는 사람들의 이야기를 그대로 믿지 마라. 그들을 진짜 답답하게 구속하는 요인이 무엇인지 파헤쳐라. 그것을 알아낸다면, 당신은 엄청난 힘의 세계로 들어가는 열쇠를 손에 쥔 것과 마찬가지다.

현실에서는 변화를 이루려면 많은 노력과 인내가 필요하다. 또한 변화를 이루기까지 오랜 시간을 기다려야 할 수도 있다. 그래서 사람들은 힘겨운 노력 없이도 단번에 인생을 바꿀 수 있는 변화를 꿈꾼다. 이러한 환상을 이용하라. 사람들에게 거대하고 완전한 변화를 약속하라. 빈곤이 부로, 병이 건강으로, 비극이 환희로 바뀐다고 말하라. 그러면 추종자들이 당신을 따를 것이다.

이러한 환상은 여러 가지 방식으로 변형되어 사용된다. 네덜란드 화가 페르메이르Vermeer의 작품은 그 중요성과 아름다움에서 높은 평가를 받아왔지만, 남아 있는 그림의 수가 매우 적어 희귀한 가치를 지닌다. 그런데 1930년대에 페르메이르의 그림이 미술 시장에 나타나기 시작했다. 전문가들도 진품이라고 판정을 내리자 이 그림들을 소유하는 것은 수집가들의 꿈이 되었다.

나중에 밝혀진 바에 따르면, 그 그림들은 한 반 메이헤런Han van Meegeren이라는 네덜란드 화가의 위작이었다. 그가 페르메이르를 선택한 것은 환상의 본질을 알고 있었기 때문이다. 일반 대중과 전문가들은 그 그림들이 진짜라고 간절히 믿고 싶어 했기 때문에 그것들이 진짜로 보일 수밖에 없었던 것이다.

기억하라. 환상을 유지하는 열쇠는 '거리'다. 멀리 있는 것은 매혹적이고, 기대감을 주며, 단순하고 아무 문제가 없어 보인다. 따라서 당신이 제시하는 것은 만질 수 있는 실체가 없어야 한다. 멀리 있는 신기루로 유지하되 상대가 다가가면 더 멀리 떨어뜨려라. 그 환상에 대해 너무 직접 설명하지 말고 모호한 채로 놔두어라.

●   **뒤집어보기**

대중의 환상을 이용하면 권력을 얻을 수 있지만 거기에는 위험도 존재한다. 대개 환상에는 연극적인 요소가 포함된다. 대중은 자신이 속고 있다는 것을 대충은 알지만, 어쨌거나 그 환상과 꿈을 깨지 않고 놔둔다. 지루한 일상을 잠시 잊을 수 있다는 사실을 즐기는 것이다. 그러므로 가벼운 분위기를 유지하라. 당신이 실제로 모종의 결과물이나 성과를 보여주기를 사람들이 기대하도록 만들지 마라. 그러면 너무 위험해질 수 있다.

한편 환상이 언제나 멋지고 화려해야 한다고 생각할 필요는 없다. 물론 환상은 현실과 대조를 이루는 것이지만, 때로는 현실 자체가 너무 극적이어서 단순한 것에 대한 갈망이 환상이 될 수도 있다.

Law

19

왕 대접을 받으려면
왕처럼 행동하라

왕관의 전략

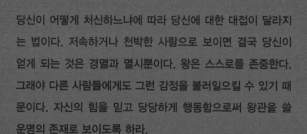

당신이 어떻게 처신하느냐에 따라 당신에 대한 대접이 달라지
는 법이다. 저속하거나 천박한 사람으로 보이면 결국 당신이
얻게 되는 것은 경멸과 멸시뿐이다. 왕은 스스로를 존중한다.
그래야 다른 사람들에게도 그런 감정을 불러일으킬 수 있기 때
문이다. 자신의 힘을 믿고 당당하게 행동함으로써 왕관을 쓸
운명의 존재로 보이도록 하라.

콜럼버스의 대담한 요구

크리스토퍼 콜럼버스Christopher Columbus가 항해 비용을 대줄 후원자를 찾을 때 사람들은 그가 이탈리아 귀족 출신인 줄로만 알았다. 이러한 생각은 이 탐험가가 세상을 떠난 후 그의 아들이 쓴 전기를 통해 전해졌다. 전기에서는 몬트페라트 쿠카로 성의 콜롬보 백작이 콜럼버스의 선조라고 밝히고 있다. 콜롬보 백작은 로마 시대의 전설적인 장군 콜로니우스의 후손이며, 그의 사촌 둘은 콘스탄티노플 황제의 직계 후손이라고 하니 그야말로 화려한 배경이 아닐 수 없다. 하지만 이것은 모두 꾸며낸 이야기였다. 콜럼버스는 미천한 직조공 도메니코 콜롬보Domenico Colombo의 아들이었다. 그의 아버지는 포도주 가게를 운영한 적이 있으며 나중에는 치즈를 팔아 생계를 꾸려갔다.

　귀족 가문 출신이라고 이야기를 꾸며낸 것은 콜럼버스 자신이었다. 그는 어릴 때부터 자신이 큰일을 해낼 운명이며, 자신에게는 왕가의 피가 흐른다고 생각했다. 그래서 귀족 가문의 후손인 것처럼 행동했다. 제노바 출신인 그는 상선商船을 타고 다니다가 리스본에 정착했다. 그리고 귀족 가문 출신이라고 속여 리스본에서 유명한 집안의 사위가 되었다. 당시 이 집안은 포르투갈의 왕실과 친분이 있었다.

콜럼버스는 처가 사람들을 이용해 포르투갈의 왕 주앙 2세João II를 만났다. 그는 왕에게 아시아로 가는 지름길을 찾아 서쪽으로 떠나는 항해 계획을 밝히고 자금 지원을 해달라고 청원했다. 콜럼버스는 무엇이든 발견하면 주앙 2세의 이름을 붙이겠다고 공언하면서, 그 대가로 몇 가지 권리를 요구했다. 해군제독의 직함, 자신이 발견한 모든 땅의 총독 자리, 그 땅 사람들과 교역할 경우 수익의 10퍼센트를 달라는 것이었다. 그리고 이러한 권리를 가문이 세습하게 해달라고 했다. 고작 상선의 상인에 불과했던 자가 이처럼 대담한 요구를 한 것이었다. 그는 항해 지식이 거의 없었고, 사분의(항해 시대에 포르투갈 항해자들이 주로 사용한 고도 측정 기구로, 이를 이용해 배가 언제 목적항의 위도에 진입하는지 파악했다)도 다룰 줄 몰랐으며, 무리를 이끌어본 적도 없었다. 한마디로 항해를 할 자격이 전혀 없었던 것이다. 게다가 그 청원에는 막연한 약속만 있을 뿐, 자신의 계획을 어떻게 이루겠다는 세부적인 내용은 하나도 들어 있지 않았다.

콜럼버스가 말을 마치자 주앙 2세는 미소를 지어 보였다. 그는 정중하게 제안을 거절하면서도 후일의 여지를 남겨두었다. 콜럼버스는 이때 중요한 사실을 깨달았던 게 분명하다. 왕이 자신의 요구를 거절하기는 했지만, 그 내용을 합리적으로 여겼다는 것을 말이다. 왕은 콜럼버스를 전혀 비웃지 않았고, 그의 배경이나 자격에도 의문을 갖지 않았다. 오히려 콜럼버스가 대담하게 요구 조건을 내거는 모습에 깊은 인상을 받았고, 그토록 자신감 넘치는 사람이 곁에 있는 것을 흡족해했다. 콜럼버스는 이렇게 허황된 요구를 내건 덕분에 자신의 지위를 곧바로 끌어올릴 수 있었다. 자신의 가치를 그토록 높게 잡는 것을 보면 분명 그럴 만한 가치 있는 사람일 거로 생각한 것이다.

몇 년 후 콜럼버스는 스페인으로 갔다. 그는 포르투갈 사람들의 연줄을 통해 스페인 왕실의 상류층과 사귈 수 있었다. 재력가로부터 지원금을 받았고 공작 및 제후들과도 교류했다. 콜럼버스는 항해 계획을 설명하고 자금을 지원해달라고 되풀이했다. 그러나 콜럼버스를 돕고 싶어 하는 사람들이 더러 있었지만, 그를 도울 수가 없었다. 그가 원하는 권리를 줄 힘이 없었기 때문이다. 하지만 콜럼버스는 포기하지 않았다. 그의 요구를 들어줄 수 있는 사람은 오직 이사벨라Isabella 여왕뿐이란 것을 깨달았다. 1487년, 드디어 여왕을 알현하는 데 성공했다. 여왕으로부터 후원금을 받아내는 데는 실패했지만, 콜럼버스는 여왕의 마음을 완전히 사로잡아 왕궁을 자주 드나들 수 있게 되었다.

1492년, 스페인은 수 세기 전부터 스페인 일부 지역을 점령하고 있던 무어인들을 완전히 쫓아냈다. 전쟁으로 인한 국고 부담이 사라지자 이사벨라는 마침내 탐험가의 청을 들어주기로 했다. 선박 세 척과 장비, 선원들의 급료와 콜럼버스의 봉급 약간을 마련해준 것이다. 그리고 무엇보다도 그가 원하던 칭호와 권리를 주었다. 하지만 여왕은 기간 제한을 두지 않고 세습하게 해달라는 요구만큼은 거부했다.

콜럼버스는 그해 아시아로 가는 항로를 찾기 위해 길을 떠났다. (그는 신중을 기해 최고의 항해사를 고용했다.) 지름길 항로를 찾아내지 못했지만, 콜럼버스는 이듬해 더 야심 찬 항해 계획을 세워 자금 지원을 해달라고 여왕에게 요청했고, 여왕은 그 청을 들어주었다. 이 무렵 여왕도 콜럼버스를 큰일을 해낼 사람이라고 생각했던 것이다.

● **해석**

콜럼버스의 탐험가로서 자질은 지극히 평범한 수준이었다. 그러나 한 가지 점에서만큼은 천재였다. 자기선전을 하는 방법은 기막히게 알았다. 그렇지 않고서는 치즈 장수의 아들이자 하급 상인에 불과했던 그가 어떻게 가장 지체 높은 왕실 및 귀족 가문 사람들에게서 환심을 살 수 있었겠는가.

콜럼버스가 귀족들의 마음을 사로잡을 수 있었던 힘은 모두 그의 거동에서 나왔다. 그는 배경이 없는 사람이라고 생각되지 않을 만큼 자신감이 넘쳤다. 그렇다고 벼락부자들처럼 공격적이고 추한 자기 자랑을 하고 다닌 것도 아니었다. 그것은 조용하고도 차분한 자기 확신이었다.

　당신의 몸값은 당신에게 달려 있다는 것을 명심하라. 당신의 거동에는 당신이 자신을 어떻게 생각하는지가 드러난다. 아무것도 요구하지 않고, 걸음이 당당하지 못하며, 머리를 조아리고 다니면 사람들은 그것이 당신의 품성을 드러낸다고 생각할 것이다. 하지만 그것이 당신 자신은 아니다. 그것은 당신이 다른 사람에게 자신을 내보일 때 선택한 방식일 뿐이다. 그러니 당신 안의 콜럼버스를 전면에 내세우는 것도 쉬운 일이다. 항상 쾌활하고 자신감에 찬 모습을 보여주어라. 왕관을 쓰기 위해 태어난 사람처럼 행동하라.

왕 대접을 받으려면 왕처럼 행동하라

어린아이는 세상에 모든 것을 기대하고 요구한다. 하지만 사회생활을 하면서 좌절과 실패를 겪고 스스로 경계선을 설정한다. 세상에 대해 기대하는 것도 적어지고 쉽게 한계를 받아들인다. 알고 보면 스스로 부과한 한계들인데 말이다. 실패와 한계는 안중에 두지 말고, 마치 어린아이처럼 많은 것을 요구하라. 그러기 위해서는 '왕관의 전략'이라 불리는 특별한 전략이 필요하다.

　왕관의 전략은 간단한 인과론을 기본으로 삼는다. 우리가 위대한 일을 할 운명이라고 스스로 믿으면 그러한 믿음이 바깥으로 발산이 된다는 것이다. 왕관을 쓰면 왕 주위에 아우라가 생기는 것과 같은 이치다. 밖으로 발산되는 그 기운은 주위 사람들을 감염시키고, 그들은 우리가 그토록 자신감이 넘치는 데는 필경 이유가 있으리라 생각한다. 왕관을 쓴 사람들은 아무 거리낌 없이 무엇이든 요구하고, 또 무엇이든 이룰 수 있는 것처럼 보인다. 이런 생각 역시 밖으로 발산되어 나온다. 그러면서 제약과 한계는 사라진다. 왕관의 전략을 한번 활용해보라. 그러면 그 결실을 보고 놀라게 될 것이다.

요령은 간단하다. 자기 자신에 대한 믿음에 압도되기만 하면 된다. 하지만 스스로를 속이는 것이라 해도, 행동은 왕처럼 품위가 있어야 한다. 그래야 왕과 같은 대접을 받을 수 있다.

마지막으로, 기품 있는 거동을 보이기 위해서는 몇 가지 심리적 전략이 필요하다. 첫째, 콜럼버스 전략으로, 항상 대담한 요구를 하라. 당신의 몸값을 높게 매기고 흔들리지 마라. 둘째, 품위를 유지한 채로 최고 권력자를 대적 상대로 삼아라. 그러면 당신이 공략하고 있는 권력자와 동등한 수준이 된다. 이는 '다윗과 골리앗 전략'으로, 대단한 적을 고르면 당신도 대단해 보인다.

셋째, 윗사람에게 선물을 주어라. 뭔가를 주는 척하면서 더 큰 것을 가져가는 것은 고전적인 사기 수법이다. 선물 전략은 미묘하면서도 기막힌 효과를 발휘한다. 당신은 도움을 구하면서도 기품을 잃지 않을 수 있다. 이로써 둘 사이는 동등하며 그저 둘 중 하나가 우연히 돈을 더 많이 가지고 있을 뿐이라는 뜻이 된다.

자신의 가치를 매기는 것은 당신 자신이라는 것을 잊지 마라. 적게 요구하면 그만큼만 얻게 된다. 하지만 많이 요구하면 당신이 왕만큼 가치 있는 사람이라 말하는 것이다. 비록 당신을 거절하더라도 사람들은 당신에게 존경심을 가질 것이며, 결국 그 존경심은 당신에게 생각지도 못한 도움을 줄 것이다.

● **뒤집어보기**

왕 같은 자신감을 보이려면 다른 사람과 격이 달라야 한다. 하지만 이 원칙이 도를 지나치면 파멸에 이른다. 사람들에게 굴욕감을 주어 자신을 고상하게 만들려 하지 마라. 대중들과 동떨어져 너무 높이 있는 것도 좋은 생각이 아니다. 표적이 되기 쉽기 때문이다. 귀족처럼 행동하는 게 오히려 위험할 때가 있는 법이다. 당신이 발산해야 하는 건 자신감이지, 거만함이나 경멸감이 아니라는 것을 잊지 마라.

　마지막으로, 경박하고 상스럽게 굴어 권력을 얻는 경우도 가끔 있다. 하지만 천박해 보이는 방법으로 자신을 차별화하는 것은 위험한 승부수다. 당신보다 천박한 사람들은 얼마든지 있기 때문이다. 얼마 지나지 않으면 당신보다 젊고 천박한 누군가가 나타나 손쉽게 당신의 자리를 꿰찰 것이다.

PART 3
권력 유지의 법칙

당신이 권력에 관심을 두는 그 순간부터 잠재적인 적들이 당신을 둘러싸기 시작한다. 이제 당신이 성공적으로 권력을 얻었다면 그들은 당신을 향해 칼을 빼 든다. 그런 적들뿐만 아니라 당신의 권력을 우러러보며 다가오는 사람들 역시 언제든 당신의 권력을 무너뜨릴 수 있음을 명심해야 한다.

음모와 배신이 판을 치던 궁정사회의 모습은 오늘날 우리 사회 권력 게임의 본질을 보여준다. 교묘한 처신으로 주군 가까이에 가는 데 성공했던 궁정 신하들도 등 뒤에 칼을 숨긴 동료들로부터 끊임없이 자신을 보호해야 했다. 권력 게임은 권력을 획득함으로써 끝나는 것이 아니라, 바로 그때부터 본격적으로 시작된다.

여기에 속한 장들에선 당신이 어느 정도 권력을 쥐게 됐을 때 그것을 어떻게 지켜 나갈 것인지를 말할 것이다. 일부는 강력한 맞수를 제압하는 법을 다루고 있지만, 대다수는 분명한 적이 보이지 않는 상황에서의 지침을 담고 있다. 특히 권력은 내 안에 무언가를 쌓아두는 데서 오는 것이 아니라 외부와의 관계 맺기에서 만들어지는 것임을 배울 수 있을 것이다.

명심하라. 권력은 네트워크 속에서 벌어지는 게임이다. 자신이 그 안에서 중요한 위치를 차지하는 사람만이 강력한 영향력을 유지할 수 있다. 하지만 함부로 자기 자신을 드러내기보단 중요한 지점을 차지하고 은밀하게 움직여야 한다. 보이지 않지만 가장 강한 힘. 이것이야말로 권력의 본질이다.

Law
20

주인보다
더 빛나지 마라

신중한 아부

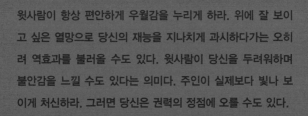

윗사람이 항상 편안하게 우월감을 누리게 하라. 위에 잘 보이고 싶은 열망으로 당신의 재능을 지나치게 과시하다가는 오히려 역효과를 불러올 수도 있다. 윗사람이 당신을 두려워하며 불안감을 느낄 수도 있다는 의미다. 주인이 실제보다 빛나 보이게 처신하라. 그러면 당신은 권력의 정점에 오를 수도 있다.

루이 14세의 심기를 건드린 파티

루이 14세 통치 초기의 재무장관 니콜라 푸케^{Nicolas Fouquet}는 화려한 파티와 아름다운 여인들과 시를 좋아하는 인물이었다. 그는 영리했으며 왕에게 없어서는 안 되는 꼭 필요한 존재였다. 그래서 1661년에 총리 쥘 마자랭이 죽었을 때, 사람들은 모두 푸케가 그 자리를 이으리라 생각했다. 그러나 왕은 총리라는 자리를 없애버리기로 했다. 그러자 푸케는 세상에서 가장 성대하고 화려한 파티를 열어 왕의 환심을 사기로 했다. 파티의 표면적인 목적은 푸케가 사는 보르비콩트 성의 완공을 축하하는 것이었지만, 진짜 목적은 따로 있었다. 그날의 주빈인 왕을 접대하는 것이었다.

　파티에는 유럽의 명문가 귀족들과 당대 최고의 지성들도 참석했다. 몰리에르가 이날 행사를 위해 희곡을 썼으며 파티가 무르익으면 직접 연기도 할 예정이었다. 파티는 일곱 코스로 이루어진 화려한 만찬으로 시작되었으며, 프랑스에 한 번도 소개된 적이 없는 진귀한 동양 음식들과 특별히 그날을 위해 만든 요리도 선보였다. 식사 도중에는 왕에게 경의를 표하기 위해 푸케가 특별히 작곡을 의뢰한 음악이 연주되었다.

식사가 끝난 뒤에는 정원을 산책했다. 보르비콩트 성의 정원과 분수는 나중에 베르사유 궁전의 모델이 될 만큼 훌륭하고 아름다웠다. 푸케는 젊은 왕을 수행하며 관목과 꽃밭이 기하학적으로 아름답게 배치된 정원을 거닐었다. 정원 한쪽에 있는 인공 수로에 이르자 불꽃놀이가 시작되었고 그다음에는 몰리에르의 연극 공연이 이어졌다. 파티는 밤늦게까지 열렸으며, 모두들 입을 모아 이렇게 훌륭한 파티는 처음이라고 말했다.

다음 날 푸케는 왕의 근위대장 다르타냥에게 체포되었다. 그리고 석 달 뒤에는 국고 횡령죄로 재판을 받았다. (사실 그가 횡령했다고 하는 돈은 대부분 왕을 위하여 왕의 허락을 받고 빼돌린 것이었다.) 푸케는 유죄 판결을 받고 피레네산맥에 있는 외딴 감옥에 갇혔다. 그리고 그 감옥에서 20년 동안 쓸쓸히 지내다가 죽었다.

●   **해석**

태양왕 루이 14세는 항상 관심의 중심에 있고 싶어 하는, 거만하고 자존심 강한 인물이었다. 그는 화려함에서 남에게 뒤지는 것을 참지 못했다. 하물며 자기 밑에 있는 신하에게 뒤진다는 것은 생각할 수도 없는 일이었다. 루이 14세는 푸케의 후임으로 장-밥티스트 콜베르Jean-Baptiste Colbert를 선택했다. 그는 인색하기로 소문난 사람이었으며, 파리에서 가장 재미없는 파티를 여는 사람으로도 유명했다. 콜베르는 국고에서 나온 돈은 반드시 루이 자신의 손으로 곧장 가도록 했다. 루이는 그 돈으로 푸케의 보르비콩트 성을 지은 건축가와 실내 장식가와 정원 설계사들을 동원해 푸케의 성보다 더 웅장하고 화려한 궁전을 지었다. 그것이 바로 유명한 베르사유 궁전이다. 루이는 그곳에서 푸케에게 혹독한 대가를 안겨준 그날의 파티보다 훨씬 더 성대한 파티를 열었다.

이 상황을 잘 살펴보자. 푸케는 어느 때보다 성대한 파티를 주최함으로써 왕에 대한 충성심을 표현하려고 했다. 또 이를 통해 고급스러운 취향, 연줄과 인맥, 인기를 보여줌으로써 자신이 왕에게 꼭 필요한 존재이며 동시에 탁월한 총리감임을 입증할 수 있으리라 생각했다. 그러나 손님들이 푸케에게 미소를 짓고 찬탄을 보낼 때마다 루이는 그들이 왕인 자신보다 재무장관에게 더 매력을 느낀다고 생각했다. 나아가 푸케가 부와 권력을 과시하고 있다고 여겼다. 푸케는 파티를 열어서 루이의 환심을 산 것이 아니라 오히려 그의 허영심과 자만심에 상처를 주었던 것이다.

◆ **권력의 열쇠**

주인보다 더 빛나지 마라

재능을 과시하면 당신은 온갖 종류의 적개심과 질투에 부딪히게 되어 있다. 이런 감정들은 모두 불안의 표현이다. 이것은 당연히 예상해야 하는 일이다. 그렇다고 다른 사람들의 편협하고 속 좁은 감정을 신경 쓰느라 일생을 보낼 필요는 없다. 그러나 윗사람의 감정에 관해서라면 이야기가 달라진다. 권력의 영역에서 윗사람보다 더 빛나는 것은 치명적인 실수가 될 수도 있기 때문이다.

지금은 루이 14세 시대와 다르지 않느냐고 생각한다면 큰 오산이다. 오늘날 높은 권력의 자리에 오른 사람들은 과거의 왕이나 왕비와 크게 다르지 않다. 즉 그들은 현재 지위에 대한 안정감을 느끼고 싶어 하며, 지적인 능력과 지혜, 매력 등 모든 면에서 주변이들보다 월등한 존재가 되고 싶어 한다. 사람들은 흔히 자신의 재능과 뛰어난 능력을 자랑스럽게 보여주면 윗사람의 총애를 받을 것이라고 오해한다. 물론 처음엔 아랫사람의 능력을 인정해주는 척할 수도 있다. 하지만 그는 기회가 오는 즉시 덜 똑똑하고 덜 매력적이며 자신에게 덜 위협적인 다른 누군가로 갈아치운다.

주인보다 빛나는 것의 위험함을 안다면 오히려 그것을 유리하게 이용할 수도 있다. 먼저 윗사람의 비위를 맞추고 그가 우쭐함을 느끼도록 자존심을 세워주어라. 그러나 너무 직접적이고 드러나게 아첨하면 다른 사람들의 눈총을 받게 된다. 따라서 신중한 아부가 훨씬 효과적이다. 만일 당신이 권력자보다 더 똑똑하다면 그 반대의 모습을 보여라. 그가 당신보다 더 똑똑한 듯이 대우해주고, 당신은 순진한 사람처럼 행동하라. 당신에게 그의 전문지식이 필요한 것처럼 행동하라.

만일 당신의 아이디어가 권력자의 아이디어보다 더 창의적이라면, 가능한 한 공개적인 자리에서 그것이 권력자의 아이디어라고 공을 돌려라. 당신이 어떤 조언을 할 때도, 그것이 윗사람이 했던 말을 반복하는 것뿐이라는 사실을 분명히 하라.

섣불리 당신의 장점이나 관용으로 권력자에게 감동을 주려는 것은 치명적인 결과를 불러올 수 있다. 푸케가 어떤 대가를 치렀는지 생각해보라. 권력자가 당신보다 빛나도록 만듦으로써, 당신은 그의 불안감의 피해자가 되는 대신 주도권과 통제력을 쥘 수 있다.

● **뒤집어보기**

모든 사람의 감정과 불안을 건드릴까 봐 걱정할 필요는 없다. 상대방에 따라 잔인한 태도를 보여야 할 때도 있다. 만일 당신의 윗사람이 지고 있는 별이라면 당신이 그 사람보다 빛나도 아무 상관이 없다. 인정을 베풀려고 하지 마라. 그 역시 피도 눈물도 없는 행태를 보이며 꼭대기에 올라가는 동안 아무런 양심의 가책을 느끼지 않았을 테니까.

신중하게 그의 몰락을 도와라. 결정적인 순간에 그를 이기고, 그보다 더 뛰어난 매력을 발산하고, 그보다 더 똑똑하게 처신하라. 하지만 권력자가 굳건하게 위치를 지키고는 있지만 당신의 능력이 더 뛰어나다면, 인내심을 갖고 때를 기다려라. 언젠가는 권력도 서산의 해처럼 기우는 것이 세상의 순리다.

Law
21

불행하고 불운한 자들을
피하라

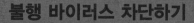

불행 바이러스 차단하기

다른 사람의 불행 때문에 죽을 수도 있는 법이다. 인간의 감정
은 전염성이 강하기 때문이다. 물에 빠진 사람을 돕는다고 느
끼다가, 당신도 함께 빠져버릴 수 있다. 불행한 자들은 때로 불
행을 자초하기도 하며 당신과 함께 그것을 나누려 하기도 한
다. 불행한 사람은 멀리하고, 행복하고 운 좋은 사람들과 친분
을 쌓도록 하라.

불행을 전염시키는 여인, 롤라 몬테즈

1818년 아일랜드 리머릭에서 태어난 마리 질베르 Marie Gilbert는 1840년대에 무용수 겸 연기자로 출세해보고자 파리에 왔다. 롤라 몬테즈 Lola Montez라는 가명을 쓰고는 자신이 스페인 출신의 플라멩코 댄서라고 선전하고 다녔다. 하지만 1845년에 무용수로 성공할 기미가 보이지 않자 고급 창부가 되었고, 금세 성공을 거두었다.

하지만 롤라는 무용수의 꿈을 버리지 않았다. 그 꿈을 이루게 해줄 사람은 오직 알렉상드르 뒤자리에르 Alexandre Dujarier뿐이라고 생각했다. 그는 프랑스 최대의 신문사 사장으로 극작품 비평가이기도 했다. 롤라는 그가 매일 아침 승마를 한다는 사실을 알아내고는 그와 '우연히' 마주쳤다. 둘은 곧 매일 함께 승마를 하는 사이가 되었고, 몇 주 후에는 그의 아파트로 들어가 살았다.

뒤자리에르가 힘써준 덕에 롤라는 무용수로 활동할 수 있게 되었다. 그러나 롤라에게 푹 빠진 뒤자리에르의 삶은 내리막길을 타기 시작했다. 사업운도 예전 같지 않았고, 힘 있는 친구들은 그를 피하기 시작했다. 어느 날 밤, 뒤자리에르는 파리 최고의 젊은 갑부들이 참석하는 파티에 초대를 받았다. 그 자리에는 전에 롤라에 대해 안 좋게 평을 했던 극작품 비평가인 장-밥티스트 로즈몽드 보발롱Jean-Baptiste Rosemond de Beauvallon도 와 있었다. 뒤자리에르는 술에 취하자 그에게 모욕을 주었다. 다음 날 아침, 보발롱은 뒤자리에르에게 결투를 신청했다. 뒤자리에르는 뒤늦게 후회를 했지만, 결투는 열렸고 뒤자리에르는 그 자리에서 총을 맞고 죽었다. 롤라는 망연자실한 심정으로 파리를 떠났다.

1846년 롤라 몬테즈는 뮌헨에 있었다. 이번에는 바이에른 왕국의 왕 루트비히를 유혹하겠다고 결심했다. 하지만 루트비히에게 접근하기 위해선 먼저 그의 측근인 오토 폰 레흐베르크Otto von Rechberg 백작을 거쳐야 했다. 그는 미인을 밝히는 남자였다. 백작이 야외 카페에서 아침을 들고 있던 어느 날, 말을 타고 지나가던 롤라는 '우연히' 안장에서 미끄러져 레흐베르크의 발치로 떨어졌다. 공작은 그녀를 도와주러 달려왔고, 그녀에게 반해버렸다. 그는 롤라를 루트비히에게 소개시켜주기로 약속했다.

루트비히는 롤라의 마력에 완전히 빠져버렸다. 그는 롤라와 팔짱을 낀 채 대중 앞에 모습을 드러냈으며, 롤라에게 선물 세례를 퍼붓고 시까지 써서 바쳤다. 왕이 가장 총애하는 정부가 된 롤라는 하룻밤 사이에 명성과 부를 거머쥐었다. 그 뒤 롤라는 안하무인이 되었다. 바이에른 시민들이 그녀의 무례한 행동에 분노를 터뜨렸지만, 루트비히는 롤라를 두둔했다. 왕의 측근들은 롤라를 멀리하라고 조언했지만, 롤라를 비방한 자는 관직을 잃었다.

바이에른 국민은 왕에게 등을 돌렸다. 그녀에 대한 원성이 자자했지만 왕은 롤라를 백작부인으로 책봉하고 궁전까지 지어주었다. 롤라는 이제 바이에른 왕국의 최고 실세로 군림하면서 정치에도 간섭하기 시작했다. 왕국 전역에서 폭동이 일었다. 한때 평화로웠던 나라는 내전에 휩싸이는 지경에 이르렀고, 전국의 학생들이 똑같은 구호를 외쳐댔다. "롤라를 추방하라!"

1848년 2월, 루트비히는 더 이상 압박을 견뎌낼 수 없게 되자 롤라에게 추방 명령을 내렸다. 롤라는 돈을 챙겨 바이에른을 떠났고, 이제 국민의 분노는 루트비히에게 쏠렸다. 그해 3월 루트비히는 결국 강제 퇴위를 당하고 말았다.

롤라 몬테즈는 잉글랜드로 건너왔다. 끊임없이 권력을 좇는 그녀의 새로운 목표물은 열 살 연하의 조지 트래포드 힐드^{George Trafford Heald}였다. 유명한 변호사의 아들이며 육군 장교로서 앞날이 창창했던 그도 롤라의 마력에 걸려들고 말았다. 롤라는 1849년 그와 결혼을 했지만, 곧 중혼죄로 체포되었다. 하지만 보석으로 풀려난 후 힐드와 함께 스페인으로 도망쳤다. 둘의 사이는 예전 같지 않았다. 심하게 싸움을 벌였고, 한번은 롤라가 칼을 휘둘러 힐드에게 상처를 입히기도 했다. 결국 힐드는 롤라에게서 버림받고 잉글랜드로 돌아왔지만 군대에서의 입지는 벌써 잃은 뒤였다. 영국 사교계에서 쫓겨난 그는 포르투갈로 건너가 가난하게 살다가 몇 달 뒤 선박 사고로 짧은 생을 마감했다.

1853년 롤라 몬테즈는 캘리포니아로 건너가 팻 헐Pat Hull이라는 남자와 결혼했다. 하지만 한시도 바람 잘 날 없었고, 롤라는 결국 헐을 버리고 다른 남자에게로 갔다. 헐은 우울증을 겪었고, 술에 빠져 살다가 4년 뒤에 죽었다.

롤라는 마흔한 살이 되자 값비싼 옷들과 화려한 장신구들을 사람들에게 나누어준 뒤 종교에 귀의했다. 그리고 미국 전역을 돌면서 종교적 내용을 주제로 강연을 했다. 몸에는 새하얀 옷을 걸치고 머리에는 원광圓光을 연상시키는 하얀 장신구를 쓴 채 말이다. 그리고 2년 후인 1861년에 세상을 떠났다.

●   해석

롤라 몬테즈가 남자들을 사로잡을 수 있었던 힘은 단순히 성적인 매력이 아니었다. 남자들이 그녀에게 빠져든 것은 바로 그녀 자체가 내뿜는 힘 때문이었다. 남자들은 롤라가 일으키는 커다란 소용돌이 속으로 휘말려 들어가곤 했다. 그들은 혼란스럽고 당황스러웠지만, 그녀에 대한 감정이 워낙 강렬했기 때문에 삶에는 더욱 활기가 도는 것처럼 느껴졌다.

하지만 시간이 지나자 문제가 속속 불거지기 시작했다. 롤라 특유의 불안정성이 연인들에게도 전염되기 시작한 것이다. 남자들은 롤라의 문제에 휘말려들었고, 롤라에 대한 애착 때문에 그녀를 도와주고 싶어 했다. 그런데 이 병의 핵심은 그 누구도 상대를

도와줄 수 없다는 것이다. 롤라의 문제는 그 뿌리가 너무도 깊었다. 롤라의 연인들이 일단 그 문제에 휘말리면, 그 역시 길을 잃고 헤맬 수밖에 없었다. 각종 싸움에 얽히는 것도 상례였다. 그 전염병은 그의 가족과 친구들, 그리고 루트비히의 경우에는 온 나라에 퍼졌다. 그녀와 관계를 끊는 것이 유일한 해결책이었다. 그렇지 않으면 자신의 삶이 파멸당하는 고통을 겪어야 했다.

전염성을 가진 유형이 여자들에게서만 나타나는 건 아니다. 그건 성별과는 전혀 상관이 없다. 그러한 유형은 내면의 불안정성이 원인인데, 그것이 밖으로 발산되면서 불행을 끌어들이는 것이다. 이러한 유형의 사람은 무언가를 파괴하고 안정을 무너뜨리려는 성향이 있다. 다음과 같은 교훈을 기억하라. 당신 곁에 전염병을 퍼뜨리는 감염원이 있다는 의심이 들면, 그와 언쟁을 벌이지도 도와주려고도 하지 말고 친구로 삼으려고도 하지 마라. 그랬다간 당신도 말려들게 될 테니까.

◆　　　　　　　　　　　　　　　　　**권력의 열쇠**

불행하고 불운한 자들을 피하라

어쩔 수 없는 상황에 떠밀려 주저앉게 된 가련한 사람들은 성심성의껏 도와주어야 마땅하다. 하지만 개중엔 불운과 불행을 자초하는 사람들도 있다. 그들은 파괴적인 행동을 일삼고 다른 사람들을 불안정하게 만든다. 인간은 가까이 있는 사람들의 분위기와 감정,

심지어 사고방식에 쉽게 감염되는 존재이기 때문이다.

불행하고 불안정한 사람들의 전염력은 유난히 강하다. 그들의 캐릭터와 감정이 그만큼 강렬하기 때문이다. 이들은 스스로를 희생자인 양 연출하기 때문에 처음에는 그들이 고난을 자초했다고 생각되지 않는다. 하지만 그들의 문제가 무엇인지를 파악했을 땐 벌써 그들에게서 병이 옮은 뒤다.

권력 게임에서는 당신이 어떤 사람들과 어울리느냐가 관건이 된다는 것을 깊이 새겨라. 감염원과 어울렸다간 당신의 귀중한 시간과 에너지만 허비할 수 있다. 그들과 어울리면서 당신은 모종의 죄책감이 들기 때문에 다른 사람들 눈에도 당신은 고통스러워 보일 것이다. 감염이 가져오는 갖가지 위험을 절대 간과해서는 안 된다.

피해야 할 감염원은 여러 종류지만, 그중에서도 만성적 불만족에 시달리는 사람을 가장 조심해야 한다. 감염을 해결할 방법은 오직 하나, 바로 검역뿐이다. 이 음흉하기 짝이 없는 바이러스로부터 스스로를 지키려면 어떻게 해야 할까? 그들이 왜 그런 문제를 겪고 있는지 그들의 설명을 들을 필요는 없다. 다만 그들이 다른 사람에게 어떤 영향을 미치고 있는지를 판단하면 된다. 감염원들은 불행을 자초하고, 과거가 파란만장하며, 인간관계가 좋지 않고, 삶의 이력이 불안정하며, 당신을 휘둘러 사리 분별을 잃게 하는 특징이 있다. 이런 특징을 통해 스스로에게 사전 경고를 하라. 그리고 그들의 눈 속에서 불만족을 읽어내는 법을 배워라. 이때 동정심을 갖지 말아야 한다. 도와주려고 나섰다가 공연히 말려들기만 할 뿐이다. 감염원은 절대 변하지 않으며, 당신만 갈피 못 잡는 신세가 될 것이다.

한편 또 다른 강력한 감염원이 있다. 넘치는 활기와 천부적인 낙천성 그리고 지성으로 스스로 행복을 불러들이는 사람들이다. 이런 사람들은 즐거움의 원천이다. 당신은 이런 사람들과 어울려 이들이 끌어들이는 번영을 함께 누려야 한다. 사람들의 호감을 사는 긍정적 특징을 가진 이들과 친분을 쌓아야 한다. 이것을 삶의 원칙으로 삼아라. 나쁜 감염원으로부터 자신을 보호하는 데 그것보다 나은 치료법은 없다.

● **뒤집어보기**

이 법칙에는 반증 사례가 없다. 언제 어디서나 두루 적용된다. 불행으로 당신을 감염시키는 자들과 어울려서 득이 될 건 아무것도 없다. 한편 행운이 따르는 자들과 어울리면 권력과 부를 누리게 될 것이다. 이 법칙을 무시했다간 치명적인 위험에 빠진다.

사람들이 당신에게
의존하게 만들어라

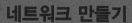

네트워크 만들기

◆

당신의 독립성을 유지하려면 사람들이 언제나 원하고 필요로
하는 사람이 되어야 한다. 사람들이 당신에게 의지하면 할수록
당신은 더 많은 자유를 누리게 된다. 사람들이 당신에게 의지
하여 행복과 번영을 찾게 하면 당신은 두려울 게 없어진다. 하
지만 사람들에게 너무 많이 가르쳐주어 당신 없이도 살 수 있
게 만들지 마라.

힘없는 왕을 선택한 비스마르크

1847년 오토 폰 비스마르크는 32세의 나이로 프로이센 연합의회 의원이 되었다. 그는 자신이 동맹자로 삼을 사람은 의회의 의원들도, 특정한 각료나 국민도 아니라고 생각했다. 그는 왕인 프리드리히 빌헬름 4세를 동맹자로 삼기로 했다. 언뜻 보기에는 이해할 수 없는 선택이었다. 당시 빌헬름 4세는 권력이 약해져 있었기 때문이다. 또한 그는 유약하고 우유부단한 인물로서 자유주의자들에게 굴복하기 일쑤였으며, 정치적으로도 비스마르크와는 상반된 입장이었다. 하지만 비스마르크는 수시로 빌헬름 4세를 찾아가 비위를 맞췄고, 왕이 의원들로부터 궁지에 몰리면 왕의 편에 섰다.

마침내 비스마르크는 그러한 노력에 대한 보답으로 1851년 장관이 되었다. 그때부터 그의 본격적인 움직임이 시작되었다. 그는 왕을 설득해 군사력을 증강하고 자유주의자들에게 대항하게 만들었으며, 왕에게 단호한 태도와 위엄을 가지고 통치하도록 권유했다. 이윽고 점차 권력을 회복한 왕은 프로이센에서 가장 강력한 존재가 되었다.

　1861년 프리드리히 빌헬름 4세가 사망하자 그의 동생 빌헬름(빌헬름 1세)이 왕위를 계승했다. 빌헬름은 비스마르크를 몹시 미워해서 그를 가까이 두고 싶어 하지 않았다. 하지만 빌헬름은 왕의 권력을 무너뜨리고자 호시탐탐 기회를 노리는 적들에 둘러싸여 있었다. 이때 비스마르크는 왕의 곁을 지키며 그에게 힘을 주었고, 결단력 있고 과감한 정책을 택하도록 조언했다. 왕은 점점 비스마르크의 강력한 전술에 의존하게 되었고, 비스마르크를 싫어하면서도 그에게 의지하지 않을 수 없었다. 왕은 비스마르크를 총리로 임명했고, 사실상 비스마르크가 정책을 좌지우지했다.

　시간이 흐른 후에 비스마르크는 프로이센 총리로서 힘을 발휘하여 독일 통일을 주도적으로 이끌었다. 빌헬름은 독일제국의 황제가 되었다. 그러나 실제로 권력의 정상에서 막강한 힘을 휘두른 사람은 비스마르크였다.

●
해석

세상을 지배하는 이치는 '필요'다. 당신이 꼭 필요한 존재가 되지 못할 경우 상대방은 기회가 오는 즉시 당신을 제거해버릴 것이다. 반대로 다른 사람들이 당신에게 의지하여 권력을 얻도록 만들면, 당신은 그들보다 오래 살아남을 수 있다. 그리고 권력자에게 따르는 고통이나 괴로움 없이 권력의 모든 이점을 누릴 수 있다.

◆
사람들이 당신에게 의존하게 만들어라

권력이란 결국 사람들을 당신 뜻대로 움직이는 힘이다. 사람들을 강제하거나 해치지 않고 당신 뜻대로 움직이게 할 수 있다면, 당신의 권력은 그 누구도 손댈 수 없을 만큼 강력해진다. 이를 위한 가장 좋은 방법은 의존관계를 만드는 것이다. 윗사람에게 당신이 꼭 필요하도록 만들어라. 당신 없이는 그가 자신의 역할을 제대로 해낼 수 없게 하라. 만일 당신을 제거할 경우 그는 곤란에 빠지거나, 또는 당신의 자리를 대신할 다른 사람을 가르치는 데 귀중한 시간을 낭비해야 할 것이다. 일단 의존관계가 구축되고 나면 당신이 유리한 고지를 점하게 되어 윗사람을 당신 뜻대로 움직일 수 있다. 이는 막후에서 보이지 않는 힘을 발휘하는 인물, 실제로 왕을 좌지우지하던 실력자들이 사용했던 전통적인 방법이다.

권력의 궁극적인 형태가 독립이라고 착각하지 마라. 권력은 사람들 사이의 관계에서 비롯된다. 당신에겐 언제나 동맹이나 인질이 되어줄 사람, 표면상의 권력자가 되어줄 나약한 주인이 있어야 한다. 완전한 독립을 원하는 자는 숲속 오두막에서 혼자 살아야 한다.

계략과 술수에 능해 '거미 왕Spider King'이라고 불렸던 프랑스의 루이 11세는 점성술을 좋아해 점성술사를 궁에 거처하게 할 정도였다. 하루는 점성술사가 궁 안의 한 여인이 8일 안에 죽을 것이라고 예언했는데 정말로 맞아떨어졌다. 루이는 매우 놀랐다. 그는 점성술사가 자기 예언이 옳다는 것을 보여주기 위해 여인을 살해했거나, 아니면 그의 점성술이 너무 뛰어나 왕을 위협할 정도라고 생각했다. 어느 쪽이든 점성술사는 죽어야 마땅했다.

어느 날 저녁 루이는 점성술사를 성에서 가장 높은 곳에 있는 방으로 불렀다. 루이가 하인들에게 신호를 보내면 점성술사를 붙잡아 창문 밖으로 내던지기로 했다.

점성술사가 방에 도착하자 왕은 하인들에게 신호를 보내기 전에 마지막 질문을 했다. "그대가 점성술에 능하여 사람들의 운명을 잘 알고 있다니 하나만 묻겠소. 그대의 운명은 어떠할 것 같소?" 점성술사가 대답했다. "저는 폐하가 돌아가시기 사흘 전에 죽을 것입니다." 점성술사가 대답했다. 루이는 신호를 보내지 않고 점성술사를 살려주었다. 루이는 그에게 후한 선물을 제공하고, 가장 훌륭한 궁정 의사의 보살핌을 받게 했다.

점성술사는 루이보다 7년을 더 살았다. 그의 예언은 틀렸지만 그가 권력의 법칙에 통달한 사람이라는 것을 알 수 있다.

사람들을 당신에게 의존하게 만들어라. 점성술사와 같은 우위를 점하는 방법은 여러 가지다. 그중에 첫째는 다른 사람이 대신할 수 없는 재능이나 창의적 능력을 갖추는 것이다. 둘째, 당신과 상대방의 운명이 서로 얽히게 만들어라. 가시 달린 담쟁이덩굴처럼 권력자의 주변을 둘러싸서 당신을 제거하려고 들면 그가 치명적인 상처와 손해를 입도록 하라. 셋째, 세상에 알려지면 곤란한 비밀을 당신이 알고 있다면 당신과 그의 운명을 묶을 수 있다. 당신에게는 막강한 힘이 생긴다.

한 가지 기억할 점이 있다. 상대가 당신에게 의존한다고 해서 그가 당신을 좋아한다고 생각하지 마라. 사실 그는 당신을 싫어하거나 두려워할 수도 있다. 하지만 마키아벨리가 말했듯이 사랑받는 것보다 두려움의 대상이 되는 것이 낫다. 두려움의 대상이 되면 통제권을 쥘 수 있지만 사랑받는 자는 그럴 수 없기 때문이다.

● **뒤집어보기**

다른 사람들을 당신에게 의존하게 만드는 접근법의 약점은 당신도 어느 정도 그들에게 의존해야 한다는 점이다. 그것을 넘어서고 싶다면 당신보다 위에 있는 사람들을 제거해야 한다. 그러면 아무에게도 의존하지 않고 철저히 혼자 설 수 있다.

단, 그러한 형태의 독립에는 반드시 대가가 따른다. 당신은 스스로를 고립시켜야 한다. 독점은 내부의 압력 때문에 붕괴되기 쉽다. 분노한 적들이 단결하여 독점에 대항하여 싸울 수도 있다. 완전한 통제권을 장악하려는 충동은 종종 파멸을 초래한다. 따라서 상호 의존이 기본적인 법칙이며, 독립은 불가피한 경우의 예외가 되어야 한다.

Law
23

적은 완전히
박살내라

잠재적 위험 제거

◆

모세 이후 모든 위대한 지도자들은 위협적인 적은 완전히 박
살을 내야 한다는 것을 알고 있었다(물론 때로는 뼈아픈 교훈
을 통해 이를 깨닫기도 했다). 불씨가 조금이라도 남아 있으면,
언제 다시 불길이 피어오를지 모르는 일이다. 회복해서 복수를
모색할 가능성이 있는 적은 육체뿐만이 아니라 정신까지도 완
전히 박살을 내라.

천재일우의 기회를 놓친 항우

항우項羽와 유방劉邦은 중국 역사에서 가장 치열하게 경쟁했던 라이벌이다. 두 장군은 처음에는 같은 편에서 싸우던 친구였다. 항우는 귀족 출신에다 거구이면서 힘이 세고, 걸핏하면 싸움을 벌이는 다혈질에 머리가 약간 둔하긴 했지만, 전장에서는 항상 선봉에 서서 싸우던 용맹한 장수였다. 한편 유방은 농부 출신이었다. 장수다운 면모는 별로 없고, 싸움보다는 여자와 술을 더 좋아하는 건달 같은 인물이었다. 하지만 꾀가 아주 많았으며, 최고의 책사를 곁에 두고 그들의 조언에 귀 기울일 줄 아는 능력이 뛰어났다. 그가 군대에서 높은 지위에 오를 수 있었던 것도 다 이러한 장점 덕분이었다.

기원전 208년, 초나라 왕은 당시 막강한 세력을 떨치던 진나라를 정복하기 위해 두 개 군대를 편성해 출정시켰다. 송의가 상장군을 맡고 항우가 부장을 맡은 군대는 북쪽으로 향했고, 유방이 이끄는 나머지 군대는 진나라로 곧바로 쳐들어갔다. 목표는 진나라의 수도 함양이었다. 거칠고 성미 급한 항우는 유방이 함양을 먼저 차지하고서 군대 전체의 지휘권을 손에 쥘지 모른다고 생각하니 초조하기 이를 데 없었다.

항우를 이끌던 상장군 송의는 북쪽 전선의 한 지점에서 머뭇거리며 전투를 벌이지 않고 있었다. 화가 머리끝까지 치민 항우는 송의의 막사로 들어가 그를 반역자로 선포하고 목을 베었다. 그러고는 명령을 기다릴 것도 없이 북쪽 전선을 떠나 곧장 함양으로 행군해갔다. 항우는 병사이자 장수로서는 자신이 유방보다 뛰어나다고 확신했다. 하지만 경쟁자 유방이 자기보다 규모는 작지만 날랜 군대를 이끌고 먼저 함양에 입성한 것을 보고는 약이 올랐다. 항우의 책사 범증은 항우에게 늦기 전에 경쟁자를 죽여버리라고 경고했다. 그러면서 함양 밖에 있는 그들의 진영에서 연회를 열어 그 꾀 많은 시골뜨기를 초대하라고 말했다. 그리고 칼춤으로 축하연을 벌이는 중간에 그의 목을 베어버리라고 했다. 유방은 초대를 받고 연회에 참석했다. 하지만 항우는 칼춤을 추라는 명령을 내리지 못하고 머뭇거렸다. 마침내 신호를 보내려는 찰나 유방은 함정이라는 것을 알아차리고 가까스로 자리를 떴다. 범증은 항우가 계획을 그르친 것을 보고 비통한 심정으로 탄식했다. "한심하도다! 이제 유방이 온 나라를 훔쳐 가 우리 모두를 포로로 만들어버릴 것이다."

자신이 실수했다는 걸 알아차린 항우는 서둘러 함양으로 행군해갔다. 이번에는 경쟁자의 목을 베어버리겠다고 단단히 마음먹었다. 한편 유방은 자신에게 불리한 싸움은 절대 벌이는 법이 없었기에 함양을 버리고 떠나버렸다. 항우는 함양을 손에 넣은 뒤 진나라의 어린 왕자를 죽이고 도성을 모조리 불살라버렸다. 항우에게 유방은 이제 원한에 찬 적이 되었다. 항우는 몇 달째 그를 추격한 끝에 마침내 성곽으로 둘러싸인 한 도성에 그를 몰아넣었다. 먹을 게 바닥나고 군대의 기강이 무너지자 유방이 화친을 청했다.

범증은 항우에게 다시 한번 경고했다. 하지만 항우는 자비를 베풀기로 결심했다. 유방을 산 채로 초나라에 데려가 자신이 주군임을 인정받고 싶었던 것이다. 하지만 범증의 말이 옳았다. 유방은 화친 조약으로 군대를 교란시킨 후 소규모 군대를 이끌고 도망쳐버렸다. 또다시 경쟁자를 코앞에서 놓치고 만 것이다. 항우는 유방을 뒤쫓기 시작했다.

몇 주 후 유방의 기습 한 번으로 항우의 군대는 포위당했다. 처음으로 판세가 역전된 것이다. 이제는 항우 쪽에서 화친을 청하는 입장이 되었다. 유방의 책사는 자비는 일절 베풀 것 없이 항우를 죽이고 그의 군대를 완전히 박살내버리라고 부추겼다. "그를 놔주었다간 호랑이를 키우는 것과 다름없습니다." 유방도 그의 생각에 동의했다.

유방은 가짜로 화친을 맺는 것처럼 꾸며 항우가 방어 태세를 풀게 한 후 그의 군대를 거의 전멸시키다시피 했다. 하지만 항우는 가까스로 목숨을 건졌다. 타고 갈 말도 없이 홀로 도망치던 그는 유방이 자신의 목에 현상금을 내건 사실을 알았다. 그는 퇴각하던 부하 병사들을 만나자 이렇게 소리쳤다. "들으니 유방이 내 목에 금 천 냥과 만 호^戶가 살 봉토를 걸었다고 한다. 너희들이 내 목을 가져가거라." 그러고는 스스로 목을 베었다.

●   **해석**

항우는 자신의 무자비함을 입증한 전적이 많은 사람이었다. 자기 목적을 위해서라면 가차 없이 경쟁자를 없앴다. 하지만 유방에게는 다른 식으로 행동을 했다. 그는 경쟁자인 유방을 존경했기에 기만술로 그를 이기고 싶은 생각이 없었다. 그보다는 전장 속에서 자신이 더 뛰어나다는 사실을 입증하고, 유방에게서 항복을 받아내 자기를 섬기게 하고 싶었다. 그 라이벌을 붙잡아 처단할 기회가 찾아왔을 때도 그는 번번이 망설였다. 유방에게 동정심과 존경심이 드는 걸 피할 길이 없었던 것이다. 한때 친구로 지낸 데다 군대 동료 아니던가. 그는 유방을 죽이겠다고 굳게 마음먹고도 결국엔 그러지 못해 불운한 운명을 자초했다. 한편 유방은 판세가 역전되었을 때 결코 망설이지 않았다.

이것은 적을 동정할 경우 누구나 맞을 수 있는 운명이다. 적은 끝까지 뿌리 뽑아 뭉개버려야 하며, 되돌아와 우리를 괴롭힐 기회도 완전히 없애야 한다. 옛날엔 친구였으나 지금은 적으로 돌아선 사람의 경우에는 두말할 것도 없다. 숙명적 적대관계를 지배하는 법칙은 이것이다. 화해는 생각하지도 마라. 승리는 오로지 한쪽에만 돌아간다. 그러니 완전하게 승리를 거두어야 한다.

유방은 이러한 교훈을 잘 익힌 사람이었다. 농가 출신의 이 남자는 항우를 물리친 후 승승장구하여 초나라 군대의 최고 장수가 되었다. 그러고 나서는 예전의 주군이었던 초나라 왕의 세력을 짓밟고 스스로 왕위에 올랐다. 그의 길을 가로막는 사람은 누구든지 쳐부수고 중국의 가장 위대한 통치자 중 한 사람으로 역사에 그 이름을 남겼으니, 바로 한고조^{漢高祖}다.

◆   **권력의 열쇠**

적은 완전히 박살내라

"적을 완전히 박살내라"는 것은 『손자병법』을 쓴 기원전 4세기의 사상가 손자의 핵심 전략적 기조이기도 했다. 거기에 담긴 생각은 간단하다. 적이라면 당신이 잘못되길 바랄 것이며, 심지어는 당신이 없어지기를 바란다. 적들과 싸우다 중도에서 그만둔다면(심지어 4분의 3은 갔다 해도) 적들의 결의와 원한만 키우게 된다. 그들은 언젠가 복수해올 것이다. 물론 잠시 친구 행세를 할 수도 있지만, 그건 아직 그들이 힘이 없기 때문일 뿐이다. 그들은 때를 기다렸다가 당신을 칠 것이다.

이 문제를 해결할 방법은 자비심을 갖지 않는 것이다. 당신은 적군을 완전히 박살내야 한다. 결국 당신이 적에게서 평화와 안심을 바라는 방법은 단 하나, 그들이 사라지는 것뿐이다.

권력 투쟁을 벌이다 보면 경쟁자를 자극하고 적을 만들 수밖에 없다는 사실을 받아들여라. 아무리 노력해도 당신 편으로 끌어들일 수 없는 사람도 있다.

물론 여기서 중요한 것은 죽이는 게 아니라 축출이다. 세를 충분히 꺾은 뒤에 당신의 궁정에서 영원히 추방시켜버리면 적은 당신에게 아무런 해도 끼치지 못한다.

● **뒤집어보기**

이 법칙을 무시하는 경우는 거의 없어야 하지만, (여건만 허락한다면) 당신 손으로 직접 적에게 고통을 주기보다는 적이 스스로 파멸에 이르도록 하는 편이 더 바람직할 때도 있다. 예를 들어 훌륭한 장수라면 궁지에 몰린 군대를 공격했다간 병사들이 이를 악물고 달려든다는 사실을 잘 알고 있다. 따라서 적에게 도망갈 길을 열어주는 것이 더 나을 때도 있다. 퇴각하는 병사들은 기진맥진해져 종국에는 전장에서 겪은 그 어떤 패배보다 더 사기가 떨어진다. 궁지에 몰린 사람은(하지만 이때는 그 사람이 회생할 가능성이 없다는 확신이 있어야 한다) 궁지에 몰린 채로 내버려두어도 무방할 것이다. 자기 손으로 무너지게 놔두는 편이 낫다. 그러면 당신 손으로 처치했을 때보다 기분이 덜 꺼림칙할 것이다.

마지막으로 적군을 완전히 박살내다 너무 큰 원한을 산 나머지 적이 오랜 세월을 들여가며 복수의 칼날을 갈 때도 있다. 장기적으로 보면 어느 정도 아량을 베푸는 것이 더 바람직하다고 주장하는 사람도 있을 수 있다. 하지만 아량을 베풀었다가 또 다른 위험을 안게 되는 문제가 생긴다. 그러면 원한을 버리지 못하고 있는 적군에게 용기를 불어넣어 그가 행동에 나설 여지가 생긴다. 적은 완전히 박살내는 편이 거의 백이면 백 현명한 방도가 된다. 그들이 나중에 복수할 계획을 세우거든 절대 경계를 풀지 않고 있다가 다시 한번 완전히 박살내버려라.

Law

24

품격과 신비감을
높여라

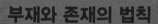

부재와 존재의 법칙

◆

유통량이 넘치면 값이 내려가는 법이다. 너무 빈번하게 등장하
면 흔해 보인다. 특정 집단에서 이미 자신의 지위를 확보했다
면, 간간이 모습을 드러내지 않는 것이 더 많은 관심과 존중을
이끌어내는 데 도움이 된다. 빠져야 할 때를 알라. 희소가치를
창출하라.

권력을 버리고도 왕이 된 남자

아시리아는 북부 아시아 지역을 수 세기 동안 철권통치로 다스렸다. 기원전 8세기에 메디아 지방(현재의 이란 북서부) 사람들이 반란을 일으켜 아시리아로부터 독립했다. 메디아인들은 새로 통치 기구를 세워야 했다. 하지만 그들은 전제정치를 혐오했기에 어느 한 사람에게 최고의 권력을 주거나 한 명의 군주를 옹립하려고 하지 않았다. 그런데 지도자가 없다 보니 나라는 금세 혼란에 빠져 소규모 왕국들로 쪼개지고 마을들은 서로 싸움을 벌이곤 했다.

어느 마을에 데이오세스^{Deioces}라는 남자가 살고 있었다. 그는 일을 공정하게 처리하고 분쟁을 잘 해결하여 이름을 떨치기 시작했다. 사람들은 분쟁이 생길 때마다 그를 찾아갔다. 그러자 그의 권력이 점차 강해졌다. 법은 이미 신망을 잃은 뒤였다. 판관들이 부패를 일삼자 사람들은 법보다는 폭력에 의지했다. 데이오세스가 지혜롭고 청렴하며 대쪽같이 공평하다는 소문이 널리 퍼지자 사방에서 사람들이 찾아와 일을 해결해달라고 맡겼다. 얼마 지나지 않아 데이오세스는 메디아 땅에서 유일한 정의의 중재인이 되었다.

자신의 권력이 정점에 오르자 데이오세스는 느닷없이 새로운 결정을 내렸다. 더 이상 판관의 자리에 앉지도 않고, 탄원도 듣지 않을 것이며, 형제간이나 마을 사이의 분쟁도 중재하지 않겠다고 선언한 것이다. 나라는 다시 혼란스러워졌다. 데이오세스 같은 강력한 중재자가 사라지자 범죄가 늘고 법을 멸시하는 풍조가 성행했다. 메디아인들은 전체 마을 회의를 열어 대책을 모색했다.

그리하여 메디아인들은 아시리아인들의 폭정 속에 살았던 아픈 역사가 있었음에도, 군주를 옹립하기로 했다. 그들은 당연히 데이오세스가 통치해주기를 바랐다. 그가 없으면 나라가 무법 상태에 빠지고 말 거라며 여러 차례 간청하자 데이오세스도 마침내 승낙했다.

데이오세스는 다음과 같은 통치 원칙을 세웠다. "왕을 알현하는 일은 금지되며, 왕에게는 전령을 통해서만 이야기할 수 있다. 왕궁 사람 그 누구도 일주일에 한 번 이상은 왕을 볼 수 없으며, 그때도 반드시 허락이 있어야 한다."

데이오세스는 53년 동안 메디아 왕국을 통치했으며 영토를 확장했다. 이는 그의 5세손인 키루스^{Cyrus}가 페르시아 제국을 세우는 토대가 되었다. 데이오세스에 대한 백성들의 존경심은 서서히 숭배로 변해갔다. 사람들은 그를 유한한 목숨을 가진 인간이 아니라 신의 아들로까지 생각하게 된 것이다.

데이오세스는 커다란 야망을 품었던 사람이다. 그는 사람들이 강한 통치자를 필요로 할 것이고, 자신이 적임자임을 일찍부터 단정하고 있었다.

무질서가 횡행하는 나라에서는 판관이자 중재자가 권력을 손에 쥐게 된다. 그래서 데이오세스는 흠잡을 데 없이 공평무사한 사람이라는 명성으로 자신의 이력을 쌓아나간 것이다.

하지만 판관으로서 권력의 정점에 다다랐을 때 데이오세스는 부재와 존재의 법칙이 지닌 진실을 깨닫게 된다. 너무 많은 의뢰인을 위해 일하다 보니, 누구나 접하기 쉬운 사람이 되어 옛날에 받았던 존경을 잃고 만 것이다. 사람들은 그가 하는 일을 당연하게 생각했다. 자신이 원하는 존경과 권력을 다시 손에 넣을 방법은 오로지 하나, 현재의 자리에서 내려와 메디아인들에게 자신이 없는 삶이 어떤지 맛보게 하는 것이었다. 그가 예상했던 대로 사람들은 그에게 왕이 되어달라고 간청해왔다.

헤로도토스는 이런 글을 남기기도 했다. "사람들이 일상적으로 그를 볼 수 있다면 질시와 원한을 사게 되고 음모가 일어날 위험이 있었다. 하지만 아무도 그를 보지 못하게 되면 그를 둘러싼 전설이 점점 자라나 그는 단순한 인간과는 격이 다른 존재가 될 것이었다."

품격과 신비감을 높여라

세상의 모든 것은 부재와 존재의 법칙을 어떻게 활용하느냐에 달려 있다. 존재감이 강력하면 당신은 권력을 얻고 관심을 받을 수 있다. 당신이 주위 사람들보다 밝게 빛나기 때문이다. 하지만 존재감이 지나치게 커지면 어느 순간 정반대의 효과가 생긴다. 사람들 눈에 뜨이거나 입에 오르내리는 횟수가 늘어날수록, 당신의 가치는 떨어진다. 당신은 일상적인 존재가 되는 것이다. 그러니 사람들이 당신을 밀어내기 전에, 당신 스스로 제때 모습을 감추어야 한다. 일종의 숨바꼭질인 셈이다.

이 법칙에 담긴 진실은 특히 사랑과 유혹의 문제에서 더욱 강력하게 작용한다. 연애를 처음 시작할 때는 그 사람 주위에 광채를 만들어내게 된다. 하지만 상대방에 대해 너무 많이 알게 되면 이 광채도 사라져버린다. 상상력의 날개를 펼 여지가 더 이상 없기 때문이다.

당신을 남들과 똑같이 대하도록 허락한 순간, 때는 이미 늦었다. 이러한 사태를 막으려면 남들이 당신의 존재를 애타게 찾게 해야 한다. 사람들에게 당신을 영원히 잃을 수도 있다는 위협을 주어 억지로라도 존경심을 얻어내라. 존재와 부재가 교차하는 패턴을 만들어내는 것이다.

나폴레옹도 부재와 존재의 법칙을 잘 인지하고 있었다. 그는 이렇게 말했다. "극장에 모습을 너무 자주 보이면 사람들은 더 이상 내게 눈길을 주지 않을 것이다."

한편 이 법칙보다 일상적이면서도 그 안의 진실을 훨씬 잘 드러내주는 법칙이 있는데, 바로 경제학에서 말하는 희소성의 법칙이다. 시장에서 희소성은 가치를 창출한다. 희소성의 법칙을 당신 자신의 기술에까지 확장해 적용시켜라. 당신이 하는 일을 귀하고 찾기 어려운 것으로 만들면, 곧바로 그 일의 가치를 높일 수 있다.

● **뒤집어보기**

이 법칙은 일정 수준의 권력을 손을 넣었을 때만 적용된다. 모습을 감추어야 할 필요성은 당신의 존재감이 확실히 자리 잡은 후에야 생기기 때문이다. 너무 일찍 모습을 감췄다간 사람들에게서 잊혀질 뿐이다. 유념하라. 처음에는 자신을 보기 힘든 존재가 아닌, 어디서나 볼 수 있는 사람으로 만들어야 한다. 오로지 자꾸 보고 알게 되어 사랑하게 된 것만이 없어졌을 때 그리움을 불러일으키는 법이다.

Law
25

예측 불가능한 인물이라는
평판을 쌓아라

심리 교란

사람은 습관의 동물이기 때문에 다른 사람의 행동에서도 익숙한 면을 보고자 하는 욕구가 있다. 만약 당신이 늘 예측할 수 있게 움직인다면 상대는 당신을 통제할 수 있다고 생각한다. 따라서 종종 고의로 예측 불가능하게 움직일 필요가 있다. 일관성이 없거나 의도를 알 수 없는 행동방식을 보여주면 사람들은 불안감을 느끼게 되고, 그것을 해석하느라 기력을 소진하게 된다. 이 전략을 극단적으로 밀고 나가면, 사람들은 당신에게 위협과 공포를 느낄 것이다.

법칙 준수 사례

체스 세계 챔피언의 끔찍한 패배

1972년 5월 아이슬란드의 레이캬비크에서 체스 세계 챔피언 보리스 스파스키Boris Spassky는 초조하게 그의 라이벌인 보비 피셔Bobby Fischer를 기다리고 있었다. 세계 체스 선수권 대회를 앞두고 두 사람이 공식 대면을 하는 날이었다. 그런데 피셔가 아직 도착하지 않은 것이다. 그간 피셔는 상금의 액수와 배분 방식, 그리고 시합 장소가 아이슬란드라는 것에도 불만을 토로해왔다. 그는 이 시합을 원하지 않는 것 같았다. 스파스키는 조급해하지 않으려고 노력했다. 그는 이 경기를 원했고, 피셔를 이길 자신이 있었다.

이날 피셔는 아주 늦게 나타났고, '세기의 경기'가 열리는 당일에도 지각을 했다. 피셔의 이런 돌출 행동은 치명적인 결과를 초래할 수도 있었다. 조금만 더 늦었더라면 기권패를 당하게 되기 때문이다. 경기장에 모인 체스 그랜드 마스터들이나 스파스키에게 이 풋내기의 행동은 신경과민으로 보였다. 5시 9분, 피셔는 경기가 취소되기 정확히 1분 전에 경기장에 도착했다.

체스 토너먼트에서 첫 번째 경기는 두 선수가 전투를 준비하며 상대방의 전략을 읽기 위해 고요하고 느리게 싸움을 벌이는 경우가 일반적이었다. 하지만 이 게임에서는 양상이 달랐다. 피셔는 초반부터 끔찍한 수를 두었다. 스파스키가 그를 궁지에 몰아넣자 피셔는 마치 포기하는 사람처럼 보이기도 했다. 그러다 돌연 과감한 수를 두기도 했다. 스파스키도 순간 당황했지만 곧 평정심을 회복하고 결국 승리를 해냈다. 이때 피셔가 무엇을 염두에 두고 있는지 파악한 사람은 아무도 없었다.

그는 두 번째 경기에도 지각을 했다. 이번에는 대회운영위원회도 봐주지 않았다. 그는 기권패를 당했다. 이제 그는 2 대 0으로 불리해졌다. 이 정도로 불리한 상황을 극복하고 세계 챔피언이 된 사람은 없었다. 사람들은 피셔가 평정을 잃었다고 생각했다.

하지만 세 번째 경기에서 그는 완전히 다른 모습을 보였다. 그의 눈에서는 맹렬한 기세가 발산됐고, 그런 기세는 스파스키를 당황하게 만들었다. 게다가 실수로 보이는 수를 두고도 대단히 자신만만해 보였다. 우쭐거리는 태도 때문에 스파스키는 함정일지도 모른다고 생각했지만 무엇이 함정인지를 정확히 짚어낼 수 없었다. 그가 상황을 파악하기도 전에 피셔가 먼저 외통수를 날렸다. 경기는 피셔의 승리로 끝났다. 그러자 피셔는 자리를 박차고 일어나 동료들을 향해 외쳤다. "내가 힘으로 그를 뭉개버렸어!"

다음 경기에서 피셔는 지금까지 보여준 적이 없는 수를 들고 나왔다. 이제 스파스키가 실수를 하기 시작했다. 여섯 번째 게임마저 지자 스파스키는 아예 울기 시작했다. 여덟 번째 게임이 끝났을 때 스파스키는 피셔가 그에게 최면을 걸고 있다고 생각했다. 그는 피셔와 눈을 마주치지 않기로 결심했다. 그래도 그는 졌다.

열네 번째 게임이 끝난 후, 스파스키는 경기 중 두 사람이 마시는 오렌지주스에 약물이 주입된 건 아닌지 의심했다. 마침내 스파스키는 피셔의 팀이 그의 정신을 혼란스럽게 만들기 위해 의자에 무언가를 설치한 것 같다고 항의하기에 이르렀다. 이에 운영위원회에서는 스파스키와 피셔의 의자를 모두 분해해보기도 했다.

스파스키는 계속 경기에 집중하려고 노력했지만, 그의 정신은 갈피를 잡지 못했다. 9월 2일, 결국 스파스키는 대회를 포기했다. 그리고 그 패배 이후 그는 다시는 재기하지 못했다.

● **해석**

스파스키는 피셔를 매번 이기곤 했다. 이는 스파스키가 훨씬 더 많은 수를 내다보았기 때문이다. 동시에 스파스키는 심리전의 대가로서 절대 평정을 잃는 법이 없었다. 체스 마스터 중 한 사람은 이렇게 말했다. "그는 단순히 최고의 수를 추구하는 것이 아니다. 그는 상대의 마음을 교란시키는 수를 추구한다."

피셔는 스파스키가 상대방의 행동을 예측하고 거기에 맞는 대응을 함으로써 게임을 승리로 이끈다는 사실을 알았다. 이에 피셔는 스파스키를 심리적 불균형 상태에 빠뜨리는 데 집중했다. 피서가 경기에 늦게 나타나자 스파스키는 평정심을 잃었다. 무엇보다도 가장 효과적이었던 시도는 의도적인 실수와 마치 명확한 전략을 갖고 있지 않은 것처럼 꾸민 것이었다. 그는 자신의 행동 유형을 마구 헤집어놓음으로써 상대가 자신을 예측할 수 없게 했다. 설령 그것을 위해 첫 번째와 두 번째 경기에서 연달아 패배한다 해도 상관하지 않았다.

인생에서 그렇듯이 체스에서도 상대가 우리의 다음 행동을 예측할 수 없을 때, 그들은 공포에 사로잡히게 된다.

◆

예측 불가능한 인물이라는 평판을 쌓아라

돌발적인 일이나 예측하지 못했던 일보다 더 두려운 것은 없다. 우리가 지진이나 토네이도에 겁을 먹는 이유가 거기에 있다. 동물들은 정해진 유형에 따라 행동한다. 인간이 동물을 사냥하고 죽이는 것이 가능한 이유다. 오로지 인간만이 의도적으로 자신의 행동을 수정하고, 임기응변하며, 규칙과 습관의 무게를 극복할 수 있는 역량을 갖고 있다. 하지만 대부분 사람은 정해진 일과, 즉 동물적 본성을 따르는 편안함을 선호하여 같은 행동을 반복한다.

의도적으로 주변 사람들을 동요시키는 방법은 예측하지 못했던 일을 일으키는 것이다. 관계에서도 두려움을 주입하는 능력이 있는 자가 주도권을 쥐게 된다. 때때로 우리는 상대가 전혀 예상치 못한 순간 타격을 가함으로써 그를 흔들어줄 필요가 있다. 사람들은 언제나 당신의 행동 속에 내포된 동기를 읽으려고 애쓰며 예측 가능성을 자신에게 유리하게 이용하려고 한다. 따라서 전혀 예측할 수 없는 행동을 하면 전세를 역전시킬 수 있다. 당신을 이해할 수 없을 때 그들은 자신감을 잃게 되고, 그와 같은 상황에서는 당신이 그들을 위협할 수 있다.

●   **뒤집어보기**

때로는 예측 가능성이 유리하게 작용하기도 한다. 사람들은 당신에 대해 기존에 이해해왔던 방식대로 모든 상황을 대비한다. 당신은 그런 상황을 이용할 수 있다. 그것은 연막이나 손쉬운 방패막이가 되어주기 때문에 당신은 그 뒤에 숨어 양동작전을 수행할 수 있다. 또한 그것은 완전히 유형에 어긋나는 행동을 보여줄 수 있는 흔치 않은 기회를 제공한다. 상대방은 너무나 당황한 나머지 당신이 전혀 손쓰지 않아도 스스로 나락으로 떨어질 수 있다.

예측 불가능성은 때때로 당신에게 불리하게 작용할 수 있다. 특히 하급자의 위치에 있을 때 그렇다. 그런 경우에는 차라리 예측대로 행동하여 주변 사람들에게 편안하고 안정적인 기분을 느끼게 하는 것이 낫다. 과도한 예측 불가능성은 우유부단의 신호, 혹은 정신적 문제로 간주될 수 있다.

Law
26

자신만의 요새를
짓지 마라

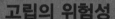

고립의 위험성

세상은 위험하고 적들은 사방에 득실거린다. 모두가 스스로를
보호해야 한다. 요새를 지으면 안전할 것으로 생각한다. 그러
나 고립은 보호를 제공하는 것 이상으로 큰 위험을 안겨준다.
고립되면 귀중한 정보로부터 단절될 뿐 아니라 눈에 잘 띄어
손쉬운 목표물이 될 수 있다. 사람들 속에 뒤섞여 동맹을 구하
고 어울리는 편이 낫다. 군중을 방패막이로 삼으라는 뜻이다.

스스로를 가둬버린 진시황

중국 최초의 황제인 진시황(재위 기원전 221~210)은 당시 가장 강력한 인물이었다. 그의 제국은 알렉산드로스 대왕의 제국보다 훨씬 크고 강력했다. 그는 주변의 나라들을 모두 정복하여 거대한 단일 영역, 중국으로 통합시켰다. 하지만 말년에는 극소수의 사람만이 간신히 그의 모습을 볼 수 있었다.

황제는 수도 함양에 웅장한 궁전을 짓고 그 안에서 살았다. 궁전에는 270개의 전각이 있었고 모두 비밀 지하통로로 연결되어 있었다. 황제는 누구의 눈에도 띄지 않고 궁전 안을 이동할 수 있었다. 그는 매일 밤 숙소를 옮겨가며 잠을 잤으며, 우연하게라도 그를 본 자는 즉시 목을 베었다. 오로지 몇 사람만이 그의 거처를 알고 있었고 혹 그의 거처를 발설하는 이는 죽임을 당했다.

황제는 사람과 접촉하는 것을 너무나 두려워한 나머지 궁을 나설 때는 철저하게 변장을 했다. 그는 지방을 시찰하던 중 갑자기 사망했다. 그의 시신은 황제의 어가에 실려 수도로 이송됐다.

시체 썩는 냄새를 감추기 위해 소금에 절인 생선을 실은 마차가 그 뒤를 따랐다. 그의 죽음을 알리지 않기 위해서였다. 그는 황후와 가족, 친구들, 근신들을 멀리한 채 외로운 죽음을 맞았으며, 오로지 한 명의 관료와 소수의 내시만이 그의 임종을 지켰다.

● **해석**

진나라의 왕으로 있을 때 그는 끝없는 야망과 두려움을 모르는 용기를 지닌 전사였다. 동시대의 저자들은 그를 "말벌 같은 코와 길게 째진 눈, 자칼과 같은 목소리, 호랑이나 늑대의 심장"을 가진 인물로 묘사했다. 그는 때때로 자비를 보이기도 했지만 대부분은 "아무런 거리낌 없이 사람을 죽였다." 책략과 폭력을 통해 그는 주변 제후국들을 정복해 중국을 통일함으로써 단일 국가와 단일 문화를 형성했다.

　하지만 이와 같은 통합의 일부로서, 시황제는 공자의 저술과 사상을 불법으로 간주했다. 공자의 사상은 이미 중국 문화에서 종교나 다름없는 지위를 차지하고 있었다. 하지만 진시황은 공자와 관련된 수천 권의 책을 불에 태우도록 명령했다. 공자를 언급하는 자는 누구를 막론하고 사형을 당했다. 이런 조치로 인해 황제에게는 많은 적이 생겼다. 그래서 황제는 늘 암살을 당할지도 모른다고 두려워했는데, 날이 갈수록 편집증에 가까워졌다. 처형당하는 자가 점점 늘어났다. 동시대의 저술가인 한비자는 이렇게 논평했다. "진은 4대에 걸쳐 승리를 거두었지만, 여전히 끊임없는 공포와 멸망에 대한 불안감 속에 살고 있다."

황제는 궁궐 안으로 점점 더 깊숙이 모습을 감추었다. 제국에 대한 통제력도 서서히 잃어갔다. 내시와 간신들이 마음대로 국가 정책을 집행했다. 황제의 의사에 반대하는 음모를 꾸미기도 했다. 결국 시황제는 이름뿐인 황제로 전락했다. 너무나 고립된 나머지 그의 죽음도 거의 알려지지 않았다. 어쩌면 그는 자신의 고립을 부추긴 간신들에게 독살을 당했을지도 모른다.

바로 이것이 고립으로 초래되는 결과다. 요새 안에 몸을 숨기면 권력의 원천과도 단절된다. 밖에서 무슨 일이 벌어지고 있는지 전혀 알 수도 없고 균형 감각도 잃게 된다. 안전해지기는커녕, 자신의 생명이 달린 정보로부터 차단되는 것이다. 사람들에게 너무 멀리 떨어지지 마라. 당신을 목표로 삼은 음모를 포함하여, 주변의 정보를 들을 수 없는 상황에 빠지면 당신 목숨이 위험할 수 있다.

◆

자신만의 요새를 짓지 마라

마키아벨리는 군사적 관점에서 따지면 요새는 실책이라고 주장했다. 그것은 전력의 고립을 의미하며, 적에게 손쉬운 표적이 된다. 요새는 자신을 보호하기 위한 것이지만, 실제로는 외부의 도움을 차단하고 유연성을 떨어뜨린다. 요새가 난공불락으로 보일지 모르지만, 일단 그 속으로 물러나면, 모든 사람에게 자신이 있는 곳을 노출하게 된다. 따라서 적이 요새를 포위공격하지 않아도 감옥에 갇힌 신세나 마찬가지가 된다.

인간은 본성적으로 사회적 동물이기 때문에, 권력은 사회적 상호작용과 순환에 의지한다. 권력을 공고히 하려면 상황의 중심을 차지해야 한다. 모든 활동이 당신을 중심으로 돌아가도록 해야 한다. 또한 거리에서 벌어지는 일과 음모를 꾸밀 가능성이 있는 모든 사람에 대해 알고 있어야 한다. 사람들 대부분은 위협을 느낄 때 뒤로 물러서 진영을 결속시키며 일종의 요새와 같은 곳에서 안전을 도모한다. 그 결과 점점 더 작은 집단에게 정보를 의지하게 되며, 결국 주변에서 벌어지는 사건에 대한 판단력을 상실하게 된다. 그들은 기동성이 떨어져 손쉬운 표적이 되며, 스스로 초래한 고립으로 인해 편집증에 빠지게 된다. 전쟁이나 대부분의 권모술수의 게임에서 고립은 종종 패배와 죽음의 전주곡이 된다.

권력이란 인간의 창조물이기 때문에, 필연적으로 그것은 다른 사람들과의 접촉을 통해 강화된다. 자기만의 사고방식에 빠지지 말고 세상을 다음과 같은 관점으로 보라. 당신은 이 집단과 저 집단을 유연하게 드나들며, 서로 다른 유형들과 뒤섞일 필요가 있다. 그와 같은 기동성과 사회적 접촉을 통해 음모자들은 당신에게 아무것도 숨길 수 없게 되며, 당신을 동맹으로부터 분리할 수도 없게 된다. 그것이 결국 당신을 보호해준다.

고립을 선택하는 행위가 옳거나 적절한 경우는 거의 없다. 밖에서 무슨 일이 벌어지고 있는지 귀를 기울이지 않고는 자신을 보호할 수 없다. 지속적인 대인 접촉으로 기능을 촉진할 수 없는 유일한 것이 있다면 바로 사고력이다. 사람들과 떨어져 혼자 있는 시간이 너무 부족하면 주변에서 벌어지는 일에 대해 명확히 사고할 수 없게 된다. 그런 경우에는 임시방편으로 고립을 택하는 것이 좋다. 균형 있는 시각을 회복하는 데 도움이 되기 때문이다.

　하지만 고립이 길어지면 온갖 종류의 낯설고 비정상적인 사고를 낳을 위험이 있다. 더 큰 그림을 그릴 수도 있지만, 자신의 한계에 대한 감각을 잃을 수 있기 때문이다. 또한 오래 고립되다 보면 스스로 거기에서 벗어나고 싶어도 고립을 끊고 나오기가 어려워진다. 당신이 알아차리지 못하는 사이에 더욱 깊은 나락 속으로 끌려 들어간다. 따라서 생각할 시간이 필요한 경우에는 마지막 수단으로 고립을 택하되, 짧은 기간만 그 처방을 사용해야 한다. 그리고 언제든 사회로 복귀하는 길을 열어두어야 한다.

Law
27

어느 누구에게도
헌신하지 마라

관계의 기술

서둘러 편을 드는 사람은 바보다. 어느 한쪽이나 대의명분에
헌신하지 마라. 오직 당신 자신에게 헌신하라. 독립을 유지함
으로써 무리의 주인이 될 수도 있다. 자기들끼리 싸우게 하고,
결국 당신을 따르게 만들어라.

엘리자베스 1세의 결혼 정책

1558년, 엘리자베스 1세가 잉글랜드의 왕위에 올랐을 때, 여왕의 배우자를 찾는 문제가 온 나라의 관심사로 떠올랐다. 여왕의 배필로 손색이 없는 후보자들이 경쟁을 벌였다. 그러나 그녀는 구혼자들을 뿌리치지도 않았고 그렇다고 서두르지도 않았다. 1566년, 의회는 엘리자베스 여왕에게 더 나이가 들기 전에 결혼하여 후계자를 낳아달라고 간청했다. 여왕은 그들과 논쟁하지도 않았고 반대 의사를 표명하지도 않았다.

엘리자베스 여왕이 이처럼 구혼자들을 상대로 미묘한 게임을 벌이자 그녀는 남자들의 성적 환상과 숭배의 대상이 되어갔다. 그녀는 '세계의 여제' 또는 '저 정결한 처녀좌'로 불렸는데, 그것은 그녀가 세계를 지배하고 별들을 움직이게 한다는 의미였다. 그녀는 구혼자들의 관심을 계속 자극하면서 동시에 그들과 일정한 거리를 유지했다.

유럽 전역의 왕과 공작들은 엘리자베스 여왕과의 결혼이 양국의 동맹을 보증해줄 것이라는 사실을 알고 있었다. 그래서 스페인 국왕과 스웨덴의 공작, 오스트리아의 대공이 성혼을 시도했다. 그러나 여왕은 정중하게 그들의 구애를 모두 거절했다.

당시 잉글랜드에서는 스페인 영토였던 플랑드르와 네덜란드의 반란이 중요한 외교적 현안이었다. 잉글랜드는 스페인과 동맹을 깨고 프랑스를 유럽 대륙의 주요 동맹으로 택함으로써, 플랑드르와 네덜란드의 독립을 부추겨야 할 것인가? 1570년이 되자 프랑스와의 동맹이 가장 현명한 방책으로 보였다. 프랑스에는 결혼 상대로 적합한 두 명의 귀족이 있었다. 앙주 공작과 알랑송 공작으로, 둘 다 프랑스 국왕의 동생이었다. 양쪽 모두 장점이 있었고, 엘리자베스 여왕은 두 사람 모두 희망의 끈을 놓지 않게 했다.

결혼 문제는 해를 거듭해 계속 화제만 들끓었다. 앙주 공작은 여러 차례 잉글랜드를 방문해 대중들 앞에서 여왕에게 키스를 했고, 그녀를 애칭으로 부르기까지 했다. 여왕도 그의 애정에 답하는 것처럼 보였다. 이렇게 그녀가 두 형제와 연애 행각을 벌이는 동안 영국과 프랑스 사이에 조약이 체결되었다. 1582년에 여왕은 구혼자들로부터 벗어나도 되겠다고 판단했다. 여왕은 단지 외교 문제 때문에 도저히 참아줄 수 없는 남자의 구애를 견뎌내고 있었던 것이다. 일단 프랑스와 잉글랜드 사이의 평화가 확보되자, 여왕은 간살스러운 공작을 정중하게 거절했다.

이 무렵부터는 여왕도 나이가 들어 아이를 가질 수 없게 됐다. 그녀는 남은 생애를 자유롭게 살다가 처녀 왕으로 생을 마감했다.

여왕은 비록 후계자를 낳지 못했지만, 평화롭고 문화적으로도 풍요로운 시대를 유지할 수 있었다.

● **해석**

엘리자베스 여왕이 결혼하지 않은 데는 이유가 있었다. 그녀는 사촌인 스코틀랜드 메리 여왕의 실수를 직접 보았던 것이다. 여자가 통치하는 것을 받아들일 수 없었던 스코틀랜드인들은 메리가 결혼하기를, 그것도 현명하게 결혼하기를 바랐다. 국민은 외국인과 결혼하는 것은 바라지 않았다. 또 특정 귀족 가문과 결혼하면 끔찍한 대립 관계가 촉발될 위험이 있었다. 결국 메리는 같은 가톨릭교도인 단리 경을 선택했다. 그러자 스코틀랜드 개신교도들이 반발하면서 혼란스러운 사건들이 연이어 발생했다.

엘리자베스는 결혼이 자신을 파멸시킬 수도 있다는 사실을 알고 있었다. 결혼은 자신을 하나의 파벌이나 국가에 얽매이게 할 것이다. 분쟁이 일어나 여왕을 몰락시키거나 아니면 무익한 전쟁에 휘말릴 수도 있었다. 또한 단리가 메리를 권좌에서 제거하려고 했듯이 여왕의 남편이 실질적인 통치자가 되어 여왕을 제거할지도 몰랐다. 엘리자베스는 통치자로서 두 가지 목표를 갖고 있었다. 결혼하지 않는 것과 전쟁을 피하는 것이었다. 엘리자베스는 동맹관계를 구축하기 위해 결혼이라는 미끼를 계속 흔들어댐으로써 두 가지 목표를 달성했다.

어느 누구에게도 헌신하지 마라

권력을 유지하려면 이미지를 강화하는 기술을 배워야 한다. 특정 개인이나 집단에 구속되지 않는 것이 그런 기술 중 하나다. 당신이 한 걸음 뒤로 물러서 있을 때, 상대는 당신에게 존중에 가까운 감정을 느낀다. 그 순간부터 당신은 강력한 존재로 보이게 되는데, 이는 대부분 사람과 달리 집단이나 관계에 굴복하지 않고 누구에게도 붙잡히지 않을 만큼 거리를 유지하기 때문이다. 이런 식의 권력의 후광은 시간이 지날수록 점점 더 강력해진다. 당신의 독립성에 대한 명성이 높아질수록 더 많은 사람이 당신을 갈망하게 된다. 갈망은 전염병과 같다. 남들이 갈망하는 사람은 더 매력적으로 보인다.

당신이 한쪽을 향해 서약하는 순간, 마법은 사라진다. 당신은 여느 사람들과 다를 바 없는 평범한 존재가 된다. 사람들은 온갖 수단을 동원해 당신을 자기편으로 끌어들이려 한다. 선물을 주고 온갖 호의를 베풀며 자신에게 구속시키려고 할 것이다. 그들의 배려를 장려하고 관심을 촉구하라. 하지만 절대 서약은 하지 마라.

하지만 기억하라. 목표는 사람들을 멀리하는 것이 아니라 그저 마음을 정하기 어려워하는 것처럼 보이는 것이다. 엘리자베스 여왕의 경우처럼, 당신은 냄비 속을 휘저으며 흥분 상태를 유발하고, 그들의 기대감을 빼앗지 말고 사람들이 몰려들게 해야 한다.

때로는 사람들의 관심에 마음을 쏟아야 할 때도 있다. 하지만 너무 멀리 나가서는 안 된다. 냉담한 태도를 유지하라. 그러면 사람들이 당신을 찾아올 것이다. 그들에게는 당신의 관심을 따내는 일이 도전 과제가 될 것이다. 당신이 구애자들의 희망을 계속 자극하는 한, 당신은 관심과 욕망을 끌어들이는 힘을 계속 유지하게 될 것이다.

● **뒤집어보기**

이 법칙을 너무 멀리까지 추구할 경우 오히려 역효과가 날 수도 있다. 이 게임은 너무나 민감하고 까다롭다. 너무 많은 도당을 부추겨 서로 반목하게 할 경우, 그들은 당신의 속셈을 꿰뚫어 보고 모두가 합세하여 당신을 상대하게 될 것이다. 구애자들을 너무 오래 기다리게 할 경우, 당신은 갈망이 아니라 불신을 부추기게 될 것이다. 그리고 사람들은 흥미를 잃게 된다. 결국 당신은 현상을 유지하는 것보다는 한쪽에 헌신하는 게 더 낫다는 판단을 내리게 될지도 모른다. 외형적으로나마 당신도 애정을 줄 수 있는 사람임을 입증하는 게 가치 있는 일이라고 판단될 때 말이다. 그런 상황에도 내적 독립성을 잃지 않도록 해야 한다. 감정에 휩쓸리지 않도록 마음을 다스려라.

Law
28

완벽한
궁정 신하가 되어라

우회 조종술

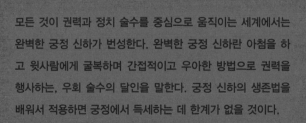

모든 것이 권력과 정치 술수를 중심으로 움직이는 세계에서는
완벽한 궁정 신하가 번성한다. 완벽한 궁정 신하란 아첨을 하
고 윗사람에게 굴복하며 간접적이고 우아한 방법으로 권력을
행사하는, 우회 술수의 달인을 말한다. 궁정 신하의 생존법을
배워서 적용하면 궁정에서 득세하는 데 한계가 없을 것이다.

궁정 신하들로부터 배울 수 있는 교훈

궁정의 사회구조는 권력을 중심으로 형성된다. 인간 본성의 실상을 여실히 드러내는 예가 아닐 수 없다. 과거 궁정사회는 지배자를 중심으로 형성되었다. 지배자를 즐겁게 하는 일 외에도, 궁정은 왕족과 귀족, 상류계급의 위계질서를 구체화하고 귀족들을 통치자 곁에 예속시켜두고 감시하는 방편이었다. 궁정은 통치자를 찬양하고, 그를 기쁘게 하려고 경쟁을 벌이는 일종의 소우주였다.

궁정 신하가 되는 것은 위험한 도박을 하는 것과 같았다. 궁정 신하는 외줄타기를 하듯 신중하게 움직이고, 아첨하되 지나치지 말아야 했으며, 통치자에게 복종하면서도 다른 궁정 신하들보다 뛰어나야 했고, 그렇다고 지배자의 지위를 불안하게 만들 정도로 뛰어난 면모를 보여서는 안 되었다.

역사적으로 위대한 궁정 신하들은 사람들을 조종하는 데 달인이었다. 그들은 왕이 스스로 존엄한 존재라고 느끼게 하면서 다른 사람들은 그들의 권력을 두려워하게 만들었다. 그들은 표정 관리의 마술사였다. 위대한 궁정 신하들은 기품 있고 정중했으며, 자신의 공격성을 베일 속에 감춘 채 간접적인 경로를 취했다. 또한 그들은 언어의 달인이었다. 필요 이상의 말을 하지 않았으며, 한마디의 칭찬이나 은근한 모욕을 최대로 활용했다. 그들은 즐거움의 원천이었다. 사람들은 그들을 가까이하고 싶어 했는데, 그것은 그들이 다른 사람을 즐겁게 하면서도 아첨하거나 자신을 비하하지 않았기 때문이다.

오늘날 사람들은 궁정 생활을 과거의 잔재나 역사적 호기심의 대상 정도로 치부한다. 오늘날 왕실의 궁정은 거의 사라졌지만 궁정과 궁정 신하의 세계는 여전히 존재한다. 권력은 결코 사라지지 않기 때문이다. 궁정의 정치를 지배했던 법칙들은 권력의 법칙만큼이나 시대를 초월한다. 따라서 과거와 현재의 위대한 궁정 신하들로부터 배울 수 있는 교훈들은 아직도 무궁무진하다.

◆   **궁정 사회의 법칙**

궁정 정치학의 법칙

과시하지 마라

자신에 대해서 떠벌리거나 주위의 과도한 관심을 끄는 행동은 결코 현명한 처사가 아니다. 자신의 행위에 대해 거듭 떠들수록 사람들은 그 말의 진실성을 의심하게 된다. 당신은 또한 동료들의 질투심을 유발해 뒤통수를 얻어맞게 될 것이다. 자신의 업적을 말할 때는 신중하고 또 신중해야 한다. 자신에 대해서는 말을 아끼고 다른 사람에 관해 이야기하라. 사람들은 대개 겸손한 자를 좋아한다.

태연한 자세를 생활화하라

너무 열심히 일한다는 인상을 주지 마라. 재능이 자연스럽게 흘러넘치는 것처럼 보여서 일 중독자가 아닌 천재처럼 보여야 한다. 상당한 노력을 들여야 했던 일도 겉으로는 쉽게 이루어진 것처럼 보이도록 하라. 사람들은 당신의 땀과 노고를 보고 싶어 하지 않는다.

아첨을 아껴라

상사한테는 아무리 아첨을 해도 부족하게 느껴질지도 모른다. 하지만 좋은 것도 넘치면 가치를 잃는 법이다. 또한 아첨을 너무 많이 하면 동료들의 미움을 산다. 간접적으로 아첨하는 방법을 배워라. 예를 들어, 당신의 기여도를 낮게 평가하면 상사의 공적을 더욱 부각시킬 수 있다.

주목받을 수 있도록 준비하라

여기에는 자기모순이 존재한다. 너무 뻔뻔스럽게 자신을 과시하지 않으면서 어쨌든 주목을 받아야 하기 때문이다. 무리 속에서 지배자의 눈에 띄지 못하면, 신분 상승은 결코 꿈꿀 수 없다. 여기에는 상당한 기술이 필요하다. 처음에는 말 그대로 어떻게 보이느냐에 달려 있다. 우선 자신의 외모에 관심을 가져야 한다. 이어서 '미묘하게' 독특한 스타일과 이미지를 창조해야 한다.

상대에 따라 말과 행동을 달리하라

지위에 상관없이 모든 사람을 똑같은 말과 행동으로 대하는 것이 문명인의 태도라는 믿음은 끔찍한 오해다. 당신보다 지위가 낮은 자는 그것을 겸손한 척하는 오만의 한 형태로 간주할 것이다. 반면 당신보다 지위가 높은 사람은 자신에 대한 공격으로 간주할 것이다. 따라서 사람에 따라 말투와 표현을 바꾸어야 한다. 말투와 표현을 바꾸는 것은 거짓을 행하는 것이 아니라 다만 행동을 바꾸는 것뿐이다.

나쁜 소식은 다른 사람이 전하게 하라

왕은 나쁜 소식을 가져온 전령을 죽일 수도 있다. 당신은 나쁜 소식의 전달자가 되어서는 안 된다. 대신 다른 동료가 그 일을 맡도록 하고, 필요하다면 거짓과 속임수도 마다하지 마라. 오로지 좋은 소식만 전하는 사람이 되어라. 그러면 당신이 찾아오는 것을 기뻐하게 될 것이다.

주인에게 우정이나 친밀감을 보이지 마라

주인은 당신을 부하로 원하지 친구로 원하지 않는다. 절대 그에게 편안하고 친근한 태도로 접근하거나 그와 사이가 대단히 좋은 것처럼 굴지 마라. 그것은 주인만의 특권이다. 주인과의 거리를 분명하게 유지하라.

윗사람을 절대 직접적으로 비판하지 마라

너무나 당연한 사실로 보이지만 때로는 약간의 비평이 필요할 때도 있다. 아무런 말도 하지 않거나 아무런 조언도 제공하지 않다 보면 다른 위험을 초래할 수도 있기 때문이다. 그러나 이때도 조언이나 비판은 우회적이고 예의 바른 태도로 전달해야 한다. 두 번 세 번 생각하라. 미묘하고 온건하게 표현하라.

상사의 호의를 바라지 마라

상사는 누군가의 요청을 거부해야 하는 것을 못 견딘다. 죄의식과 분노를 자극하기 때문이다. 따라서 상사에게 호의를 요구하지 마라. 그리고 언제 멈춰야 하는지를 잘 파악하라. 단순히 부탁하기보다는 뭔가 가치 있는 행동을 함으로써, 상사의 호의를 자연스럽게 이끌어내야 한다. 다른 사람, 특히 친구를 대신해 호의를 요구하는 것은 더더욱 안 된다.

외모나 취향을 조롱하지 마라

위트와 유머는 궁정 신하의 필수적인 자질이다. 하지만 절대 피해야 할 것이 있는데 바로 외모와 취향에 대한 농담이다. 특히 윗사람에 대해서는 삼가야 한다. 심지어 그들이 없는 자리에서도 그런 농담을 꺼내선 안 된다. 그것은 스스로 무덤을 파는 행위다.

냉소주의자가 되지 마라

다른 사람의 성과에 대해 존경을 표하라. 매번 냉소적인 의견을 내놓으면 사람들의 화를 돋우게 된다. 다른 사람의 업적에 대해 격의 없는 존경심을 표하라. 그러면 그들도 당신의 일에 긍정적인 반응을 보여줄 것이다.

자신을 관찰하라

거울은 기적의 발명품이다. 만일 거울이 없다면 우리는 아름다움과 품위를 지키는 데 어려움을 겪었을 것이다. 우리는 또한 자신의 행동을 비추어볼 수 있는 거울이 필요하다. 다른 사람이 당신에 관해 이야기해줄 수도 있지만 신뢰할 만한 방법은 아니다. 자기 자신이 거울이 되어야 한다. 마치 다른 사람이 나를 보듯이 객관적으로 나를 볼 수 있도록 두뇌를 훈련하라. 그러면 수많은 실수를 줄일 수 있을 것이다.

자기 감정의 주인이 되어라

당신은 연극배우처럼 마음먹기에 따라 울고 웃을 줄 알아야 한다. 분노와 좌절을 숨기고 그것을 만족과 동의로 가장할 수 있어야 한다. 당신은 표정 관리에 능숙해야 한다. 그것을 위선이라 불러도 좋다. 하지만 게임을 거부하고 항상 솔직하게 굴고 싶다면, 다른 사람이 당신을 역겹고 건방지다고 해도 불평하지 마라.

시대정신에 보조를 맞춰라

과거 시절에 대한 약간의 애착은 때로 즐거운 일이 될 수도 있다. 다만 적어도 20년은 지난 과거를 대상으로 삼을 때만 그렇다. 10년 전의 패션을 입고 다니면 우스꽝스럽게 보인다. 당신은 시대의 흐름과 맞는 정신과 사고방식을 갖추어야 한다. 비록 시대가 당신의 감성과 맞지 않더라도 말이다.

즐거움의 원천이 되어라

사람들은 불쾌하고 마음에 들지 않는 것을 피하는 반면 매력적이고 재미있는 것에는 이끌리게 마련이다. 그것은 인간의 본능이다. 남에게 기쁨을 주는 사람이 되면 최고의 자리에 오를 수 있다. 그렇다고 누구나 예능인이 될 수는 없다. 하지만 불쾌한 성격을 제어하고 숨길 수는 있다.

Law
29

적당한 때를
기다려라

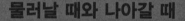

물러날 때와 나아갈 때

◆

결코 서두르는 것처럼 보이지 마라. 서두르는 모습은 당신 자
신과 시간을 통제하지 못하는 사람처럼 보이게 만든다. 항상
모든 일의 향방에 대비한 사람처럼 침착한 모습을 보여라. 늘
시대정신과 트렌드를 추적하며 적절한 시점을 찾는 탐정이 되
어라. 때가 무르익지 않았으면 물러서 있고, 때가 되었으면 강
력하게 나서는 법을 배워야 한다.

타이밍의 달인, 푸셰

조제프 푸셰Joseph Fouché는 프랑스 신학학교의 별 볼 일 없는 교사였
다. 하지만 그는 교회 일에만 매달리지 않았고, 사제 서약을 하지
도 않았다. 그에게는 더 원대한 계획이 있었다. 그는 조용히 기회
를 기다렸다. 1789년 프랑스 혁명이 일어났을 때 푸셰는 성직복
을 벗어던지고 혁명가가 되었다. 푸셰는 혁명파의 지도자 로베
스피에르와 친분을 쌓아 반란군에서 금세 높은 지위에 올랐다.
1792년 낭트시는 푸셰를 대표로 선출해 (프랑스 공화국의 새 헌법을
기초하기 위해 구성된) 국민공회에 보냈다.

푸셰가 파리에 도착했을 때 혁명 세력은 온건파와 급진파로
분열되어 있었다. 푸셰는 장기적으로는 그 어느 쪽도 승리하지 못
할 것을 간파했다. 권력은 혁명을 시작한 자에게나 심지어 혁명을
가속화한 사람들 손에 들어가는 법이 거의 없다. 권력은 혁명을
끝맺는 자에게 붙는 법이다. 푸셰는 바로 그편에 있고 싶었다.

타이밍을 잡는 푸셰의 솜씨는 절묘했다. 처음에 푸셰는 온건

파로 시작했다. 온건파가 다수였기 때문이다. 하지만 루이 16세의 처형 여부를 결정할 때에는 시민들이 왕의 머리를 열렬히 원한다는 걸 알고 결정적인 표를 던져 루이 16세를 단두대에 올렸다. 이제 그는 급진파였다. 하지만 파리에 불안감이 들끓자 어느 한 편에 너무 가까이 붙으면 위험하다고 판단해 한동안 시골의 한직으로 물러나 지냈다. 그리고 몇 달 후 리옹의 총독에 임명되어 귀족 수십 명의 처형을 지휘했다. 하지만 그는 어느 순간 살육을 잠시 멈추었다. 분위기의 변화를 감지했기 때문이다. 리옹 시민들은 그가 이미 살육에 가담한 전력이 있는데도 공포정치에서 사람들을 구했다며 그를 칭송했다.

이제까지 푸셰가 내놓은 패는 시의적절했다. 하지만 1794년 그의 오랜 친구 로베스피에르는 푸셰가 위험한 야심을 품은 자라고 공개적으로 비방하기에 이르렀고, 이에 푸셰는 우회적인 방법으로 로베스피에르의 독재에 염증을 내는 사람들 사이에서 조용히 지지를 확보해나갔다. 푸셰는 때를 기다리고 있었다. 그는 사람들 사이에 널리 퍼져 있던 로베스피에르에 대한 공포심을 이용해 온건파와 급진파 모두의 지지를 결집했다. 모두가 다음번에는 자신이 단두대에 오르지 않을까 두려워하고 있었다. 7월 27일, 국민공회에서 로베스피에르는 반대파 숙청을 위한 연설을 시작했다. 그러나 공회의 분위기는 삽시간에 바뀌어 로베스피에르는 "독재 타도"를 외치는 의원들의 반발에 둘러싸였고, 바로 이튿날 공포정치의 주역들과 함께 단두대에서 처형되었다.

로베스피에르가 처형된 뒤에 국민공회에 돌아온 푸셰는 뜻밖의 패를 내놓는다. 로베스피에르에게 대항한 반역을 이끌었으니 사람들은 그가 온건파에 가담할 거라고 예상했다. 하지만 놀랍게도 그는 또 한 번 편을 바꾸어 급진적인 자코뱅당에 합류했다. 그는 로베스피에르를 처형시키고 이제 막 권력을 손에 넣으려 하는 온건파가 이번에는 급진주의자들을 상대로 새로운 공포정치를 펼칠 것임을 직감했다. 자코뱅당 편에 서는 것은 앞으로 닥칠 곤경에서 순교를 선택하는 것과 다름없었다. 그러나 푸셰는 대중을 선동해 온건파에서 등 돌리게 하고, 온건파가 권좌에서 떨어지는 그날까지 살아남을 자신이 있었다. 그리고 실제로 1795년 12월 온건파가 푸셰를 단두대에 보내려 체포를 명했지만 이미 상황은 달라져 있었다. 사람들이 이제 처형을 반기지 않았던 것이다.

새로운 총재 정부가 들어섰다. 하지만 정부는 급진적이기보다는 온건한 성향을 띠었다. 푸셰는 목숨을 부지하긴 했지만 이제는 움츠려야 할 때였다. 그는 변두리로 물러나 몇 년 동안 조용히 기다렸다. 그리고 난 후 총재 정부에 접근해 첩보 수집 일을 열심히 해보겠다고 설득했다. 정부의 유급 스파이가 된 그는 임무를 훌륭히 수행해 1799년에는 경시총감에 임명되었다. 그 자리는 앞으로의 추세가 어떻게 전개될지 직감하는 그의 천부적 능력을 더욱 키워주었다. 그가 감지한 첫 번째 시대 흐름 중 하나는 나폴레옹이란 인물이었다. 이 대범하고 젊은 장군을 만난 푸셰는 프랑스의 미래가 그의 운명과 얽혀 있음을 곧바로 알아보았다. 나폴레옹이 1799년 11월 9일 쿠데타를 일으켰을 때 푸셰는 하루 종일 잠자리에 있었다. 이런 간접적인 도움을 준 보답으로(군사 쿠데타를 막는 것이 그의 임무라고 볼 수도 있었으므로) 나폴레옹은 정권을 장악한 뒤에도 푸셰를 계속 경시총감 자리에 두었다.

이후 몇 년 동안 나폴레옹은 푸셰에게 더욱 의존했다. 하지만 푸셰는 1808년이 되자 나폴레옹이 내리막을 탄다는 걸 감지했다. 프랑스에 전혀 위협이 되지 않는 스페인과 쓸데없는 전쟁을 벌이는 것은 그가 균형 감각을 잃고 있다는 표시였다. 침몰하는 배는 절대 붙잡는 법 없는 푸셰는 탈레랑과 음모를 꾸며 나폴레옹의 몰락을 주도했다. 음모는 실패로 돌아갔지만(탈레랑은 관직을 잃고 푸셰는 자리를 보전했지만 옴짝달싹 못 하는 처지가 되었다), 통제권을 잃어가는 황제에 대한 불만은 공공연히 드러난 셈이었다. 1814년에 나폴레옹의 권력은 완전히 유명무실해졌고, 마침내 러시아·프로이센·오스트리아 동맹군에게 파리를 점령당했다.

다음 정부는 군주제로 돌아가 루이 16세의 동생 루이 18세가 통치했다. 사회적 변화를 항상 예리하게 주시했던 푸셰는 루이 18세가 오래가지 못할 것이라고 생각했다. 나폴레옹의 천부적 재능이 그에겐 없었다. 푸셰는 몸을 낮추어 스포트라이트를 피한 채 다시 한번 기다리기로 했다. 그런데 1815년 2월 나폴레옹이 유배되어 있던 엘바섬에서 탈출했다. 루이 18세는 공포에 질렸다. 그의 정책들이 민심을 저버렸기에, 시민들은 나폴레옹이 돌아오기를 갈망하고 있었다. 루이 18세는 푸셰에게 의지해 목숨을 보전하려 했다. 그러나 패배자의 편에 설 리 없는 푸셰는 루이 18세의 청을 거절했다. 나폴레옹이 권좌에 복귀하는 일은 절대 없을 거라고 맹세하며 말이다(사실은 그 반대가 될 것을 알았음에도).

루이 18세는 푸셰가 자신을 배신했다고 생각하고 푸셰를 체포해 처형시키라고 명령했다. 1815년 3월 16일, 경찰이 그를 체포하기 위해 그의 집으로 들이닥쳤으나 푸셰는 잽싸게 달아났다. 경찰은 푸셰를 찾으려 파리 시내를 이 잡듯 뒤졌다. 하지만 다음 날 나폴레옹 군대의 포화 소리가 파리 시내에 들리기 시작했다. 왕과 왕을 모시던 사람들은 모두 파리를 빠져나가야 했다. 나폴레옹이 파리에 입성하자마자 푸셰는 바로 모습을 드러냈다. 나폴레옹은 전임 경시총감을 반갑게 맞아 예전 직위에 올려주었다. 워털루 전쟁이 일어나기까지 나폴레옹이 권력을 쥐고 있던 100일 동안, 프랑스는 푸셰가 통치한 것이나 다름없었다. 나폴레옹이 실각하고 루이 18세가 다시 왕위에 올랐을 때도 푸셰는 다시 한번 살아남아 관료를 지냈다. 이제 그의 권력과 영향력은 너무나 커져서 왕조차도 함부로 하지 못할 정도였다.

●   **해석**

조제프 푸셰는 격변기 속에서도 예술적 경지의 타이밍으로 승승장구했다. 그는 우리에게 여러 가지 핵심적 교훈을 가르쳐준다. 첫째, 시대정신을 읽어야 한다. 푸셰는 항상 한 발 앞을 내다보고,

권력을 잡게 해줄 조류를 찾아 거기에 올라탔다. 둘째, 대세를 감지한다고 해서 반드시 거기에 따라갈 필요는 없다. 강력한 사회적 움직임 뒤에는 막강한 반동이 일어나게 마련인데 (로베스피에르가 처형된 후 푸셰가 그랬던 것처럼) 그런 반동이 어떤 것일지 예상해야 한다. 마지막으로 푸셰는 인내심이 대단했다. 인내심을 창과 방패로 삼지 않으면 타이밍을 잘 잡아도 실패를 면치 못할 것이다. 이빨을 드러내고 공격해야 할 순간도 알아야 하지만, 풀숲이나 바위 밑에 몸을 숨겨야 할 때를 알아야 하는 법이다.

◆   권력의 열쇠

적당한 때를 기다려라

시간을 요령 있게 다루는 것은 어느 정도 가능하다. 아이들의 시간은 길고 느리며 쉽게 늘어난다. 반면 어른의 시간은 쏜살같이 빨리 지나간다. 즉 시간은 지각知覺하기 나름이며, 지각은 뜻대로 조정할 수 있다. 타이밍을 잡는 달인이 되고자 할 때 숙지해야 할 첫 번째가 이것이다. 감정으로 인한 내부의 소용돌이 때문에 시간이 더 빨리 흐르는 것이라면, 사건이 터졌을 때 감정적 반응을 조절하면 시간이 훨씬 더 천천히 흐른다는 결론이 나온다. 일을 이런 식으로 대하면 앞으로의 시간이 더 길게 느껴져, 두려움과 분노로 꽉 막혀 있던 가능성이 열린다. 더불어 타이밍을 잡는 데 꼭 필요한 기본기인 인내심을 발휘할 수 있다.

타이밍을 잘 잡으려면 세 가지 시간을 다룰 줄 알아야 하는데, 각 상황마다 발생하는 문제의 해결에는 기술과 연습이 꼭 필요하다. 첫째는, '긴 시간'이다. 지루하게 늘어지고 몇 년이 걸리는 일은 인내심과 세심한 계획을 갖고 관리를 해주어야 한다. '긴 시간'을 상대하는 일은 대부분 방어적 양상을 띤다. 이때는 충동적인 반응보다 기회를 기다리는 것이 관건이기 때문이다. 그다음은 '강요 시간'이다. 상대방을 서두르게 하거나, 기다리게 하거나, 페이스를 잃게 하거나, 시간관념을 왜곡시켜 타이밍을 못 잡게 하는 것이 강요 시간의 요령이다. 이 단기간의 시간을 공격 무기로 활용하여 적이 타이밍을 못 잡게 할 수 있다. 마지막은 '마무리 시간'으로, 속도와 힘을 갖추어 계획을 실행시켜야 하는 때를 말한다. 지금까지 기다려 절호의 순간을 찾아냈으니 머뭇거려서는 안 된다. 멋지게 인내심을 발휘하고도 두려움 때문에 일을 마무리 짓지 못하는 사람이 되어서는 안 된다.

●   **뒤집어보기**

일이 굴러가는 대로 놔두고 그저 세월에 순응해서 얻을 수 있는 권력은 없다. 어느 정도 시간을 관리하지 않으면 당신이 시간에 가차 없이 희생되고 말 것이다. 따라서 이 법칙에는 반증 사례가 없다.

Law
30

본심은 감추고
남과 같이 행동하라

동화 전략

만약 당신이 시류에 역행하는 언행을 보이고 비전통적인 사고
와 비정통적인 방법론을 자랑한다면, 사람들은 당신이 주목만
받고 싶어 하며 자기들을 깔본다고 생각할 것이다. 그들은 열
등감을 느끼게 만든 당신에게 벌을 내릴 방법을 찾을 것이다.
사람들과 화합하며 공통된 감각을 키우는 것이 훨씬 더 안전하
다. 당신의 독창성은 오직 아량 넓은 친구들이나 그것의 진가
를 인정해줄 게 분명한 사람들에게만 드러내도록 하라.

캄파넬라의 지혜로운 변절

16세기 말 이탈리아에서는 종교개혁에 반대하는 움직임이 화산처럼 폭발했다. '반종교개혁'의 회오리 속에서 가톨릭교회에서 이탈한 세력을 모두 뿌리 뽑겠다는 명분으로 종교재판이 진행되었다. 그 희생자 중에는 과학자 갈릴레오도 있었지만 그보다 더 박해를 받은 사상가가 있었으니, 도미니크 수도회의 수사이자 철학자인 톰마소 캄파넬라Tommaso Campanella였다.

로마 철학자 에피쿠로스의 유물론을 추종한 캄파넬라는 기적은 물론 천당이나 지옥도 믿지 않았다. 교회가 그런 미신을 부추기는 건 일반 사람들의 공포심을 조장해 그들을 통제하려는 목적에서라고 그는 말했다. 캄파넬라는 그러한 무신론에 가까운 주장을 거침없이 표현했다. 그리하여 1593년에 종교재판을 받고 이단을 믿는다는 이유로 투옥되었다. 6년이 지나고 일부 사면의 형태로 그는 나폴리에 있는 수도원에 감금되었다.

당시 남부 이탈리아는 스페인의 지배를 받고 있었는데, 캄파넬라는 이 침략자들을 몰아내려는 음모에 가담한다. 그는 자신이 꿈꾸는 유토피아를 바탕으로 독립 공화국을 세우고자 했다. 스페인 종교재판소와 보조를 맞추고 있던 이탈리아 종교재판소 수장들은 캄파넬라를 다시 한번 감옥에 집어넣었다. 그들은 이번에도 불경한 믿음의 본성을 파헤친다는 명목으로 모진 고문을 가했다. 죄수에게 기마 자세를 하게 한 후 두 팔을 천장에 매달고 엉덩이 아래에는 대못이 잔뜩 박힌 의자를 두었다. 그 자세를 계속 유지한다는 것은 거의 불가능한 일이었고, 죄수는 살이 갈기갈기 찢어질 정도로 날카로운 대못 위로 주저앉게 된다.

모진 세월을 견디는 동안 캄파넬라는 권력에 대해 한 수 배웠다. 이단자 죄목으로 처형될 상황에 처하자 그는 전략을 바꾸었다. 신념을 포기할 뜻은 없었지만, 위장하기로 했던 것이다.

캄파넬라는 목숨을 건지기 위해 미친 척했다. 심문관들은 그가 정신이 온전치 못해 잘못된 믿음을 갖게 되었다고 생각했다. 그래도 가짜로 미친 척하는 것은 아닌지 알아보기 위해 계속 고문을 했다. 1603년 그는 종신형으로 감형되었다. 처음 4년은 쇠사슬에 묶인 채 지하 동굴에서 지내야 했다. 하지만 그런 악조건 속에서도 글을 쓰는 것만큼은 멈추지 않았다. 물론 자신의 사상을 직접적으로 표현하는 따위의 바보짓은 더 이상 하지 않았다.

캄파넬라가 저술한 『스페인 군주제The Hispanic Monarchy』는 스페인이 전 세계에 널리 힘을 떨칠 신성한 사명을 타고났다는 사상을 담은 책이었다. 더불어 그 위업을 위해 스페인 왕에게 마키아벨리식의 실용적 조언을 제시하고 있었다. 캄파넬라가 마키아벨리에게 관심이 있긴 했지만, 이 책은 전반적으로 캄파넬라 자신의 사상과는 정반대되는 내용이었다. 사실 『스페인 군주제』는 일종의 흥정이었다. 자신이 정교로 돌아섰음을 보여주는 가장 대담한 방식이었던 것이다. 이 작전은 먹혀들었다. 책이 출판되고 6년 후인 1626년, 교황은 마침내 캄파넬라를 감옥에서 내보내주었다.

캄파넬라는 자유를 얻고 나서 곧바로 『무신론 정복Atheism Conquered』을 집필했다. 자유사상가, 마케아벨리주의자, 칼뱅주의자 등 이단자들을 공격하는 내용이었다. 이단자들이 자신의 신념을 표명하면 가톨릭교의 우월성을 옹호하는 논쟁 형식이었다. 캄파넬라는 개심한 빛이 역력했다. 그런데 과연 그랬을까?

이단자들의 논변에는 여태껏 한 번도 본 적 없는 열정과 참신함이 있었다. 캄파넬라는 이단자들의 입장을 제시하고 그것을 논박하는 척하면서 실제로는 가톨릭교에 반하는 논거를 열심히 정리해준 셈이었다. 반면 얼핏 보기에 그가 대변하는 듯한 가톨릭교의 논변은 진부하고 앞뒤가 맞지 않았다. 간결하면서도 힘 있는 이단자들의 논변은 대범하고 진실해 보인 반면, 길게 늘어지는 가톨릭교 쪽 논변은 지루하고 설득력도 떨어졌다.

책을 읽은 가톨릭교도들은 마음이 개운치 않고 미심쩍었지만 캄파넬라를 다시 감옥에 넣을 수는 없었다. 그가 가톨릭교를 방어하는 내용은 결국 그들이 예전에 펼쳤던 논변이었기 때문이다. 하지만 몇 년이 흐르자 『무신론 정복』은 무신론자들의 성서가 되었다. 마키아벨리주의자나 자유사상가들은 캄파넬라의 책 속 이단자들의 논변들을 이용해 자기주장을 펼쳤다. 겉으로는 체제에 순응하는 척하면서 자신의 동조자들이나 이해할 수 있는 방식으로 진짜 믿음을 표현한 것은, 캄파넬라가 인생에서 한 수 배웠다는 표시였다.

● **해석**

무시무시한 박해가 기다리고 있는 상황에서 캄파넬라는 세 가지 전략적인 수를 짜냈다. 그걸 이용하면 벌도 피하고, 감옥에서 벗어나고, 자기 신념까지 표현할 수 있을 것이었다. 첫째, 그는 미친 척했다. 그렇게 해서 책임을 면했다. 둘째, 자신의 신념과 정반대되는 책을 썼다. 마지막으로, 자신의 사상을 교묘하게 불어넣으면서 아닌 척 위장했다. 이것은 오래됐지만 강력한 술책이다. 위험한 생각에 동조하지 않는 척하고 반대 의견을 내면서, 그 생각들에 색과 빛을 입히는 것이다. 그러면 지배 사상에 순응하는 것처럼 보이지만, 당신을 잘 아는 사람들은 그 속에 숨은 아이러니를 알아챈다. 이런 식으로 당신을 보호하라.

어떤 가치나 관습이 애초의 동기를 잃고 강압적이 되는 건 사회에서 피할 수 없는 일이다. 그리고 세상에는 시대를 앞서 나가는 사상을 품고 그런 압제에 반기를 드는 사람이 늘 있게 마련이다. 하지만 캄파넬라가 힘겹게 깨달은 것처럼, 위험한 사상을 내

보일 경우 고통과 처형뿐이라면 아무 소용이 없다. 순교는 아무런 도움도 되지 않는다. 압제적인 세상이라도 그 속에서 사는 게, 심지어 그 속에서 번영을 누리는 게 낫다. 그러면서 당신을 잘 이해하는 사람들에게 당신의 사상을 미묘하게 표현할 방도를 찾아라. 돼지 앞에 진주를 늘어놨다간 당신만 궁지에 빠진다.

◆ **권력의 열쇠**

본심은 감추고 남과 같이 행동하라

사람들은 자신의 진짜 감정을 숨긴다. 사회생활을 하며 표현의 자유를 완전히 누리는 것은 불가능하기 때문이다. 그래서 우리는 어릴 때부터 생각을 숨기는 법을 터득한다. 과민하고 불안한 사람들에게 그들이 듣고 싶어 하는 말을 해주고, 그들의 맘을 상하게 하지 않으려고 조심한다. 이는 자연스러운 일이다. 대다수 사람이 받아들이는 생각이나 가치에 반박하며 논쟁하는 건 아무 의미도 없다. 우리는 마음속으로는 다른 생각을 품어도, 겉으로는 가면을 쓴다.

사람들은 대개 자신의 생각을 바꾸려 하지 않는다. 그래서 직접적으로 논변을 펼치든 간접적으로 행동으로 보여주든 자신의 믿음에 도전하는 사람에게는 적의를 보인다.

현명하고 영리한 사람들은 일반적인 믿음을 반드시 따르지 않아도, 그렇게 행동하고 떠벌릴 필요가 있다는 걸 일찌감치 깨달고 있다. 이렇게 사람들 사이에 섞일 줄 알면 고립이나 추방의 고통을 당하지 않고도 혼자 있을 때는 원하는 대로 생각하고 마음 맞는 사람들에게 그 생각을 표현할 힘을 얻을 수 있다. 그러다 확실하게 권력을 쥐면 더 많은 사람에게 자신의 사상을 펼칠 수 있다. 물론 이때도 캄파넬라처럼 아이러니와 은밀한 주입 전략을 활용해야 하겠지만 말이다.

사회 속에 들어가거든 당신의 이상이나 가치는 한구석에 밀어두고 당신이 속한 집단에 가장 알맞은 가면을 써라. 당신도 그들과 같은 생각을 하는 것처럼 알랑거리며 미끼를 던지면 사람들은 그것을 덥석 물 것이다. 조심하기만 하면 그들은 당신의 위선을 알아차리지 못할 것이다. 당신의 의중을 모르는데 어떻게 당신을 위선자라고 비난할 수 있겠는가? 또 당신이 중시하는 가치가 없다고도 생각하지 않을 것이다. 당신에게는 물론 중시하는 가치가 있다. 그들 곁에 있는 동안만 공유하는 그들의 가치 말이다.

●   **뒤집어보기**

당신의 존재를 부각시켜도 좋은 경우는 당신의 존재가 이미 부각되어 있을 때뿐이다. 확고부동한 권력을 손에 쥐었을 때는 당신이 다르다는 걸 드러내 사람들과 거리를 둘 수 있다. 미국의 린든 존슨Lyndon Johnson 대통령은 가끔 변기 위에 앉아서 회의를 열곤 했다. 누구도 그 같은 '특권'을 요구할 수 없었기에, 존슨은 자신은 다른

사람들처럼 정해진 규칙을 지키거나 예의를 차리지 않아도 된다
는 걸 보여준 셈이었다.

Law
31

후광에
의존하지 마라

정체성 구축

언제나 가장 먼저 나온 것이 뒤에 나온 것보다 더 낮고 더 독창적으로 보인다. 위대한 인물의 뒤를 잇거나 유명한 부모 밑에서 클 때는 그 두 배의 업적을 달성해야 그들보다 더 빛날 수 있다. 그들의 그림자 속에서 길을 잃거나 그들이 만들어놓은 과거에 연연하지 마라. 경로를 바꿔 당신 자신의 이름과 정체성을 확립하라. 압도적인 전임자와는 결별을 선언하고 그의 유산을 비방하라. 당신 나름의 방식으로 빛을 발해 권력을 획득하라.

왕국을 망쳐버린 루이 15세

1715년에 루이 14세가 55년간의 통치를 마치고 죽자, 증손자이자 왕위 후계자인 루이 15세에게 모두의 관심이 쏠렸다. 사람들은 생각했다. 겨우 다섯 살인 어린 소년이 태양왕 루이 14세만큼 훌륭한 통치자가 될 수 있을까? 루이 14세는 내란을 겪고 있던 나라를 유럽의 강국으로 키워냈지만 치세 말년에는 여러 가지 어려움을 겪었다. 사람들은 어린 루이 15세가 강력한 리더로 성장하여 프랑스의 힘을 다시 회복하고, 루이 14세가 세운 견고한 국가적 토대를 더욱 튼튼히 다지기를 희망했다.

　이러한 기대 때문에 왕실은 최고의 지성과 학식을 지닌 인물들을 가정교사로 채용했다. 그들은 루이에게 통치술과 루이 14세가 확립해놓은 정치 수완을 가르쳤다. 한마디로 어린 왕을 교육하는 데 온 노력을 쏟았다. 그러나 1726년, 루이 15세가 왕위에 오르자(나이가 어렸기 때문에 루이가 성년이 될 때까지는 섭정이 나라를 다스렸다) 갑자기 모든 것이 달라졌다. 그는 더 이상 열심히 공부하거나 주변 사람들의 비위를 맞추거나 자신의 능력을 증명할 필요가 없어진 것이다. 그는 최고 권력자의 위치에 우뚝 서 있었으며, 모든 것을 마음대로 할 수 있었다.

루이는 통치 초기에 쾌락에 빠져 지내며 국사는 앙드레 에르퀼 드 플뢰리 총리에게 맡겼다. 루이는 정치에는 도통 관심이 없었다. 그에게 가장 큰 걱정은 프랑스의 경제도, 스페인과의 전쟁 가능성도 아니었다. 그의 고민은 지루함이었다. 그래서 늘 사슴 사냥을 하거나 여자들 치마폭에서 놀거나, 그도 아니면 도박으로 하룻밤에 엄청난 돈을 탕진하곤 했다.

대개 왕실은 왕의 분위기에 영향을 받게 마련이다. 조신들도 도박과 사치스러운 파티에 몰두했다. 프랑스의 미래에는 관심이 없었다. 대신 왕에게 아첨하여 평생의 부가 보장되는 직위를 얻거나 일은 대강 하면서 수입은 높은 자리에 앉으려고 애썼다. 궁정 안은 기생충 같은 인간들로 가득했으며 나라 빚은 늘어만 갔다.

1745년, 루이는 퐁파두르 여후작Madame de Pompadour을 정식 후궁으로 삼았다. 퐁파두르는 원래 중산층 출신이지만 특유의 매력과 총명함, 정치적 야망으로 얼마 안 가 비공식적 총리 역할을 할 만큼 영향력을 행사했다. 사실상 프랑스 요직에 있는 신하들을 들이고 내보내는 일을 결정한 사람은 루이가 아니라 퐁파두르였다.

나이가 들수록 루이는 더욱 쾌락에 빠졌다. 그는 베르사유 궁전에 매음굴을 만들어 어리고 예쁜 소녀들을 데려다놓았다. 그리고 지하의 비밀 통로를 통해 수시로 드나들었다. 1764년에 퐁파두르가 죽자 뒤 바리 부인[Madame du Barry]이 뒤를 이어 후궁이 되었다. 그녀 역시 왕실에 영향력을 행사하며 정치에 관여했다. 그녀의 비위를 거스른 각료나 신하는 해고되었다. 프랑스의 외무장관이자 최고의 외교관인 수아죌 역시 해고되었는데, 그 이유는 뒤 바리에게 경의와 존중을 표하지 않았다는 것 때문이었다. 베르사유 궁정에는 협잡꾼과 사기꾼들로 넘쳐났고, 그들의 꾐으로 루이는 점성술이나 신비주의 등에 빠졌다.

1774년, 방탕한 생활 끝에 루이가 죽었을 때 프랑스의 정치와 경제는 엄청난 혼란에 빠져 있었다. 그의 손자가 왕위에 올랐고, 프랑스는 개혁과 강한 리더가 절실하게 필요한 상황이었다. 하지만 루이 16세는 할아버지보다 훨씬 나약했다. 그는 온 나라가 혁명으로 치닫는 과정을 그저 지켜볼 수밖에 없었다. 1792년, 프랑스 혁명으로 왕정이 폐지되고 공화국 수립이 선포되었다. 혁명 세력은 루이 16세를 '마지막 왕 루이'라고 불렀다. 몇 달 후 그는 모든 광채와 권력이 사라진 채 단두대에 서야 했다.

● **해석**

루이 14세는 통치 초기인 1640년대 말, 내란에 빠진 프랑스를 수습하고 유럽의 강국으로 만들었다. 이에 반해 루이 15세는 무언가 거대한 것을 물려받은 사람, 위대한 인물의 뒤를 이은 사람들이 흔히 맞는 운명을 보여준다. 후계자가 선대가 이미 만들어놓은 장대한 기초 위에 무언가를 세우는 일은 쉬운 것처럼 느껴진다. 하지만 권력의 세계에서는 오히려 그 반대다. 대개의 경우 응석받이 아들은 물려받은 것을 탕진해버린다. 아버지와 달리 커다란 틈을 채울 필요가 없기 때문이다. 마키아벨리의 말대로, 인간을 행동하게 만드는 것은 '필요'다. 행동할 필요성이 느껴지지 않으면 부패와 퇴락의 길만 남을 뿐이다. 루이 15세는 자신의 권력을 증대시킬 필요가 없었기 때문에 타성에 굴복하고 말았다.

태양왕 같은 위대한 인물의 후계자가 흔히 맞는 운명을 피해가려면, 루이 15세는 심리적으로 완전한 무無에서 출발해야 했다. 물려받은 유산이나 과거와 결별하고 완전히 새로운 방향으로 나아가 새로운 세상을 창조해야 했다. 권력의 진공 상태인 곳으로 들어가서, 혼란을 일소하고 질서를 세우는 편이 낫다는 이야기다. 그러면 당신은 하늘에 떠 있는 또 다른 별과 경쟁할 필요가 없다. 권력의 핵심은 다른 사람보다 더 커다란 존재처럼 보이는 데 있다. 선왕이나 훌륭한 전임자의 그늘 속에서 길을 잃으면 그러한 존재감을 창출할 수 없다.

◆   **권력의 열쇠**

후광에 의존하지 마라

벵골, 수마트라 등의 고대 왕국에서는 왕이 몇 년간 통치하고 나면 신하들이 왕을 처형했다. 이는 쇄신을 위한 하나의 의식으로,

왕의 권력이 지나치게 비대해지는 것을 막기 위한 예방책이기도 했다. 대개 왕은 친자식은 물론 다른 가족을 희생시켜서라도 영원한 권력을 쥐려 하기 때문이다. 외부의 힘으로부터 부족을 보호하고 전쟁이 일어났을 때 백성들을 이끌기보다는 그들을 위압적으로 지배하려고 든다. 그 때문에 일정 통치 기간이 지나면 왕을 때려죽이거나 정교한 의식을 통해 처형했다. 대신에 죽은 뒤에는 그를 신처럼 숭상했다. 그럼으로써 젊은 왕이 새로운 질서를 세울 수 있는 토대를 마련했다.

왕이나 아버지에 대한 양면적이고 적대적인 태도는 많은 영웅 이야기에도 나타난다. 권력자의 원형적 인물인 모세는 갈대 바구니 속에 버려진 채 발견되었고 부모가 누구인지도 몰랐다. 경쟁자가 될 아버지, 또는 자신을 구속할 아버지가 없기 때문에 그는 최고의 권력을 얻을 수 있었다. 헤라클레스에게는 인간인 아버지가 없다. 그의 아버지는 제우스 신이다. 알렉산드로스 대왕은 자신이 필리포스 왕의 아들이 아니라 주피터 아몬 신의 아들이라고 말하고 다녔다. 이처럼 다양한 전설과 의식에서는 인간인 아버지를 제거한다. 그가 과거의 파괴적인 힘을 상징하기 때문이다.

과거는 젊은 영웅이 새로운 세계를 창조하는 데 걸림돌이 된다. 아들은 선조에게 경의를 표하고 전통과 선례를 따라야 한다. 시대와 상황이 크게 달라졌음에도 불구하고 과거의 방식을 그대로 모방해야 한다. 또한 과거에서 물려받은 유산은 아들의 어깨를 무겁게 짓누른다. 아들은 그것을 잃을까 걱정하며 소심하고 조심스러워진다.

권력을 갖기 위해서는 부담스러운 과거를 제거하고 그 빈자리를 채울 줄 알아야 한다. 아버지의 존재를 없애야만 새로운 질서 창조를 위한 공간을 확보할 수 있다. 이를 위해 사용할 전략 몇 가지가 있다.

과거의 그늘에서 벗어나는 가장 간단한 방법은 과거를 무시하고 얕잡아보는 것이다. 구세대와 거리를 유지하려면 때로 상징이 필요하다. 루이 14세는 선왕들이 쓰던 궁전을 사용하길 거부하고 베르사유 궁전을 지어 새로운 상징을 창출했다. 스페인의 펠리페 2세가 아무것도 없는 언덕에 에스코리알 궁을 세워 권력의 중심으로 삼은 것도 마찬가지다.

전임자가 위대하고 강력한 인물일수록 도처에는 과거의 상징으로 가득하다. 한마디로 당신의 이름을 부각시킬 공간이 없다. 이럴 때 당신은 밝은 눈으로 빈 공간을 찾아내야 한다. 당신이 들어가서 빛나는 최초의 인물이 될 수 있는 공간 말이다.

아버지나 선임자와 분명히 단절했다고 생각했는데 실제로는 그렇지 못한 경우도 있다. 자신도 모르는 사이에 당신이 반항했던 아버지의 모습을 닮아가고 있지는 않은지 항상 경계해야 한다. 오랜 시간을 들여 당신의 정체성을 확립했지만 방심하는 사이 과거의 망령(아버지, 과거의 습관, 유산 등)이 되살아나 당신을 덮치게 놔두지 마라.

위대한 전임자의 그림자를 당신의 이익에 기여하도록 교묘하게 이용할 수도 있다. 하지만 이 경우 권력을 얻은 즉시 이 전술을 버려야 한다. 나폴레옹 3세는 나폴레옹 1세의 조카라는 점을 내세웠으며, 이는 그가 대통령으로 선출되고 후에 황제의 자리에 오르는 데 커다란 영향을 끼쳤다. 그러나 일단 권력의 자리에 오르자, 그는 과거에 얽매이지 않았다. 나폴레옹은 자신의 통치가 과거와 다를 것이라고 공표했고, 국민이 그에게서 과거 나폴레옹 1세와 유사한 치세를 기대하지 않게 만들려고 애썼다.

때로는 과거에도 가치 있는 요소들이 존재한다. 자신을 차별화하기 위해 그런 요소까지 무조건 부정하는 것은 어리석다. 심지어 알렉산드로스 대왕도 군대를 조직하는 아버지의 능력을 인정했고 거기에서 영향을 받았다. 논리가 결여된 채 전임자와 다르게 행동한다는 점만 부각시키면, 당신은 유치한 사람으로 비치고 통제력도 갖지 못한다.

마지막으로, 미래에 당신의 경쟁자가 될 젊은이를 경계해야 한다. 당신이 당신의 아버지를 제거하려고 애쓰는 것처럼, 젊은 사람도 당신을 없애려고 할 것이며 당신이 쌓은 모든 명성과 업적을 훼손하려 들 것이다. 아래쪽에서 위로 올라오는 이들을 경계하면서, 그들에게 당신을 모함할 기회를 주지 마라.

Law
32

중심인물을
공격하라

추방과 고립

문제의 근원을 추적하면 종종 한 사람의 강력한 인물로 귀착된다. 선동자나 교만한 부하, 선의를 곡해하는 자 등이 그런 인물이다. 그런 사람에게 움직일 여지를 주면, 다른 사람들이 영향을 받아 물들게 된다. 그런 사람이 일으키는 문제가 커지도록 내버려두지 마라. 구제할 수 없는 사람들이니 타협도 하지 마라. 즉각 고립시키거나 추방함으로써 영향력을 약화시켜라. 문제의 근원을 치면 무리는 저절로 흩어진다.

아테네식 숙청, 도편 추방

기원전 6세기 말 아테네는 수십 년간 독재자들이 지배하던 시대를 끝냈다. 아테네에는 민주주의가 확립되어 이후 1세기가 넘는 기간 동안 훌륭한 정치적 성과들을 보이게 된다. 그러나 민주주의가 발전하는 동안 아테네인들은 새로운 문제에 직면했다. 적들에 둘러싸인 이 작은 도시의 단결이나 번영을 위해 노력하지 않고, 오로지 자신의 야망만을 불태우거나 정치적 음모를 꾀하는 자들 때문이었다. 그런 사람들을 내버려두면 분열과 불안의 씨앗이 될 것이 분명했고, 자칫 민주주의의 파멸을 초래할 수도 있었다.

그러나 민주주의 체계가 확립된 아테네에서 폭력적인 처벌을 사용할 수는 없었다. 대신 시민들은 이기적인 인물을 처리하기 위한 보다 합리적이고 덜 잔인한 방법을 고안해냈다. 그들은 매년 광장에 모여서 '오스트라콘^{ostrakon}'이라 불리는 사기 조각에 10년 동안 추방하고 싶은 사람의 이름을 적어서 투표에 부쳤다. 어떤 사람의 이름이 6천 표 이상 나오면 그는 즉시 도시에서 추방되었다. 만일 6천 표를 얻은 사람이 없으면 가장 많은 표가 나온 사람이 추방당했다. 이러한 제도를 오스트라키스모스^{ostrakismos}(도편 추방제)라고 불렀다. 이러한 투표는 시민들에게 일종의 축제와도 같았다. 불안을 조장하고 눈에 거슬리는 인물, 민중에게 봉사하지 않고 그들을 밟고 올라설 기미가 있는 인물을 쫓아내는 일이었으니 얼마나 통쾌했겠는가.

기원전 490년, 아테네의 장군 아리스티데스^{Aristides}는 마라톤 전투에서 페르시아군을 무찌르는 데 커다란 공을 세웠다. 그러나 그는 자신의 공명정대함을 지나치게 내세웠고, 그 때문에 아테네인들은 점차 그가 우월감과 자만심으로 평민들을 멸시한다고 느꼈다. 그들은 도도하게 모든 것을 판단하려는 그가 결국은 분열을 조장하는 원인이 되지 않을까 경계했다. 기원전 482년, 페르시아와 전쟁을 계속하는 과정에서 아리스티데스의 용맹함과 전문성이 중요했음에도 불구하고, 아테네인들은 그를 추방했다.

그 후 테미스토클레스^{Themistocles}가 아테네의 최고 리더로 떠올랐다. 그러나 그는 자신이 이룬 공적에 기대어 오만해졌고, 자신이 전장에서 거둔 승리와 자신이 지은 사원들과 자신이 여러 번 위기를 막아낸 것을 자랑했다. 마치 자기가 없었으면 아테네가 망하기라도 할 것처럼 말이다. 기원전 472년, 시민들은 이 유해한 인물을 오스트라키스모스에 의해 쫓아버렸다.

초기에 추방 대상이 된 사람은 주로 강력한 거물이었다. 그러나 갈수록 비천한 광대 같은 인물도 추방되는 것을 보면서 아테네인들은 오스트라키스모스 제도의 품위와 가치가 떨어졌다고 느꼈다. 그래서 거의 100년간 아테네의 평화를 지켜주던 이 제도를 없애버렸다.

● **해석**

고대 아테네인들은 진정한 의미의 시민으로서, 반사회적 행동의 위험을 잘 알고 있었다. 나는 신성하고 경건하므로 모두 내 기준을 따라야 한다고 암암리에 강요하는 태도, 공공의 선을 무시한 거만한 야망, 우월함에 대한 과시, 은밀하게 책략을 꾸미는 짓, 구제 불능의 추악한 행태 등은 도시의 단결을 저해하고 분열을 일으킬 수 있었다. 또 민주주의 정신을 훼손할 수도 있었다. 아테네인들은 그런 사람들을 처벌하지도, 혹은 재교육하거나 교화시켜 사회로 흡수시키지도 않았다. 그들은 가장 빠르고 효과적인 해법, 추방을 택했다.

어떤 그룹에서든 문제의 근원은 한 사람으로 귀착될 때가 많다. 늘 불만이 가득하고 조직 내에 분열을 일으키며 그 불만을 다른 이들에게도 전염시키는 사람 말이다. 불만과 분열이 연쇄적으로 퍼져 걷잡을 수 없는 상황이 되기 전에 신속하게 조치를 취해야 한다. 먼저 건방지거나 불평불만을 입에 달고 다니는 문제 인물을 파악하라. 일단 찾아내면 그를 개조하거나 달래려 들지 마라. 상황만 더 악화될 뿐이다. 직접적으로든 간접적으로든 그를 공격하지도 마라. 그는 천성적으로 독하기 때문에 은밀히 당신을 파괴할 음모를 꾸밀 것이다. 더 큰 혼란이 일어나기 전에 그를 무리와 분리시켜라. 불안의 씨앗을 뿌릴 시간을, 움직일 수 있는 여지를 주지 마라.

◆

중심인물을 공격하라

과거에는 왕과 소수의 대신들, 소수의 엘리트층만이 권력을 가졌다. 그러나 세월이 흐르면서 권력은 점차 분산되고 민주화되었다. 하지만 권력의 본질에는 변함이 없다. 수많은 사람의 생사를 좌우하는 강력한 군주는 훨씬 적어졌겠지만, 작은 영역들을 지배하는 수천 명의 작은 권력자들은 여전히 남아 있다. 그들은 간접적인 권력 게임과 카리스마를 통해 자신의 의지대로 무리의 방향을 주도한다. 어떤 집단에서나 권력은 한두 명에게 집중되어 있다. 이는 결코 변하지 않는 인간의 본성과 관련이 있다. 행성들이 태양 주위를 돌듯 사람들은 강력한 사람 주위에 모여들게 마련이다.

문제가 발생하면 원인이 되는 지점, 혼란의 출발점이 되는 강력한 인물을 찾아낸 뒤에 그를 고립시키거나 추방하여 평화를 되찾아야 한다. 핵심 인물을 공격해야 하는 이유는 그로써 나머지 무리들을 무력화시킬 수 있기 때문이다.

미국의 심리학자 밀턴 H. 에릭슨Milton H. Erickson은 문제가 있는 가족을 치료할 때, 거기에는 반드시 문제의 중심이 되는 구성원이 있다는 것을 알았다. 그는 치료를 진행하는 동안 그 문제의 구성원을 멀찍이 떨어뜨려 앉혀놓음으로써 상징적으로 고립시켰다. 그러면 나머지 가족들은 그 구성원이 문제의 원천이라는 사실을 서서히 인식했다. 문제의 인물을 알아낸 다음에는 그 사실을 다른 사람들에게 알려주기만 해도 큰 효과를 볼 수 있다.

집단의 역학을 지배하는 사람을 알아내는 것은 매우 중요하다. 기억하라. 문제를 일으키는 사람은 집단 속에 숨어서 다른 이들의 행동 뒤에 자신의 행동을 감춘다. 그들의 행동이 드러나게 만들면 그들은 선동할 힘을 잃어버린다.

● **뒤집어보기**

마키아벨리는 이렇게 말했다. "상대를 해하고자 할 때는 상대의 복수를 두려워할 필요가 없는지 먼저 살펴야 한다." 적을 고립시키는 작전을 수행할 때는 적에게 앙갚음 수단이 없는지 확인해두어야 한다. 따라서 이 법칙은 상대보다 우월한 위치에 있을 때, 즉 그가 원한을 품어도 당신이 두려워할 필요가 없는 위치에 있을 때 사용하는 것이 좋다. 상황이 그렇지 않다면 상대를 원한을 품은 적으로 만들기보다, 그를 당신 가까이에 두고 지켜보는 편이 낫다. 가까운 곳에 두고 은밀하게 그의 지지 기반에 타격을 주어라. 때가 오면 그들은 원인도 모른 채 순식간에 무너질 것이다.

Law
33

너무 완벽한 사람으로
보이지 마라

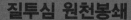

질투심 원천봉쇄

남들보다 나은 사람으로 보이는 것도 늘 위험하지만, 가장 위
험한 것은 전혀 결점이나 약점이 없는 사람으로 비치는 일이
다. 질투는 무언의 적을 만든다. 때때로 결점을 드러내고 해로
울 게 없는 악행을 인정하는 것이 영리한 처사다. 그래야 질투
를 비끼게 하고, 보다 인간적이고 가까이하기 쉬운 사람으로
비칠 수 있다. 오직 신과 죽은 자만이 완벽해 보여도 탈이 없
는 법이다.

막후의 권력자, 코시모

중세 피렌체를 번영으로 이끈 원동력은 상인 계급과 동업자 길드였다. 그들은 귀족의 억압에 대항하고 자신을 보호하기 위해 공화제를 도입했다. 공화제하에서 고위 관직의 임기는 몇 달에 불과하기 때문에 누구도 지속적인 지배력을 확보할 수 없었다. 그 결과 정치적 파당들은 끊임없이 권력을 두고 다투었지만, 이런 체제 덕분에 전제군주나 독재자의 출현은 막을 수 있었다.

메디치 가문은 이런 체제 속에서 몇 세기를 살았지만 이렇다 할 명성은 누리지 못했다. 그들 가문은 약제사에서 출발한 전형적인 중산층이었다. 그러다가 14세기 말 조반니 데 메디치가 금융업으로 엄청난 재산을 모으면서 그들은 존경받는 세력으로 부상했다. 조반니가 죽은 후 그의 아들 코시모가 가업을 이었다. 그의 관리 아래 사업은 계속 번창하여 메디치 가문은 유럽에서도 가장 탁월한 은행가로 성장했다.

하지만 그들에겐 라이벌이 있었다. 당시 피렌체는 공화제임에도 불구하고 알비치^Albizzi 가문이 여러 해에 걸쳐 정부를 장악하고 있었다. 그들은 여러 동맹을 통해 자기 쪽 사람들을 요직에 임명했다. 코시모는 그들에게 대항하지 않았고 오히려 알비치 가문을 암묵적으로 지지하는 태도를 보였다. 알비치 가문이 자신의 권세를 과시하는 동안 코시모는 막후에만 머무는 데 주력했다.

하지만 메디치의 재산은 더 이상 무시할 수 없을 정도로 불어났다. 1433년, 메디치 가문에 위협을 느낀 알비치 가문은 정부에 입김을 넣어 공화국 전복 음모죄로 코시모를 체포하게 했다. 알비치 가문은 코시모를 처형해야 한다고 주장하는 의견과 그랬다가는 내전이 벌어질지도 모른다고 반대하는 의견으로 갈렸다. 그들은 결국 코시모를 피렌체에서 추방하기로 했다. 코시모는 불평하지 않고 조용히 도시를 떠났다. 때를 기다리며 몸을 숙이고 있는 편이 낫다고 판단했기 때문이다.

다음 해 알비치 가문은 독재 체제를 구축하려 한다는 의혹에 휩싸였다. 도시에서 내전이 발생했고, 1434년 9월 알비치 가문은 권좌에서 쫓겨나 추방당했다. 코시모는 즉시 피렌체로 귀환했고 그의 지위도 회복됐다. 하지만 그는 이제 자신이 미묘한 상황에 처했음을 알았다. 알비치 가문이 그랬듯이 그가 야망을 드러내면 반대 세력을 선동하는 꼴이 되어, 질투의 표적이 되고 그의 사업이 위협받게 될 터였다. 반대로 그가 한쪽으로 물러서 있으면, 알비치 가문과 같은 다른 파벌이 성장할 여지를 줄 것이었다.

코시모는 이 문제를 두 가지 방법으로 해결했다. 그는 자신의 재산을 활용해 비밀리에 핵심 인사들을 매수하고 그들에 대한 영향력을 확보했다. 영리하게도 동맹자를 중산계급 출신 중에서 선택함으로써 그들이 메디치 가문과 동맹 관계라는 사실을 숨기고 그들을 고위 관직에 임명했다. 그의 정치적 영향력에 대해 불평하는 자는 사정없이 세금을 부과해 굴복시키거나 은행계 동맹들을 동원해 그들의 재산을 빼앗아버렸다. 공화국은 명맥만 유지됐다. 배후 조종자는 바로 코시모였다.

코시모는 막후에서 통제력을 확보하는 작업에 몰두하면서도, 대중들 앞에서는 다른 이미지를 연출했다. 피렌체 거리를 걸어 다닐 때는 수수하게 옷을 입고 하인을 한 명만 거느렸으며, 유력 인사나 연장자들을 만나면 공손하게 인사를 했다. 그는 자선사업에 큰돈을 기부했고, 온갖 공공건물의 건축에 자금을 댔으며, 중산층 상인계급과 긴밀한 유대 관계를 유지했다. 피에솔레 인근에 자신과 가족이 살 궁전을 지을 때는 르네상스 건축 명장 브루넬레스키Filippo Brunelleschi의 화려한 설계를 거부하고 대신 보잘것없는 집안 출신인 미켈로초Michelozzo의 수수한 설계안을 채택했다. 그 궁전은 소박한 겉모습 안에 우아함과 화려함을 숨기는 코시모의 전략을 상징적으로 보여준다.

코시모는 30년 넘게 피렌체를 통치하다가 1464년에 사망했다. 피렌체 시민들은 그를 위해 성대한 장례식을 열어 그를 추도하려고 했지만, 임종 시 그는 "어떤 겉치레나 공개 행사도 하지 말라"고 지시했다. 훗날 마키아벨리는 군주들 가운데 코시모를 가장 지혜로운 사람으로 극찬하며, 그 이유를 이렇게 설명했다. "코시모는 비범한 성취를 이루고도 부끄러운 듯이 감추는 것이 더 낫다는 것을 잘 알고 있었다. 사람들은 그렇지 않더라도 겉으로 보이는 위대함에 더 큰 질투심을 느끼기 때문이다."

● **해석**

코시모가 즐겨 했던 말이 있다. "질투는 잡초와 같으니 결코 물을 주지 말아야 한다." 민주주의 환경에서 질투의 파괴적 힘을 이해하고 있었던 코시모는 겉으로 보이는 위대함을 회피했다. 안에서 들끓는 대중들의 질투는 사실 쉽게 잠재울 수 있다. 스타일이나 가치관에서 그들과 같은 무리에 속하는 것처럼 보이면 된다.

자신보다 지위가 낮은 자들과 동맹을 맺고, 그들을 권력의 자리로 끌어올려 필요한 순간에 쓸 수 있는 지원 세력을 확보하라. 절대 당신의 부를 자랑하지 말고, 그것이 영향력 있는 자들을 매수할 수 있을 정도로 크다는 사실을 숨기는 데 전력을 다하라. 다른 사람을 존경하는 태도를 보여주어 그들이 당신보다 더 권력이 높은 것처럼 행동하라. 코시모 데 메디치는 이런 게임을 완벽하게 수행했다. 누구도 그의 권력이 어느 정도인지 짐작하지 못했다. 겉으로 드러난 평범한 모습이 진실을 가려버린 것이다.

당신이 다른 사람들보다 뛰어나다는 것을 과시함으로써 사람들의 존경심을 불러일으킬 수 있다는 것은 바보 같은 생각이다.

그들은 질투심을 불태우며 당신이 전혀 예측하지 못한 방법으로 당신의 지위를 무너뜨릴 것이다. 권력의 달인은 다른 사람보다 우월해 보이는 것이 실제로 우월한 것에 비해 아무것도 아니라는 사실을 잘 안다.

◆　　　　　　　　　　　　　　　　　　　　　　　　권력의 열쇠

너무 완벽한 사람으로 보이지 마라

질투라는 음흉하고 파괴적인 감정에 대응할 수 있는 전략은 여러 가지가 있다. 첫째, 어떤 부분에서 자기를 능가하는 사람이 존재할 수 있으며, 그를 질투할 수 있다는 사실을 인정해야 한다. 하지만 그 감정을 자극제로 삼아 언젠가는 그들과 대등해지거나 능가하려는 노력을 기울여야 한다.

둘째, 당신의 권력에 비례해서 당신 밑에 있는 사람들이 당신에게 느끼는 질투도 커진다는 사실을 알아야 한다. 그들이 겉으로 표현하는 것들을 순진하게 액면 그대로 믿지 마라.

마지막으로, 사람들이 당신을 질투하면, 그들은 교활한 방법으로 당신에게 해를 끼치려고 할 것이라는 점을 예상해야 한다. 그들은 당신 앞에 장애물을 설치하겠지만, 당신은 장애물 자체를 예상하지 못하거나 아니면 누구의 짓인지 밝혀내지를 못할 것이다. 이런 종류의 공격은 방어가 어렵다. 변명이나 무분별한 자비, 방어 행동은 사태를 악화시킬 뿐이다. 일단 질투가 자리를 잡은

뒤에는 제거하기가 어렵다. 따라서 질투심이 생기기 전에 미리 선수를 치는 전략을 추구해야 한다.

권력의 세계에서는 예상치 못한 승진이나 성공을 했을 때 가장 조심해야 한다. 어떤 형태든 정치적 권력은 질투를 유발한다. 질투가 단단히 뿌리를 내리기 전에 그것을 피하는 가장 좋은 방법은 야망이 없는 것처럼 보이는 것이다.

질투가 위장할 수 있는 다양한 형태에 주의를 기울여라. 지나친 칭찬은 당신을 질투하고 있다는 표시다. 그들은 당신을 쓰러뜨릴 덫을 놓거나(그들의 칭찬에 걸맞은 삶은 당신에게 불가능한 것이다), 등 뒤에서 칼을 갈고 있을 것이다. 동시에 당신에게만 유달리 비판적이거나, 공개적으로 당신을 중상모략하는 사람도 당신을 질투하고 있을 가능성이 높다. 그들의 행동이 질투라는 것을 알면, 당신은 상호비방전에 뛰어들거나 상대의 비판을 너무 진지하게 받아들이는 함정을 피할 수 있다. 하찮기 이를 데 없는 그들의 존재를 무시함으로써 당신의 복수를 완수하라.

당신에게 질투를 느끼는 사람에게 도움이나 친절을 베풀려고 하지 마라. 그들은 당신이 은혜를 베풀며 잘난 척한다고 생각한다. 일단 질투가 정체를 드러내면, 해결책은 질투하는 사람을 피해 멀리 달아남으로써 그들이 스스로 창조해낸 지옥에서 부글부글 끓어오르든 말든 신경 쓰지 않는 것이다.

끝으로, 어떤 환경은 특히 질투심을 촉진시킨다. 관계가 대등한 동료나 동년배 사이의 질투는 더욱 심각한 결과를 초래한다.

또한 질투는 노골적으로 권력을 과시할 경우 경멸의 대상이 되는 민주적 환경에서도 파괴적인 결과를 초래한다. 그런 환경에서는 특별히 경각심을 높여라.

● 뒤집어보기

질투하는 사람들에게 주의를 기울여야 하는 이유는 그들이 당신을 약화시킬 수 있는 방법을 헤아릴 수 없이 많이 찾아내기 때문이다. 그러나 너무 신중하게 행동하면, 그들의 질투심을 더 악화시킬 수 있다. 그들은 당신이 신중해졌다는 사실을 느끼며, 그것을 당신의 우월성을 드러내는 또 하나의 표시로 간주한다. 바로 그런 이유로 당신은 질투가 뿌리를 내리기 전에 미리 행동을 취해야 한다.

하지만 일단 질투심이 생기게 되면, 그것이 당신 잘못이든 아니든 때로는 정반대의 접근법을 취하는 것이 최선의 전략이다. 당신을 질투하는 사람에게 심한 경멸감을 보여라. 당신의 완벽한 모습을 감추려 하는 대신 오히려 노골적으로 과시하라. 승리를 거둘 때마다 그것을 이용해 질투하는 사람을 고통으로 진저리치게 만들어라. 당신의 행운과 권력이 그들에게는 살아 있는 지옥이 될 것이다. 다시 말해 그들이 질투의 덫에서 발버둥 치는 동안 당신은 자유롭게 권력을 누리게 된 것이다.

Law
34

정형화된 틀에서
벗어나라

성공 공식의 진화

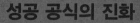

♦

특정한 모양을 갖추고 가시적인 계획을 세우면, 공격의 대상
이 되기 쉽다. 적이 파악할 수 있는 모양을 갖추지 말고 언제
든 변모 가능한 상태를 유지하며 움직여라. 확실한 것도 없고
고정된 법칙도 없다는 사실을 받아들여라. 자신을 보호하는 가
장 좋은 방법은 물처럼 유동적이며 비정형인 상태로 가는 것이
다. 영속성이나 지속적인 질서 따위는 믿지 마라. 모든 것이 변
한다.

스파르타의 흥망성쇠

기원전 8세기경 그리스 도시국가들은 크게 부강해졌고 팽창하는 인구를 감당하기 위해 외지로 진출했다. 그들은 바다로 눈길을 돌려 소아시아와 시칠리아, 이탈리아반도, 아프리카에까지 식민지를 건설했다. 그러나 도시국가 스파르타는 내륙에 위치하였고 산지로 둘러싸여 있었다. 지중해와 교류가 빈번하지 않은 스파르타는 해양 민족이 되지 못했다. 대신 그들은 주변 도시들과 100년 이상 무자비하고 격렬하게 전쟁을 벌이며 자국 시민들에게 나눠 줄 수 있을 정도의 땅을 정복했다. 그러나 이 해법은 '정복 지역을 어떻게 유지하고 통치할 것인가?'라는 새로운 문제를 야기했다. 통치해야 할 복속민들이 그들보다 열 배나 많았던 것이다. 실제로 이들 대집단은 무시무시한 기세로 그들에게 복수할 태세였다.

스파르타가 선택한 대안은 전쟁 기술로 똘똘 뭉친 사회를 만드는 것이었다. 스파르타인은 이웃보다 더 사납고, 더 강하고, 더 잔인해지기로 했다. 이것만이 안정적으로 존속할 수 있는 유일한 길이었기 때문이다.

스파르타에서 남자아이는 일곱 살이 되면 어머니 곁을 떠나 군에 입대했다. 거기서 소년은 싸우는 법을 배우고 혹독한 훈련을 받았다. 갈대로 만든 침대에서 잠자고, 외투 한 벌로 1년 내내 지냈다. 이들은 어떤 예술도 배우지 않았다. 실제로 스파르타인은 음악을 배척했으며, 사회 유지에 필요한 기술은 노예들의 몫이었다. 스파르타인이 배운 유일한 기술은 전쟁 기술이었다. 약해 보이는 아이들은 산속 동굴에 버려졌다. 스파르타에는 어떤 화폐나 교역 체계도 허용되지 않았다.

스파르타 보병은 세계에서 가장 강력했다. 그들은 완벽한 대형으로 진군해 용맹하게 싸웠다. 그들의 치밀한 밀집 방진은 테르모필라이 전투에서 페르시아군을 물리칠 때 입증된 것처럼 열 배가 넘는 적군도 이길 수 있었다. 스파르타의 일사불란한 행군 대형은 적군에게 공포의 대상이었다. 그러나 이처럼 강력한 전사였음에도, 그들은 제국 건설에는 전혀 관심이 없었다. 그들은 오직 정복한 땅을 유지하고 침략자로부터 방어하는 것만 바랐을 뿐이다. 수십 년 동안 스파르타의 체제는 전혀 변하지 않았고, 성공적으로 현상 유지를 했다.

스파르타가 호전적인 문화를 발전시키고 있던 시기, 아테네는 두드러지게 성장하고 있었다. 스파르타와 달리 아테네는 바다로 나아갔다. 식민지 건설보다는 교역이 목적이었다. 아테네인은 거상이 되었다. 그들의 유명한 화폐인 '올빼미 동전'은 지중해 전역에 퍼졌다. 완고한 스파르타인과 달리, 아테네인은 탁월한 창의성으로 모든 문제에 대응하고 놀라운 속도로 새로운 사회 형태와 예술을 창조했다. 아테네 사회는 항상 유동적이었다. 아테네가 강성해지자 방어 지향적인 스파르타는 위협을 느끼게 되었다.

기원전 431년, 아테네와 스파르타 사이에 드디어 전쟁의 기운이 폭발했다. 27년간 계속된 펠로폰네소스 전쟁에서 마침내 전쟁 기계 스파르타가 승리했다. 스파르타는 제국을 호령하게 되었고, 이제는 외피 속에 머물러 있을 수 없었다. 거둔 승리를 포기한다면, 아테네가 다시 집결해 대항할 것이기 때문이다.

전쟁이 끝난 후, 아테네의 부가 스파르타로 쏟아져 들어왔다. 전쟁에 단련된 스파르타인은 정치나 경제에는 문외한이었다. 아테네의 부와 생활 방식이 스파르타인들의 영혼을 완전히 지배했다. 아테네 땅에 파견된 스파르타의 행정관들은 부패의 극치를 달렸다. 스파르타는 아테네를 정복했지만, 아테네의 유동적인 생활방식이 그들의 규율을 서서히 허물고 엄격한 질서를 해체시켰다. 한편 아테네는 제국의 몰락을 인정하고, 대신 문화 및 경제의 중심지로 번창해갔다.

새로운 변화에 적응하지 못한 스파르타는 점차 쇠약해졌다. 아테네를 물리친 지 30여 년이 지난 후, 스파르타는 테베와의 전투에서 패배하고 만다. 한때 막강한 권력을 휘둘렀던 이 국가는 거의 하룻밤 사이에 붕괴되어 다시는 회복되지 못했다.

스파르타는 300여 년간 안전을 유지했지만, 엄청난 대가를 치러야 했다. 그들에게는 전쟁 이외에 어떤 문화도 존재하지 않았고 긴장을 풀어줄 예술도 없었으며, 현상 유지만을 염려했다. 이웃들이 바다로 나가 쉼 없이 요동치는 세상에 적응하는 법을 배우는 동안, 스파르타는 자신이 만든 제도 속에 매몰되었다. 그들은 오로지 현상 유지뿐이었다. 그러나 세상에 변하지 않는 것은 없다. 보호를 위해 기댄 외피나 제도 또한 언젠가는 파멸의 원인이 되고 말 것이다.

스파르타를 파멸시킨 것은 아테네의 군대가 아니라 돈이었다. 돈은 기회가 주어지면 어디든 흘러간다. 돈은 통제할 수도 없고 특별히 정해진 패턴도 없으며, 본래 무질서한 성질을 가지고 있다. 결국 돈이 스파르타의 제도에 침투하고 그 보호 갑주를 부식시켜 아테네를 정복자로 만들었다. 두 체제 간의 싸움에서, 아테네는 새로운 형태를 갖출 수 있을 만큼 유동적이고 창의적이었던 반면, 스파르타는 더욱 경직되어 끝내 부서지고 말았다.

동물이든 문화든 개인이든 세상 이치는 같다. 모든 유기체는 위험에 맞닥뜨렸을 때 보호 장치, 즉 딱딱한 외피나 엄격한 제도, 위안을 주는 종교 등에 의지한다. 이러한 보호 장치는 당장은 제구실을 할지 모르지만, 장기적으로는 재앙을 초래한다. 경직된 제도와 방식에 짓눌린 국가는 움직임이 둔해지고 변화에 민감하게 대응하지 못해, 뒤뚱거리며 더욱 느리게 걷다가 공룡이 맞이한 운명을 따르게 된다. 신속하게 움직이고 적응하지 못하면 멸망이 기다릴 뿐이다.

◆　　　　　　　　　　　　　　　　　　　　　**권력의 열쇠**

정형화된 틀에서 벗어나라

인간은 끊임없이 형식을 창조하고자 한다. 그러나 우리가 창조한 형식은 유행과 스타일, 해당 순간의 분위기를 대변하는 다양한 현상들 속에서 끊임없이 변한다. 인간은 선대로부터 물려받은 형식을 끊임없이 변경하고, 이러한 변화는 생명과 활력의 표상이다. 진정 '변하지 않는' 것, 완고한 형식은 죽음과 같다. 이런 현상은 젊은 세대에서 가장 두드러지게 나타난다. 사회가 부여한 형식이 마음에 들지 않으면 다양한 형식으로 자신을 표현하고 자기 고유의 성격을 연출한다. 이것이 바로 양식을 부단히 변화시키고 형식의 원동력이 되는 활력이다.

　권력은 형식이 유연할 때만 번영할 수 있다. 일정한 형식이 없다는 것을 형태가 없는 것으로 오해하면 안 된다. 모든 것은 형태를 가지고 있다. 무無란 있을 수 없다. 고정된 틀에 얽매이지 않은 권력은 물과 같아서 어떤 형태로든 모습을 바꾼다. 끊임없이 변해 예측이 불가능하다. 강자는 끊임없이 형식을 창조하고, 그의 권력은 신속하게 변신하는 능력에서 비롯된다. 보기에 일정한 형식이 없기 때문에 적은 상대가 무엇을 도모하는지, 무엇을 목표물로 삼아야 할지 종잡을 수 없게 된다. 이것이 권력의 최고 단계다.

나이가 든 사람일수록 비정형이 필요하다. 나이가 들면서 자기만의 방식을 고집하고 그 형식이 고착화되기 때문이다. 그러면 예측 가능한 생각이나 행동을 하게 된다. 이는 노쇠화의 첫 단계다. 이 예측 가능성은 사람을 우스운 꼴로 만들기도 한다. 조롱과 경멸은 온건한 형태의 공격이긴 하지만, 강력한 무기가 되기 때문에 결국 권력의 기초를 침식시킨다. 존경심을 잃은 적은 대담해지고, 대담성은 가장 작은 미물도 위험한 존재로 만든다.

하지만 비정형은 전략적인 자세라는 사실을 잊어서는 안 된다. 이를 통해 당신은 전술적으로 유리한 고지를 점하게 된다. 적이 당신의 다음 움직임을 알아내려 애쓰는 동안 적은 자신의 전략을 드러내게 된다. 그러면 그는 결정적으로 불리한 입장에 놓인다. 주도권은 당신에게 돌아오고, 적은 힘을 잃고 계속 당신에게 대응할 수밖에 없다. 그러는 동안 적의 감각과 이성은 마비된다. 비정형은 하나의 도구일 뿐이다. 절대 시류 영합이나 어떤 운명론과 혼동해서는 안 된다. 비정형을 사용하는 것은 내적인 평안을 얻기 위해서가 아니라 권력을 증대하기 위해서다.

새로운 환경에 적응한다는 것은 당신 자신의 눈으로 사건을 바라보고, 때론 다른 사람들의 조언을 무시하는 것을 의미한다. 궁극적으로는 다른 사람들이 권하는 법칙, 그런 종류의 책자들, 옛 현인의 조언을 내던져버리는 것을 의미한다. 나폴레옹은 "상황을 지배하는 법칙은 새로운 상황에 의해 폐기된다"라고 말했다. 새로운 상황을 판단해야 하는 사람은 당신 자신이라는 말이다.

● **뒤집어보기**

공간을 넓게 활용해 추상적 패턴으로 대처하라는 것을 집중력을 포기하라는 뜻으로 이해하면 안 된다. 집중력은 제때 중요한 역할을 하는 전략의 한 요소다. 비정형은 적이 온 사방을 헤매며 당신을 추격하다가 육체적으로나 정신적으로 힘을 완전히 소진하게 만든다. 그리고 마침내 교전하게 되면, 집중적으로 강력한 일격을 가하라.

비정형 전술을 전개할 때는 전체 과정을 관조하며 장기적인 전략을 염두에 두어야 한다. 형태를 갖추고 공격을 할 때는 집중과 속도, 힘을 유감없이 발휘하라.

PART 4
권력 행사의 법칙

권력을 얻고, 지키는 것이 권력 게임의 끝은 아니다. 상대방이 진심으로 당신의 권위에 복종하고 당신의 계획에 복무할 수 있게 권력을 행사하라. 당신이 차지한 영향력과 통제력을 실질적으로 사용해 목표한 바를 이뤄내고 상황을 장악할 때 권력은 완성된다.

우선 권력을 효과적으로 행사하려면 그것이 사람들에게 미치는 영향력을 알아야 한다. 권력을 쥔 자만이 상대에게 영향력과 통제력을 발휘한다는 환상을 버려라. 권력자 역시 상대에게 영향을 받는다는 것을 이해할 때만 당신이 바라는 목표를 이룰 수 있다.

4부에서는 획득한 권력을 가장 효과적으로 다루는 방법을 말한다. 여기에 속하는 법칙들을 익힌다면 라이벌이 나를 위해 일하게 할 수도, 불리한 상황을 오히려 기회로 바꿀 수도 있다. 적절한 시점을 잡아내는 법, 사람과 정보를 이용하는 법, 자신을 표현하는 법 등에 통달한다면 당신의 권력이 완전한 힘을 발휘하게 될 것이다.

역사상 가장 뛰어났던 권력자들은 대담한 공격, 치밀한 계획, 은밀한 행동을 적절히 배분해 최고의 권력을 행사했다. 싸워서 질 바에야 항복을 선택하고, 친구가 아닌 라이벌을 동료로 받아들이는 등 예측할 수 없는 행동으로 상대와 상황을 장악했다. 때론 대담한 행동을, 때론 침묵과 유혹을 선택하지만 그 모든 것이 향하는 곳은 언제나 같았다. 모든 일이 자기 뜻대로 이루어지게 하는 것, 이것이야말로 모든 권력 게임의 종착역이자 완성이다.

Law
35

친구를 멀리하고
적을 이용하라

용인술

친구를 경계하라. 친구는 질투심에 빠지기 쉽기 때문에 남보
다 더 빠르게 당신을 배반할 수 있다. 친구는 또한 권력을 갖
게 되는 경우 당신에 대한 배려 없이 포악행위를 가할 수도 있
다. 하지만 예전의 적은 포용해주면 오히려 친구보다 더 의리
있게 행동한다. 자신의 충성을 입증해야 할 필요를 상대적으로
더 많이 느끼기 때문이다. 사실 적보다 더 두려워해야 할 대상
이 친구다. 적이 전혀 없다면, 적을 만들 방법을 찾아라.

조광윤의 정적 길들이기

한漢 왕조가 몰락한(220년) 이후 중국에서는 수백 년간 유혈 정변
이 되풀이되었다. 군부 세력이 음모를 꾸며 약한 왕을 죽이고 그
자리에 강력한 장군이 들어앉았다. 장군은 새 왕조를 창시하고 스
스로 황제에 올랐으며, 자신의 목숨과 자리를 지키기 위해 다른
동료 장군들을 처형했다. 하지만 몇 년이 지나고 나면 똑같은 상
황이 다시 반복되었다. 새로운 장군들이 득세하여 황제와 그 아들
들을 죽이곤 했던 것이다. 따라서 당시 중국 황제는 수많은 적에
게 둘러싸인 외로운 처지였으며 가장 허약하고 불안한 자리였다.

959년, 조광윤趙匡胤이 송나라를 세우고 황제의 자리에 올랐
다. 그는 1~2년 안에 자신이 암살당할 수 있다는 것을 알았다. 어
떻게 하면 암살과 새로운 황제 즉위라는 악순환에서 벗어날 것인
가? 그는 황제가 된 직후 성대한 연회를 열어 새로운 왕조의 탄생
을 축하했다. 그 자리에는 군부의 유력자들도 초대했다. 모두 적
당히 술에 취하자 황제는 호위병들을 전부 방에서 나가게 한 뒤

장군들만 남게 했다. 장군들은 황제가 자신들을 일거에 죽일지도 모른다는 두려움에 떨었다. 하지만 황제는 이렇게 말했다. "짐은 온종일 두려움 속에 살고 있소. 밥을 먹을 때도, 잠자리에 들 때도 늘 불안하오. 여기 있는 장군들 가운데 누군가가 황제의 옥좌를 탐하지 않으리란 보장이 없지 않소? 짐은 물론 장군들의 충절을 의심하진 않으나, 혹시 부와 명예를 탐하는 부하들이 여러분을 황제의 자리에 앉히려고 애를 쓴다면, 누가 거절할 수 있겠소?" 장군들은 모두 자신에게는 그럴 의도가 전혀 없으며 변함없는 충성을 바치겠노라고 맹세했다. 그때 황제가 말했다. "부와 명예를 평화롭게 누리며 사는 것이 가장 행복한 삶일 것이오. 만일 여러분이 장군의 지위를 포기하면, 좋은 땅과 풍족한 거처를 제공하고 평생 풍류와 여자들을 벗하며 여유로운 삶을 살도록 해주겠소."

그것은 불안과 투쟁으로 가득한 삶 대신에 부와 안정이 보장된 삶이었다. 다음 날 장군들은 모두 사임을 표하고 황제가 하사한 땅으로 물러가 살았다. 조광윤은 자신을 배신할 가능성이 있는 '우호적인' 늑대들을 대번에 온순한 양으로 만들어 권력으로부터 멀찌감치 떨어뜨려놓은 것이다.

이후 몇 년간 조광윤은 통치 기반을 확실하게 다져갔다. 971년, 남한南漢의 왕 유창이 마침내 송나라에 항복했다. 조광윤은 그를 고위 관직에 앉히고 궁전으로 초대하여 술잔을 나누며 새로운 우정을 축하했다. 유창은 예상과 다른 대우에 깜짝 놀랐다. 유창은 황제가 주는 술잔을 받고 혹시 독이 들어 있지 않을까 싶어 마시기를 주저했다. 그는 넙죽 엎드리며 외쳤다. "신의 죄를 생각할 때 죽어 마땅하오나, 불쌍한 목숨을 살려주시길 간청합니다. 신은 감히 이 술을 마시지 못하겠나이다." 황제는 껄껄 웃음을 터뜨리며 유창의 손에 든 잔을 빼앗아 마셨다. 술잔에는 독이 없었다. 그 이후로 유창은 황제가 가장 신뢰하는 친구가 되었다.

당시 중국은 수많은 소국으로 나뉘어 있었다. 한 소국의 왕이 전쟁에서 패배하자, 송나라의 대신들은 황제에게 반역자인 그 왕을 잡아다 가두라고 조언했다. 대신들은 그가 송나라 황제를 암살할 음모를 꾸미고 있다는 내용이 담긴 문서까지 제시했다. 그러나 황제는 그를 가두기는커녕 환영했다. 또 황제는 꾸러미를 하나 건네며 돌아가는 길에 열어보라고 말했다. 그가 가는 도중에 꾸러미를 열어보니, 자신의 황제 암살 음모가 담긴 문서들이 들어 있었다. 그는 황제가 이미 모든 것을 알고 있으면서도 자신을 살려주었다는 것을 알았다. 황제의 넓은 아량에 감동한 그는 이후 황제의 가장 충성스러운 신하가 되었다.

●   **해석**

어떤 중국 속담에서는 친구를 위험한 동물의 턱과 이빨에 비유한다. 조심하지 않으면 친구에게 잡아먹힐 수 있다는 의미다. 송나라 황제는 즉위 직후 자신이 날카로운 이빨을 가진 짐승들에게 둘러싸여 있음을 깨달았다. 조만간 군부에 있는 '동료' 장군들이 그를 먹잇감처럼 씹어 먹을 것이고, 설령 살아남는다고 해도 궁내에 있는 다른 '친구'들이 그를 잡아먹을 수 있었기 때문이다. 황제는 '친구'들과 관계를 끊기로 결심하고, 동료 장군들에게 좋은 땅을 주어 멀리 떠나 살게 했다. 장군들의 세력을 약화시키기 위해서는 그것이 죽이는 것보다 훨씬 나은 방법이었다. 만일 그들을 죽였다면 다른 장군들이 복수를 시도했을 것이다. 황제는 '우호적인' 대신들과도 가까운 관계를 유지하지 않았다. 그들은 대개 결국 독이 든 술잔을 마시게 되곤 했다.

황제는 친구를 믿고 의지하는 대신 적들을 포용해 하나씩 더 믿음직한 부하로 만들었다. 친구는 갈수록 더 많은 것을 원하고 질투심에 휩싸이지만, 과거에 적이었던 사람은 아무것도 요구하지 않아도 많은 것을 얻는다. 갑자기 사형을 면하게 된 사람은 감사한 마음을 가지며, 자신을 용서해준 사람을 위해서라면 무슨 일이든 하는 법이다. 시간이 지난 후 과거의 적들은 황제의 가장 믿음직한 동지가 되었다.

이렇게 송의 황제는 유혈 정변과 암살과 내전이 되풀이되는 역사의 악순환을 끝냈으며, 이후 송나라는 300년 이상 중국을 다스렸다.

친구를 멀리하고 적을 이용하라

당신은 친구가 진짜로 어떤 생각과 감정을 가졌는지 모를 확률이
높다. 친구는 말한다. 당신이 쓴 시가 마음에 든다고, 당신의 음악
을 좋아한다고, 당신의 패션 감각이 부럽다고. 가끔은 진심인 경
우도 있지만, 대개는 거짓말이다.

　친구를 곁에 두기로 결정하고 나면 차츰 그가 감추고 있던 성
격이나 특징을 발견하게 된다. 그리고 묘하게도 당신의 친절한 행
동 때문에 둘 사이 관계의 균형이 흔들리기 시작한다. 사람들은 자
신이 그럴 만한 자격이 있어서 좋은 것을 누리게 되었다고 생각한
다. 그들은 호의와 은혜를 받는 것을 부담스럽고 억압적이라고 느
낄 수 있다. 자격이 있어서가 아니라 친구라서 선택받았다는 느낌
이 들기 때문이다. 또 친구를 쓰면서 생색을 내기도 하는데 이는
친구의 마음을 상하게 한다. 그 상처의 결과는 천천히 나타난다.
조금 더 정직해지고, 때로 분노와 질투심을 드러내기도 하는 사이
어느새 우정의 빛깔은 바래고 만다. 우정을 회복하려고 더 많은 호
의와 선물을 베풀수록 친구의 고마워하는 태도는 줄어든다.

　배은망덕은 긴 역사를 갖고 있다. 그것이 발휘한 파괴적 위력
이 오랜 역사 곳곳에서 목격되는데도 불구하고, 아직도 사람들은
그 힘을 과소평가한다는 사실이 놀랍기만 하다. 방심하지 마라.
애당초 친구가 고마워할 것이라고 기대하지 않으면, 그가 고마움

을 표시할 때 당신은 놀라움과 만족감을 느끼게 될 것이다.

중요한 위치에 친구를 쓰면 불가피하게 당신의 권력이 제한을 받게 된다. 친구가 당신을 도와주기에 가장 적절한 능력을 가진 인물인 경우는 드물다. 결국엔 능력과 역량이 우정보다 훨씬 중요한 때가 오게 마련이다.

어떤 형태의 조직에서든 사람들과 거리를 유지해야 한다. 일을 하려고 모인 것이지 친구를 사귀려고 모인 것이 아니기 때문이다. 우정은(진짜 우정이든, 가짜 우정이든) 진실을 흐릿하게 가릴 뿐이다. 권력의 열쇠는 어떤 상황에서도 당신의 이익을 가장 크게 증진시켜줄 사람이 누구인지 판단하는 능력에 있다. 친구는 우정을 나누기 위해 사귀고, 일은 유능하고 실력 있는 사람과 함께하라.

반면 적은 아직 개발하지 않은 금광과 같다. 링컨이 말했듯이, 적을 친구로 만들면 자연히 적을 없애게 된다.

한편 주변에 적이 없으면 나태해진다. 적이 뒤를 쫓아오면 머리도 더 총명해지고 집중력과 주의력도 높아진다. 그러므로 때에 따라서는 적을 친구나 동맹자로 바꾸지 말고 그대로 적으로서 이용하는 편이 낫다.

적이 있다고 해서 불안해하거나 걱정하지 마라. 진짜 적이 어디 있는지 모르는 것보다는 분명하게 규정된 적이 있는 편이 훨씬 낫다. 권력을 가진 자는 투쟁을 환영하며, 적을 적절히 이용함으로써 불안한 시기에 의지할 수 있는 확실한 투사라는 평판을 구축한다.

일반적으로는 일과 우정을 혼동하지 않는 것이 가장 좋지만, 때로는 친구를 적보다 훨씬 효과적으로 활용할 수 있다. 예를 들어, 권력의 자리에 있는 사람은 때때로 더러운 일을 해야만 한다. 그러나 주위 시선을 고려하여 다른 이들에게 그 일을 대신 하게 하는 것이 나을 때가 많다. 친구는 때로 그러한 일을 기꺼이 떠맡는다. 물론 이 방식을 쓰고 나면 친구는 영원히 잃는다. 그러므로 웬만큼은 가깝지만 너무 가깝지는 않은 사람을 희생양으로 택하는 것이 좋다.

　마지막으로, 친구와 함께 일을 할 때는 서로 지켜야 하는 경계선과 거리가 흐려질 위험이 있다는 점을 명심해야 한다. 하지만 두 사람 모두 그러한 위험을 정확히 인식하고 있다면, 함께 일함으로써 커다란 효과를 거둘 수도 있다. 그러나 어떤 상황에서도 절대 경계심을 늦춰서는 안 된다. 권력의 세계에서는 그 어떤 것도 영원하지 않다. 가장 절친한 친구라도 끔찍한 적으로 변할 수 있다.

Law
36

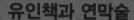

의도를
드러내지 마라

유인책과 연막술

상대가 불안한 마음으로 어둠 속을 헤매게 하는 방법은 당신의
행동 뒤에 숨겨진 목적을 절대 드러내지 않는 것이다. 당신의
의도를 모른다면 상대는 방어책을 준비할 수 없다. 연막을 피
워 상대를 엉뚱한 길로 유도하라. 그렇게 하면, 상대는 너무 늦
은 시점에서야 당신의 의도를 깨달을 것이다.

속임수에 빠진 반란군

1920년대 중반, 에티오피아의 장군들은 하일레 셀라시에라는 젊은 귀족이 조만간 자신들을 물리치고 최고 권력자의 자리에 올라 수십 년 만에 처음으로 에티오피아를 통일할 시점이 가까워져 옴을 느끼고 있었다. 경쟁자들은 그처럼 가냘프고 조용하며 온화한 인물이 어떻게 그러한 힘과 권력을 가질 수 있는지 이해하지 못했다. 1927년 셀라시에는 군부의 실력자들을 수도인 아디스아바바로 하나씩 불러 자신을 최고 권력자로 인정하고 충성을 서약하게 만들었다.

몇몇은 부르는 즉시 달려왔고 몇몇은 머뭇거리다가 찾아왔지만, 결국은 모두 그의 앞에 머리를 조아렸다. 그러나 단 한 사람, 시다모의 데자츠마치 발차$^{Dejazmach\ Balcha}$만이 그의 지시를 따르지 않았다. 대가 세고 전투에 능한 인물인 발차는 셀라시에가 지도자가 되기엔 너무 유약하다고 생각했다. 그는 수도에 들어오지 않으면서 노골적으로 반감을 표시했다. 마침내 셀라시에는 부드럽지만 단호한 태도로 발차에게 아디스아바바로 올 것을 명했다. 발차는 그 명을 따르긴 따르되 자신이 만만한 상대가 아니라는 것을 보여 주기로 했다. 그는 1만 명의 군사를 이끌고 아디스아바바로 느긋하게 들어가기로 했다. 여차하면 내전까지 일으킬 작정이었다. 발차는 수도에서 5킬로미터쯤 떨어진 계곡에 병력을 주둔시키고 기다렸다. 셀라시에로 하여금 오게 만들겠다는 심산이었다.

셀라시에는 사자使者를 보내 발차에게 그를 주빈으로 초대하는 연회가 오후에 열리니 참석해달라고 청했다. 그러나 발차는 바보가 아니었다. 과거 에티오피아의 여러 왕과 군주들이 연회를 미끼로 던져 목표 대상을 끌어들인 사실을 잘 알고 있었다. 자신이 연회에 참석하여 거나하게 취하고 나면 셀라시에가 즉시 결박하거나 죽일 것이라고 생각했다. 자신이 이런 시나리오를 간파하고 있음을 보여주기 위해서, 발차는 무장한 호위병 600명을 데리고 가겠다고 대답했다. 놀랍게도 셀라시에는 정중한 태도로 그렇게 해도 좋다고 승낙했다.

연회에 참석하러 가는 도중 발차는 병사들에게 절대 취하지 말 것과 경계를 늦추지 말 것을 명령했다. 궁전에 도착하자 셀라시에는 정중하게 그들을 맞이했다. 발차에게 경의를 표하며, 그의 동의와 협조가 반드시 필요한 것처럼 그를 대했다. 그러나 발차는 넘어가지 않고, 자신이 해 질 녘까지 병력 주둔지로 돌아오지 않으면 그곳의 병사들이 수도를 공격할 것이라고 경고했다. 셀라시에는 발차가 자신을 믿지 못하는 것이 못내 섭섭하다는 내색을 했다. 식사하는 동안 에티오피아의 지도자를 기리는 음악을 연주하는 시간이 되었을 때, 셀라시에는 발차에게 바치는 노래를 연주하도록 지시했다. 발차는 셀라시에가 자신을 두려워한다고, 더 뛰어난 지략을 가진 장군인 자신에게 겁을 먹었다고 생각했다. 그리고 머지않아 자신이 유일한 실세이자 권력자의 자리에 오를 날을 상상했다.

저녁이 되어갈 무렵, 발차와 호위대는 의기양양한 모습으로 군대가 주둔하고 있는 계곡으로 돌아갔다. 발차는 뒤로 멀어지는 수도를 바라보면서 앞날의 전략을 구상했다. 군사를 이끌고 몇 주일 안에 수도로 진격해 들어가 셀라시에를 감금하거나 처형하는 모습을 말이다. 그러나 군대 주둔지로 돌아온 발차는 일이 잘못되었다는 것을 직감했다. 수많은 천막은 온데간데없고 잔해들 속에서 연기만 피어오르고 있었다. 대체 어떻게 된 일이란 말인가.

한 목격자가 발차에게 상황을 보고했다. 연회가 열리는 동안, 셀라시에의 대규모 군대가 측면 루트를 통해 주둔지에 접근했다. 하지만 그들은 싸우려고 간 것이 아니었다. 전투를 벌일 경우 발차가 그 소리를 듣고 다시 계곡으로 돌아올지 모른다고 생각한 셀라시에는 군사들에게 무기 대신 금과 돈을 잔뜩 싣고 찾아가게 했다. 그들은 발차의 군사들에게 금은보화를 주고 모든 무기를 사들였다. 거절하는 병사들에게는 협박을 가했다. 몇 시간 만에 발차의 군대는 무장해제되어 사방으로 흩어졌다.

보고를 들은 발차는 위험을 감지하고 군대를 다시 규합하기 위해서 600명의 호위대를 끌고 남쪽으로 진군했다. 그러나 셀라시에의 군사들이 길을 막고 있었다. 다른 길은 수도로 향하는 길이었으나, 거기에도 역시 셀라시에의 군사들이 대거 포진해 있었다. 노련한 체스 플레이어처럼 셀라시에는 발차의 수를 미리 예측하고 그를 꼼짝 못 하게 만든 것이다. 발차는 평생 처음으로 무릎을 꿇었다. 그리고 자신의 오만함과 야망을 후회하며 수도원에 들어갔다.

● **해석**

셀라시에의 긴 통치 기간에 그의 수를 읽을 수 있는 사람은 아무도 없었다. 에티오피아 국민은 강인한 지도자를 좋아하지만, 부드럽고 온화한 외양을 갖춘 셀라시에는 다른 어떤 지도자들보다도 오래 권력을 유지했다. 그는 결코 화를 내거나 조급함을 드러내는 일이 없었으며, 공격하기 전에 부드러운 미소로 상대를 유혹하고 친절한 태도로 상대를 안심시켰다. 셀라시에는 발차의 신중함을, 연회가 덫이라고 생각하는 그의 의심을 오히려 이용했다. 물론 연회는 실제로 덫이었지만, 발차가 예상한 것과는 다른 덫이었다. 셀라시에는 발차의 두려움을 완화시킴으로써(호위병 600명을 연회에 데려오게 하고, 연회에서 그를 최고로 대우하고, 그로 하여금 자신이 주도권을 쥐고 있다고 느끼게 만듦으로써) 뿌연 연막을 피웠고, 때문에 5킬로미터 떨어진 계곡에서 벌어지는 상황을 감출 수 있었다.

기억하라. 지나치게 의심이 많은 신중한 상대는 오히려 속이기 쉽다. 어떤 한 영역에서 그들의 신뢰를 얻으면 당신은 연막을 피워 그들의 눈을 가리게 된다. 그러면 그들은 다른 영역에서 벌어지는 일은 알지 못한다. 그사이 당신은 조용히 접근하여 치명타를 가함으로써 그들을 무너뜨릴 수 있다. 도움을 주거나 정직한 척하는 태도, 상대의 우월함을 추켜세우는 태도를 취하라. 이는 그들의 주의를 흐트러뜨리는 최상의 도구다.

훌륭한 연막 작전은 권력을 쥘 수 있게 만드는 강력한 무기다. 이 무기를 사용해 부드러운 셀라시에는 피 한 방울 흘리지 않고 적을 완전히 무너뜨렸다.

◆　　　　　　　　　　　　　　　　　　　　　권력의 열쇠

본심을 위장하라

속임수를 쓰는 사람이 화려한 거짓말과 장황한 이야기를 구사한다고 생각한다면 착각이다. 그런 사람은 오히려 남의 주목을 끌지 않는 차분한 모습을 갖고 있다. 그들은 화려한 말과 몸짓이 의심을 살 수 있다는 것을 누구보다 잘 안다. 대신 그들은 친근하고 평범하며 악의 없는 태도로 목표물에 접근한다.

친근함과 익숙함으로 위장하면 상대는 자기 등 뒤에서 기만이 이루어지고 있음을 알아채지 못한다. 사람은 한 번에 한 가지에만 집중하기 때문이다. 순진하고 평온해 보이는 사람이 뒤에서 뭔가 다른 것을 꾸미고 있다고 상상하기는 힘들다. 더 짙고 한결같은 연기를 피울수록 당신의 의도를 감쪽같이 감출 수 있다. 연막 작전은 상대를 당신의 그물로 끌어들이는 방법이다. 이는 상대에게 일종의 최면을 거는 것과 비슷하다.

연막을 피우는 가장 간단한 방법은 얼굴 표정을 이용하는 것이다. 차분한 포커페이스 뒤에서는 들키지 않고 온갖 종류의 책략을 꾸밀 수 있다. 이는 역사상 많은 사람이 능통했던 방법이다.

연막 작전은 상황에 따라 다양한 차원으로 활용할 수 있지만, 상대의 눈길을 다른 곳으로 유인한다는 심리적인 원칙을 이용한다는 공통점이 있다. 또 다른 효과적인 연막은 고상한 행동이다. 사람들은 고상한 행동이 진짜라고 믿고 싶어 한다. 그렇게 믿는 것이 기분 좋고 마음이 편하기 때문이다. 그들은 고상한 행동 뒤에 어떤 기만이 숨어 있는지 좀처럼 알아채지 못한다.

또 다른 연막은 패턴을 만드는 것이다. 일련의 행동 패턴을 만들면, 상대는 당신이 늘 똑같은 식으로 행동할 것이라고 믿게 된다. 이는 인간의 심리적인 특성에 기초한 것이다. 우리의 행동방식은 특정 패턴을 따르거나, 또는 그렇다고 믿고 싶어 한다.

연막 작전을 위해 활용할 수 있는 또 다른 심리적 약점이 있다. 그것은 사람들이 대개 겉모습을 진실로 착각하는 경향이다. 사람들은 누군가가 자기 무리에 속하는 것처럼 보이면 그 사람을 의심하지 않는다. 따라서 티 나지 않게 사람들 틈에 섞이는 것은 훌륭한 작전이다. 그저 주변 사람들과 섞이면 되는 것이다. 잘 섞여 있을수록 덜 의심받는다.

화려하고 뛰어난 본색을 감추고 사람들 눈에 띄지 않기 위해서는 인내심이 필요하다. 그러한 가면을 써야 한다는 사실에 좌절하지 마라. 읽을 수 없는 사람이 될수록 더 많은 사람이 당신 발아래 모일 것이며 당신에게 더 큰 권력이 따를 것이다.

● **뒤집어보기**

기만에 능한 사람이라는 평판이 이미 나 있다면 위에서 설명한 방법들은 통하지 않을 것이다. 시간이 흘러 당신의 작전이 성공하는 횟수가 많아지면 교활함을 위장하기가 쉽지 않다. 모두가 당신이 기만을 행한다는 것을 아는데 예전의 방식을 고집하면, 당신은 지독한 위선자로 보일 위험이 있으며 그 결과 당신의 계략은 더 이상 먹히지 않는다. 그럴 때는 차라리 죄를 고백하고 정직한 악당이 되는 편이 낫다. 또는 회개하는 모습을 보여주는 것도 좋다. 그러면 솔직함 때문에 칭찬받을 뿐 아니라 당신의 계략을 적절한 때에 재개할 수 있다.

Law
37

최소한의
말만 하라

침묵의 효과

말은 많이 하면 할수록 더 평범해지고 권위가 없어지는 법이다. 말로 인상을 남기려 할 때는 더욱더 그렇다. 진부한 이야기를 할 때조차도 모호하게 생각의 여지를 던지고 수수께끼처럼 만들어라. 권력자들은 말을 아낌으로써 강한 인상과 위협감을 남긴다. 말을 많이 할수록 후회할 말을 하게 될 가능성도 커진다.

루이 14세의 수수께끼 같은 표정

루이 14세의 궁정에서는 귀족과 장관들이 중요한 국사를 놓고 며칠 동안 토론을 벌이는 일이 잦았다. 상의를 하다가 말다툼을 하기도 하고, 뜻이 한데 모였다가 다시 언쟁을 벌이는 일이 반복되었다. 그러다 어느 날인가는 다음과 같은 결정을 내렸다. 의견이 다른 양측의 대표자를 한 명씩 정해서 루이에게 보내, 그의 판단에 맡기자는 것이었다. 대표자 두 명을 고른 후 양측은 세부 사항을 진지하게 토의했다. 쟁점을 어떤 식으로 표현하여 말할 것인가? 어떤 말이 루이를 설득할까? 어떤 말이 루이를 언짢게 할까? 대표자들이 어떤 표정을 짓는 게 바람직할까?

마침내 운명의 순간이 찾아왔다. 양측의 대표자들은 루이를 찾아가 당면한 문제와 해결책에 대해서 세세하게 설명했다. 루이는 수수께끼 같은 표정을 지으며 잠자코 듣기만 했다. 두 대표가 설명을 마치고 왕의 의견을 묻자, 그는 두 사람을 보며 말했다. "생각해보겠네." 그리고 자리를 떠났다.

이후 신하들은 왕이 그 문제를 언급하는 것을 한 번도 듣지 못했다. 몇 주 뒤 왕이 결정을 내리고 행동을 개시할 때에야 그 결과만 볼 수 있을 뿐이었다. 왕은 그 문제에 대해 신하들과 결코 다시 상의하지 않았다.

● **해석**

루이 14세는 말수가 매우 적었다. "짐이 곧 국가다"라는 그의 유명한 말은 간결하면서도 힘이 있다. "생각해보겠네"라는 말은 신하들이 무언가를 요구할 때 그가 자주 사용하던 간결한 말 가운데 하나였다.

루이가 처음부터 그런 타입이었던 것은 아니다. 젊은 시절 그는 장황하게 말하는 것을 좋아했고 자신의 웅변 능력을 자랑스럽게 생각했다. 하지만 나중에는 의도적으로 과묵해지려고 노력했다. 이는 아랫사람들을 당혹하게 하고, 쩔쩔매게 하는 하나의 가면이었다. 그가 어떤 생각을 품고 있는지 아무도 정확히 알지 못했다. 신하들이 계속 이야기를 하는 동안 루이는 말없이 듣기만 했고, 그럴수록 그들은 자신에 대한 정보를 더 많이 드러냈다. 루이는 나중에 그 정보를 이용해 그들을 공격했다.

결국 루이의 과묵함 때문에 주변 사람들은 겁을 먹고 그의 지배력 아래 들어가게 되었다. 그것은 그가 권력을 유지할 수 있었던 기초 가운데 하나였다.

최소한의 말만 하라

말을 적게 하면 실제보다 더 힘을 가진 사람처럼 보인다. 침묵을 지키면 사람들은 불편해한다. 인간이란 해석과 설명을 좋아하는 존재라서, 당신이 침묵하고 있으면 상대는 당신의 생각을 알아내고 싶어 한다. 당신이 무엇을 드러내고 드러내지 않을지 신중하게 통제하면, 상대는 당신의 목적과 의중을 간파하지 못한다. 당신이 짧게 대답하고 침묵하면 상대는 초조해져서 침묵을 깨고 온갖 종류의 말을 늘어놓게 되며, 그러다가 자신의 중요한 정보나 약점을 노출하기도 한다. 상대는 집에 돌아가서 당신이 한 말을 곰곰이 되씹어볼 것이다. 이렇듯 상대가 당신의 짧은 몇 마디에 특별한 관심을 기울이면 당신의 힘이 커진다.

● **뒤집어보기**

말을 하지 않는 것이 현명하지 못할 때도 있다. 특히 윗사람 앞에서 침묵은 의심이나 불안을 불러일으킨다. 모호하게 말하면 상대가 당신이 예상치 못한 방향으로 그 뜻을 해석할 수도 있다. 그러므로 침묵과 말을 삼가는 것은 때와 장소를 가려 신중하게 해야 한다.

Law
38

일은 남에게 시키고
명예는 당신이 차지하라

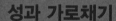

성과 가로채기

다른 사람들의 지혜와 지식, 공력을 이용하여 당신 자신의 대의大義를 강화하라. 사람들의 도움은 당신의 귀중한 시간과 에너지를 절약시켜줄 뿐 아니라, 능률과 신속함을 갖춘 신과 같은 인물이라는 이미지를 만들어준다. 결국 당신을 도와준 사람들은 잊혀지고 당신만 기억되게 마련이다. 다른 사람들이 대신해줄 수 있는 일은 결코 직접 하지 마라

성공을 빼앗긴 비운의 발명가, 테슬라

1883년, 세르비아 출신의 젊은 과학자 니콜라 테슬라^{Nikola Tesla}는 에디슨 회사^{Continental Edison Company}의 유럽 지부에서 일하고 있었다. 공장 관리자이자 토머스 에디슨의 친구이기도 했던 찰스 배첼러는 그의 재능을 알아보고 미국에 가서 더 크게 일해볼 것을 권유하며, 에디슨 앞으로 소개장도 써주었다. 테슬라의 번민과 고난의 나날은 이렇게 시작되었다.

뉴욕에서 테슬라를 만나본 에디슨은 그 자리에서 당장 그를 고용했다. 테슬라는 원시적인 수준의 에디슨 발전기를 개선할 방법을 찾기 위해 하루 열여덟 시간을 일했다. 그러고는 마침내 발전기를 완전히 재설계하겠다고 제안했다. 몇 년이 걸릴 엄청난 작업이라고 생각한 에디슨은 이렇게 말했다. "내 자네에게 5만 달러를 걸지. 자네가 그 일을 해낼 수 있다면 말일세." 테슬라는 밤낮을 그 프로젝트에 매달려 불과 1년 만에 이전보다 대폭 개선된 데다 자동 제어 기능까지 갖춘 발전기를 만들어냈다.

테슬라는 이 기쁜 소식을 전하고 약속대로 5만 달러를 받기 위해 에디슨을 찾아갔다. 에디슨은 발전기의 성능 향상이 자신의 명예를 높이고 회사에 이익을 가져다줄 것이라는 생각에 무척 기뻐했다. 하지만 돈 이야기가 나오자 에디슨은 이렇게 말했다. "테슬라, 자넨 미국식 유머를 이해 못 하는구먼!" 그러고는 봉급만 조금 인상해주고 말았다.

테슬라에게는 교류전류^AC 체계를 만들어내겠다는 일념이 있었다. 한편 에디슨은 직류전류^DC 체계를 신봉했기에 테슬라의 연구 지원을 거절했을 뿐 아니라, 나중에는 온갖 수단을 동원해 그를 방해했다. 그러자 테슬라는 이제 막 전력 회사를 차린 피츠버그의 부호 조지 웨스팅하우스^George Westinghouse를 찾아갔다. 그는 테슬라의 연구에 전면적으로 자금을 대주었고, 향후 수익에 대해서도 로열티를 후하게 주겠다고 약속했다. 이때 테슬라가 발명해낸 AC 체계는 오늘날까지도 표준으로 이용되고 있다. 하지만 테슬라의 이름으로 특허가 등록되자 다른 과학자들이 자신이 연구의 초석을 마련했다며 발명의 공로를 차지하려 달려들었다. 그 혼란의 와중에 테슬라의 이름은 온데간데없이 사라져버리고, 일반 대중들은 교류전류의 발명을 웨스팅하우스와 연관 짓게 되었다.

1년 후 웨스팅하우스는 존 피어폰트 모건^John Pierpont Morgan에게서 회사 인수 제의를 받았다. 모건은 웨스팅하우스에게 테슬라에게 로열티를 지급하기로 한 계약을 취소하라고 했다. 웨스팅하우스는 테슬라에게 21만 6천 달러에 특허권을 넘기라고 설득했다. 그

정도면 분명 큰 금액이었지만, 당시 특허권의 가치 1,200만 달러에는 턱없이 못 미치는 수준이었다. 테슬라는 부와 특허권, 그리고 생애 최고의 발명품에 대한 공로까지도 빼앗겼다.

'라디오 발명' 하면 흔히들 마르코니를 떠올린다. 하지만 마르코니의 발명 또한 테슬라의 연구에 의존해 이루어졌다는 사실을 아는 사람은 거의 없다. 이번에도 테슬라는 돈 한 푼도, 어떤 인정도 받지 못했다. 그 많은 위대한 발명을 해내고도 결국 테슬라는 노년에 빈곤한 삶을 살았다.

● **해석**

테슬라는 과학은 정치와는 전혀 상관없는 것으로, 부와 명예에는 신경을 쓰지 말아야 한다고 주장했다. 하지만 바로 그런 태도가 그의 과학적 업적을 망쳤다. 특정 발명에 자기 이름을 연관시키지 못했기에 많은 아이디어를 가지고도 투자자를 끌어들이지 못했다. 그가 또 다른 발명과 연구에 몰두하는 동안, 다른 사람들은 그가 전에 만들어놓은 특허를 훔쳐 가 영예를 대신 차지했다. 테슬라는 모든 일을 자기 혼자 하고 싶어 했다. 하지만 그러다 보니 자신만 녹초가 되고 빈곤에 허덕여야 했다.

에디슨은 테슬라와 정반대였다. 사실 에디슨에겐 뛰어난 발명가라고 할 만한 측면이 별로 없다. 그는 발명가라기보다는 사업가이자 홍보가에 가까웠다. 그는 세상의 흐름과 새로운 기회가 될 만한 것을 포착한 후 그 일을 해줄 최고 인재를 고용했다. 필요하다면 경쟁자들 것을 훔치기도 했다. 하지만 오늘날 발명가로서 더 많이 오르내리는 이름은 에디슨이다.

우리가 여기서 발견할 수 있는 교훈은 두 가지다. 첫째, 발명이나 창작에 대한 명예는 발명 자체만큼이나 중요할 수 있다. 당신은 그 명예를 반드시 차지해야 하며, 다른 이들이 훔쳐 가지 못하도록 막아야 한다. 그러기 위해서는 항상 경계심을 늦추지 말고 무자비하게 굴어야 한다. 둘째, 당신의 대의를 강화하는 데 다른 사람들의 노력을 이용하라. 시간은 소중하고 인생은 짧다. 모든 일을 당신이 직접 하려 했다간 당신만 녹초가 되고 만다. 그보다 당신의 힘은 비축해두고 남들이 해놓은 일을 재빨리 가로채 당신의 업적으로 만드는 것이 훨씬 바람직하다.

◆   **권력의 열쇠**

일은 남에게 시키고 명예는 당신이 차지하라

권력의 세계에는 정글의 역학이 존재한다. 직접 사냥을 해가며 살아가는 사람들이 있는가 하면, 하이에나나 독수리처럼 남이 사냥해놓은 것을 먹고사는 작자들도 있다. 후자에 속하는 사람들은 상상력이 부족해 권력을 창출할 능력이 안 되는 경우가 많다. 하지만 이들은 잘 참고 기다리기만 하면 대신해줄 다른 동물을 얼마든지 찾아낼 수 있다는 사실을 일찌감치 알고 있다. 순진하게 굴어서는 안 된다. 당신이 어떤 프로젝트에 매달려 뼈 빠지게 일하고 있는 바로 이 순간, 독수리들이 머리 위를 빙빙 돌며 당신의 창의성으로 먹고살 방도를 궁리하고 있기 때문이다. 이런 현실을 불평하거나 테슬라처럼 비통한 심정으로 모질게 애써봤자 아무 소용없다. 그보다는 스스로를 잘 보호하고 게임에 참가하는 편이 낫다. 일단 권력의 기반을 세웠으면, 당신 자신이 독수리가 되어 시간과 에너지를 절약하도록 하라.

일은 남에게 시키고 명예는 당신이 차지하라. 그러면 당신은 신과 같은 강인함과 권력을 손에 넣게 될 것이다. 모든 일을 당신이 직접 하려고 들면 당신은 절대 출세할 수 없다. 어쩌면 테슬라 같은 운명 속에서 고통을 겪게 될 것이다.

● **뒤집어보기**

다른 사람이 해놓은 일의 공로를 대신 차지하는 게 현명하지 못한 길이 될 때도 있다. 당신의 권력 기반이 아직 단단히 자리 잡지 않았을 때는 당신이 다른 사람들을 밀쳐내고 스포트라이트를 받으려는 것으로 비칠 것이다. 재능을 기막히게 이용할 수 있으려면 당신의 입지가 확고부동해야 한다. 그렇지 않으면 사기꾼이란 비난을 면치 못할 것이다.

Law
39

싸워서 질 바에야
항복을 선택하라

전략적 후퇴

힘이 약할 때는 절대로 명예를 위해 싸우지 마라. 대신 항복을 선택하라. 항복은 당신에게 회복할 수 있는 시간과 상대를 괴롭힐 수 있는 시간, 상대의 힘이 약해지기를 기다릴 수 있는 시간을 준다. 상대가 당신과 싸워 이기는 만족감을 누리게 하지 마라. 항복할 거면 일찌감치 하라는 뜻이다. 왼쪽 뺨을 때리거든 오른쪽 뺨까지 내밀어서 상대를 불안하게 만들어라. 항복도 강력한 도구가 될 수 있다는 점을 절대 간과하지 마라.

순교를 거부한 베르톨트 브레히트

1920년대에 독일 작가 베르톨트 브레히트^{Bertolt Brecht}는 공산주의로
전향했다. 그 후 그의 희곡과 수필, 시에는 혁명적 열기가 반영됐
고, 그는 가능한 한 명확하게 자신의 이념을 표현하려고 노력했
다. 히틀러가 독일에서 정권을 잡자, 브레히트와 그의 공산주의자
동료들은 감시의 대상이 됐다. 미국에는 그의 친구들이 많이 있었
다. 그들은 대개 그의 사상에 동조하는 미국인들이거나 히틀러를
피해 망명한 독일 지식인들이었다. 1941년 브레히트는 미국으로
이주해 로스앤젤레스에 정착했다. 그는 영화 산업에 종사하고 싶
어 했다.

이후 몇 년 동안 그는 반자본주의 경향의 대본을 썼다. 그는
할리우드에서 별다른 성공을 거두지 못했기 때문에 1947년에 다
시 유럽으로 돌아가기로 결정했다. 하지만 바로 그해, 미국 하원
의 반미활동위원회가 할리우드의 공산주의자들을 조사하기 시
작했다. 거기에는 브레히트도 포함되었다. 1947년 9월 19일, 그

가 미국을 떠나기 불과 한 달 전에 위원회로부터 소환장이 날아들었다. 브레히트 외에도 여러 작가와 제작자, 감독들이 소환되었는데, 이들은 '할리우드 19인Hollywood 19'으로 알려졌다.

할리우드 19인은 워싱턴으로 가기 전에 모여서 대책을 논의했다. 그들은 정면대결을 하기로 했다. 위원회의 질문에는 대답하지 않고, 미리 준비한 성명서를 읽어서 위원회의 권위에 도전하고 위원회 활동이 헌법에 어긋난다고 주장하기로 했다. 비록 그 결과 감옥에 수감되더라도, 그들의 대의는 널리 알려지게 될 것이다.

브레히트는 거기에 동의하지 않았다. 그는 반문했다. 순교자의 역할을 해서 대중들로부터 동정심을 얻은들 다 무슨 소용이란 말인가? 그들은 앞으로 자신의 연극을 무대에 올리거나 대본을 팔 수 없을 것이다. 브레히트는 자신들이 위원회 사람들보다 훨씬 더 똑똑하다고 생각했다. 그런데 왜 그런 자들과 논쟁을 벌여서 자신의 수준을 떨어뜨려야 한단 말인가? 겉으로는 위원회에 복종하는 척하면서 날카롭게 그들을 비웃는 방법으로 위원회의 의표를 찌르는 것이 안 될 이유는 무엇인가? 할리우드 19인은 브레히트의 말을 예의 바르게 경청했지만 결국 원래의 계획을 고수하기로 했다. 브레히트는 독자노선을 취하기로 했다.

10월 30일, 브레히트는 위원회에 소환되었다. 그들은 브레히트도 앞서 증언을 했던 할리우드 19인들과 똑같이 나올 것이라고 예상했다. 이전 증인들은 자기주장을 내세우고, 질문에 답변을 거부하며, 청문회를 개최하는 위원회의 권리에 이의를 제기하고, 심지어 호통과 모욕적인 언사를 내뱉기도 했다. 그런데 놀랍게도 브레히트는 우호적인 태도로 나왔다. 그는 정장을 입었고(그로서는 아주 드문 일이었다), 시가를 피웠으며(그는 위원장이 시가 애호가라는 이야기를 들었다), 위원들의 질문에 정중하게 대답했고, 대체로 그들의 권위를 존중했다.

다른 증인들과 달리, 브레히트는 공산당에 소속되어 있느냐는 질문에 대답했다. 그는 공산당원이 아니라고 말했으며, 그것은 사실이었다.

브레히트의 영어 실력은 뛰어났지만 증언을 할 때는 통역에 의존했다. 그것은 일종의 전술로 그에게 언어를 가지고 민감한 게임을 벌일 기회를 제공했다. 어떤 위원이 영어로 번역된 그의 시에서 공산주의적인 구절을 발견하면, 브레히트는 독일어 원문을 통역에게 암송해주었고, 통역은 그것을 영어로 옮겼다. 그래서 시의 내용은 다소 완화되었다. 위원 중 한 명이 영어로 그의 혁명적인 시 한 편을 읽은 뒤 그에게 그 시를 썼느냐고 물었다. "쓰지 않았습니다." 그는 이렇게 대답했다. "저는 독일어 시를 썼습니다만, 그 시와는 많이 다릅니다." 브레히트는 이렇게 미꾸라지처럼 빠져나갔고, 그의 정중함과 위원회의 권위를 존중하는 태도 때문에 위원회는 화를 낼 수도 없었다.

불과 한 시간의 심문 뒤, 위원회는 포기해버렸다. "대단히 감사합니다." 위원장이 말했다. "당신은 다른 증인들에게 훌륭한 모범을 보였습니다." 그들은 그에게 자유를 주었을 뿐만 아니라 출입국 관리소와 문제가 있을 경우 그를 도와주겠다는 제안까지 했다. 다음 날 브레트히는 미국을 떠나서 다시는 돌아오지 않았다.

● **해석**

할리우드 19인의 대립적 접근법은 많은 동정을 얻었고, 이후 여론의 옹호를 받았다. 하지만 그들은 또한 블랙리스트에 올라 많은 수익을 올릴 수 있는 작업 시간을 잃어야 했다. 반면 브레히트는 위원회에 대한 혐오감을 간접적으로 표현했다. 그것은 신념을 바꾼다거나 그의 가치관을 퇴색시키는 행위가 아니었다. 오히려 그의 짧은 증언을 통해, 그는 굴복하는 것 같은 태도를 취하면서 동시에 모호한 답변과 새빨간 거짓말로 위원회보다 한 수 위에 있었다. 수수께끼와 언어 유희로 포장된 그의 답변에 위원회는 반론을 제기하기 어려웠던 것이다. 결국 그는 혁명적 저술을 계속할 수 있는 자유를 얻었다(미국에서 징역형이나 구류형을 받기는커녕). 더욱이 그가 거짓 존중의 태도로 위원회와 그들의 권위를 조롱했음에도 말이다.

명심하라. 자신의 권위를 보이고 싶어 하는 사람들이 제일 쉽게 항복 전술에 기만을 당한다. 당신이 겉으로 복종의 의사를 표현하면, 상대방은 자신이 중요한 존재라고 느끼게 된다. 상대가 자기를 존중한다는 사실에 만족하기 때문에, 그들은 이후의 반격이나 브레히트가 사용한 것과 같은 간접적 조롱의 손쉬운 표적이 된다. 자신의 능력을 긴 안목으로 파악하고, 결코 장기적인 운신의 폭을 희생시켜 순교라는 단기적인 영예를 추구하지 마라.

◆

싸워서 질 바에야 항복을 선택하라

미는 힘에 저항하거나 반격하지 말고 그저 물러서서 반대편 뺨을 내밀고 허리를 숙여라. 이런 반응은 대체로 상대의 행동을 무력화시킨다. 당신이 힘으로 반응할 것이라고 예상하거나 그렇게 나오길 바랐던 상대는 뜻밖의 행동에 완전히 무방비로 노출된 채 당신의 무저항에 화해하고 만다. 항복함으로써 사실은 당신이 상황을 통제하게 된다. 당신의 항복은 상대를 진정시키고 상대가 당신을 물리쳤다고 믿게 만드는 더 큰 계획의 일부이기 때문이다.

이것이 항복 전술의 본질이다. 당신은 내적으로 견고하지만 외적으로는 굽히고 있다. 분노해야 할 이유가 사라지면, 상대는 당황하게 된다. 그 결과 더 큰 폭력으로 반응하게 될 가능성도 제거된다. 당신은 항복함으로써 시간과 공간을 확보하여 상대를 쓰러뜨릴 반격을 계획할 수 있게 된다. 난폭한 자나 공격적인 자를 상대로 한 지능적인 싸움에서는 항복 전술이 최고의 전술이다. 그것은 자제력을 요구한다. 진짜로 항복하는 자는 자유를 포기하며, 패배로 인한 치욕으로 무너질 것이다. 당신은 단지 겉으로만 항복한다는 것을 명심하라. 이는 동물이 자신의 안전을 위해 죽은 척하는 것과 같다.

투쟁보다 항복이 나을 수도 있다. 적의 힘이 세고 도저히 승산이 없을 경우, 도주하는 것보다 항복하는 것이 더 낫다는 이야기다. 항복할 경우, 당신은 상대방의 주위에 똬리를 틀고 있다가 가까운 거리에서 독니로 공격할 기회를 얻을 것이다.

권력은 항상 흐른다. 권력 게임은 본래 유동적이고 끊임없는 투쟁의 장으로, 권력을 가진 자들은 언젠가 내리막을 걷게 된다. 당신의 권력이 잠시 약해졌을 경우, 항복 전술은 당신의 힘을 키우는 완벽한 방법이다. 항복은 당신의 야망을 은폐해준다. 그것은 권력 게임의 핵심 기술인 인내심과 자제력을 가르쳐준다. 또한 항복한다면, 당신은 마지막에 승자가 될 것이다.

●   **뒤집어보기**

항복 전술의 요점은 힘을 회복할 때까지 손실을 피하는 데 있다. 항복은 명백하게 순교를 피하려는 것이지만, 항복이 적의 적대감을 누그러뜨리지 못할 경우에는 순교만이 유일한 탈출구로 보일 수도 있다. 어쩌면 사람들은 순교자에게 감화되고 힘을 얻을 수도 있다.

하지만 항복과 달리 순교는 까다롭고 정확하지 않은 전술이며, 그것으로 대항하고자 하는 공격만큼이나 폭력적이다. 죽어서 신앙이나 저항정신을 일깨운 유명 순교자에 비해 아무런 감화도 남기지 못한 채 목숨만 잃은 사람들이 수천 배는 더 많은 게 현실이다. 따라서 비록 순교가 때로는 어느 정도의 효과를 발휘한다고 해도, 실제로 효과가 있을지 여부를 미리 예측하기란 불가능하다. 더욱 중요한 사실은, 변변치 못한 권력이나마 죽은 사람은 아예 누릴 수 없다는 사실이다.

Law
40

더러운 일은
직접 하지 마라

앞잡이

♦

당신은 교양과 능률의 모범으로 보여야 한다. 결코 실수나 비
열한 행위로 당신의 손을 더럽혀서는 안 된다. 다른 사람들을
앞잡이로 이용해 자신을 감춤으로써, 오점 없는 이미지를 유지
하라.

◆

로마 황제를 이용한 클레오파트라

기원전 59년, 당시 열 살의 어린 소녀였던 이집트의 클레오파트라는 자기 아버지 프톨레마이오스 12세가 언니들에 의해 권력의 자리에서 추방당하는 것을 목격했다. 이후 그녀의 언니 중 하나인 베레니케가 권력자로 떠올랐다. 베레니케는 자신이 이집트의 통치자임을 공고히 하기 위해서 다른 자매들을 감금하고 남편까지 처형했다. 통치권을 독점하기 위해서는 필요한 수순이었다. 그러나 여왕이라는 자가 가족에게 그러한 만행을 공공연히 자행했다는 사실 때문에 신하들마저 반감을 품고 강력하게 반발했다. 결국 4년 뒤에 프톨레마이오스가 다시 돌아와 권력을 잡았다. 프톨레마이오스는 즉시 베레니케와 다른 딸들을 참수형에 처했다.

기원전 51년 프톨레마이오스가 죽을 당시 남아 있는 자녀는 모두 네 명이었다. 프톨레마이오스가 죽자 이집트 전통에 따라 장자인 프톨레마이오스 13세(불과 열 살이었다)와 맏딸인 클레오파트라(열여덟 살이었다)가 결혼해 왕과 왕비로서 권좌에 올랐다. 그러나 네 자녀 가운데 만족하는 사람은 아무도 없었다. 네 명 모두 더 큰 권력을 갖고 싶어 했다. 클레오파트라와 프톨레마이오스 13세도 서로를 밀어내기 위해 권력 투쟁을 벌였다.

기원전 48년, 프톨레마이오스 13세는 클레오파트라의 야심을 경계하는 파벌의 도움을 받아 그녀를 내쫓고 권력을 독점했다. 클레오파트라는 은밀한 계획을 꾸몄다. 그녀는 자신이 유일한 통치자가 되어 이집트 왕조가 누리던 과거의 영광을 되찾고 싶었다. 다른 형제는 절대 이룰 수 없는 위업이라 생각했다. 하지만 다른 형제들이 살아 있는 한 불가능한 꿈이었다. 또한 베레니케처럼 형제를 죽인다면 신하와 백성의 지지를 얻을 수 없다는 것도 알고 있었다. 프톨레마이오스 13세는 클레오파트라가 자신을 타도할 음모를 꾸민다는 것을 알았지만 감히 그녀를 죽이지는 못했다.

클레오파트라가 추방당한 지 1년이 채 못 되었을 때 로마의 독재관 율리우스 카이사르가 이집트를 식민지로 삼기 위해 들어왔다. 클레오파트라는 이때가 기회라고 판단했다. 그녀는 변장하고 알렉산드리아에 있는 카이사르를 찾아갔다. 클레오파트라는 즉시 카이사르에게 '작업'을 걸었다. 연극을 좋아하는 카이사르의 취향, 이집트 역사에 관한 관심 등을 이용했고 요염한 매력으로 그를 유혹했다. 카이사르는 곧 그녀의 유혹에 넘어갔고 그녀를 다시 권력의 자리에 오르도록 도와주었다.

그녀의 형제들은 클레오파트라가 교활한 책략을 썼다며 분개했다. 그중에서도 프톨레마이오스 13세가 가만히 있을 리 없었다.

그는 군대를 소집해 카이사르를 공격하러 나섰다. 카이사르는 즉시 그들을 제압하고 프톨레마이오스 13세와 형제들을 감금했다. 하지만 클레오파트라의 여동생 아르시노에는 용케 궁을 탈출하여 이집트 군대와 합류했으며 자신을 이집트의 여왕으로 선포했다. 그러자 클레오파트라는 기회가 왔다고 생각했다. 그녀는 감금 중인 프톨레마이오스 13세를 풀어주어 휴전을 중재하게 하자고 카이사르를 설득했다. 물론 클레오파트라는 반대 상황이 벌어질 것을 예측하고 있었다. 프톨레마이오스 13세는 이집트 군대 지휘권을 놓고 아르시노에와 싸울 것이 분명했다. 그것은 클레오파트라가 바라는 바였다.

로마에서 온 지원군의 도움으로 카이사르는 이집트군을 손쉽게 물리쳤다. 프톨레마이오스 13세는 후퇴하던 도중 나일강에 빠져 죽었고, 아르시노에는 포로로 붙잡혀 로마로 끌려갔다. 또한 카이사르는 클레오파트라의 반대 세력들을 처형하거나 감옥에 넣었다. 클레오파트라는 권력자로서의 위치를 확립하기 위해서 마지막으로 남은 형제인 힘없는 프톨레마이오스 14세(당시 겨우 열일곱 살이었다)와 결혼했다. 그로부터 4년 후 프톨레마이오스 14세는 의문의 독살을 당했다.

기원전 41년, 클레오파트라는 카이사르에게 썼던 것과 똑같은 방법으로 로마의 지도자 안토니우스를 유혹했다. 그리고 아직 로마에 포로로 있는 아르시노에가 안토니우스를 죽일 음모를 꾸몄다는 암시를 비쳤다. 안토니우스는 그 말을 믿고 즉시 아르시노에를 처형했다. 이로써 클레오파트라는 자신의 권력을 위협했던 형제들을 모두 없앴다.

클레오파트라는 매혹적인 아름다움 때문에 성공을 거두었다고 전해진다. 그러나 사실 그녀가 권력을 쥘 수 있었던 것은 사람들을 자기 뜻대로 조종하는 능력이 탁월했기 때문이다. 그녀는 카이사르와 안토니우스의 손을 빌려 가장 위협적인 형제들(프톨레마이오스 13세와 아르시노에)을 처치했으며, 궁과 군부에 있는 모든 적을 제거했다. 한마디로 두 남자가 클레오파트라의 앞잡이 역할을 한 것이다. 그들은 클레오파트라 대신 불길에 뛰어들었고 더러운 일을 수행했다. 덕분에 그녀는 형제와 동족을 죽인 살인마라는 오명을 쓰지 않아도 되었다. 두 남자는 이집트를 로마의 식민지가 아니라 독립적인 동맹국으로 대우해달라는 클레오파트라의 바람을 들어주기도 했다. 두 사람 모두 그녀에게 조종당한다고 느끼지 않고 그 모든 일을 해주었다. 이것은 가장 미묘하면서도 가장 강력한 설득이다.

　대개는 당신과 아주 가깝지 않은 사람을 앞잡이로 택하는 것이 좋다. 그래야 자신이 이용당하고 있다는 것을 알아챌 확률이 적기 때문이다. 주변을 잘 살펴보면 당신의 부탁을 기꺼이 들어줄 사람, 최소한의 보상물만 던져주면 기꺼이 움직일 사람을 찾을 수 있다. 그들은 아무런 문제가 없다고 느끼거나 적어도 정당한 사유가 있다고 생각하고 당신이 부탁하는 일을 수행할 것이다. 그러나 사실 그들은 자기도 모르는 사이에 당신 대신 적군을 소탕하고, 당신이 건네준 정보를 살포하고, 당신의 경쟁자를 무너뜨리고, 당신의 목표를 달성하고, 당신을 대신하여 자신의 손을 더럽히고 있는 것이다.

◆

앞잡이를 활용하라

한 우화에 나오는 원숭이는 친구인 고양이의 앞발을 붙잡아 그것을 이용해 불 속의 밤을 꺼낸다. 자신은 손끝 하나 다치지 않고 먹고 싶은 밤을 손에 넣는 것이다.

유쾌하지 않거나 비난을 살 만한 일을 당신이 직접 하는 것은 너무 위험하다. 그럴 때 고양이 앞발 같은 존재가 있어야 한다. 더럽고 위험한 일을 대신해줄 앞잡이 말이다. 그가 당신에게 필요한 것을 가져다주고 당신이 해치고자 하는 사람을 해치면, 사람들은 당신이 연루되어 있다는 사실을 눈치채지 못한다. 더러운 일을 실행하고 나쁜 소식을 전할 때 다른 사람을 이용하라. 당신은 깨끗한 일만 하고 좋은 소식만 전하라.

당신은 더럽고 불쾌한 일을 직접 하면 힘이 생기고 사람들이 당신을 두려워할 거라고 생각할지 모른다. 하지만 그렇게 하면 추해 보이고 높은 지위를 악용하는 사람으로 보일 뿐이다. 진정한 권력을 가진 사람은 손을 깨끗하게 유지한다. 그들은 주변에 좋은 일만 존재하도록 만들고 자신의 영예로운 업적만을 이야기한다.

물론 힘을 들여 노력해야 할 때도 있고 추악하지만 꼭 필요한 일을 완수해야 할 때도 있다. 그러나 절대 직접 하지 말고 대신해 줄 앞잡이를 찾아라. 적절한 기술을 발휘하여 그 역할을 해낼 사람을 찾아 이용하고, 목적이 달성되면 적절한 때에 그를 제거하라.

●   **뒤집어보기**

앞잡이는 신중하게 이용해야 한다. 그들은 당신이 더러운 일에 연루되어 있다는 것을 대중 앞에서 가려주는 장막 같은 역할을 한다. 그런데 만일 그 장막이 걷히고 당신이 조종자라는 사실이 드러나면 상황이 돌변한다. 조종하는 당신의 손이 보이는 날에는, 심지어 당신과 아무 관련이 없는 일에 대한 비난까지 들을 수도 있다. 일단 진실이 밝혀지면 상황을 통제하기 힘들어져 사태가 눈덩이처럼 커진다.

마지막으로, 때로는 당신이 연루되어 있다는 사실을 감추거나 책임을 피하지 말고 실수를 인정하는 것이 낫다. 당신이 확고한 권력을 갖고 있다면 때로는 참회하는 척하라. 당신보다 약한 자 앞에서 슬픈 표정을 지으며 용서를 구하라. 이는 나쁜 일을 저지른 뒤에 백성들을 위하여 자신이 희생한 것이라고 말하는 왕이 사용하는 책략이다. 또 때로는 부하들에게 두려움을 심어주기 위해 당신이 직접 벌을 내리는 장본인이 되어야 할 때도 있다. 그럴 때는 앞잡이를 이용하는 대신 당신의 위협적인 모습을 직접 보여주어라. 하지만 그런 방법을 너무 자주 사용해서는 안 된다. 두려움이 분노와 증오로 바뀔지도 모른다. 일단은 앞잡이를 이용하는 것을 원칙으로 삼아라. 그것이 훨씬 안전하다.

Law
41

대담하게
행동하라

자신감의 힘

행동의 명분에 대한 확신이 없으면 아예 시도조차 하지 마라.
의심과 주저는 실행을 오염시킬 뿐이다. 소심은 위험을 야기할
가능성이 크니 행동하려면 대담하게 시작하는 것이 더 낫다.
대담하게 나아가다 실수를 저지르는 경우, 더 대담하게 나가는
것이 해결책이다. 대담한 사람은 모두 존경지만, 소심한 사
람은 아무도 거들떠보지 않는다.

이반 뇌제의 대담한 반격

1533년, 모스크바 대공이자 러시아의 수많은 독립 공국을 통일한 바실리 3세가 임종하면서 자신의 세 살짜리 아들 이반 4세를 후계자로 선포했다. 그리고 이반 4세가 성년이 될 때까지 자신의 젊은 아내 옐레나가 섭정하도록 명했다. 그동안 바실리 3세로부터 탄압을 받았던 귀족들은 왕실을 누르고 권력을 되찾을 절호의 기회가 왔다고 생각했다. 옐라나가 섭정을 시작한 지 5년이 되던 해, 가장 강력한 귀족인 슈이스키 가문은 옐레나를 독살하고 정부를 장악했다. 여덟 살인 이반 4세는 냉대를 받는 고아가 되었고, 그에게 다가가는 귀족은 추방당하거나 처형당했다.

이반은 남루한 옷차림을 하고 굶주린 채 궁전 여기저기를 배회하면서 슈이스키 가문 사람들의 눈을 피해 다녔다. 눈에 띄면 가차 없이 모욕을 당했기 때문이다. 그런 이반이 믿을 수 있는 사람이 한 사람 있었다. 이반의 신하이자 귀족인 보론초프라는 사람이었다. 그는 이반을 위로하고 조언도 해주었다. 하루는 이반과 보론초프, 새 대주교가 궁정 휴게실에서 이야기를 나누고 있는데, 슈이스키 사람들이 들어와서 보론초프를 마구 구타하고 대주교의 옷을 찢으며 모욕을 주었다. 그리고 보론초프를 모스크바에서 추방했다. 이 모든 일을 겪으면서도 이반은 침묵을 지켰다. 귀족들은 이반이 잔뜩 겁을 먹고 말 잘 듣는 멍청이가 되었다고 생각하면서 기뻐했다. 그들은 이반을 완전히 무시하고 내버려두었다.

그러나 1543년 12월 29일, 열세 살의 이반은 안드레이 슈이스키 공을 자기 방으로 불렀다. 안드레이가 도착해보니 방은 경비병들로 가득했다. 어린 이반 4세는 안드레이를 가리키며 그를 체포한 뒤에 죽여서 시체를 사냥개들한테 던져주라고 명령했다. 그후 며칠에 걸쳐 이반은 안드레이의 측근들을 모두 체포해서 추방해버렸다. 방심하고 있다가 이반의 갑작스럽고 대담한 공격에 놀란 귀족들은 어린 왕을 두려워하게 되었다. 이반은 치밀하게 계획하며 5년을 기다렸다가 일거에 대담함을 보여주어 권력을 공고히 했다. 이 소년이 바로 훗날의 이반 뇌제雷帝다.

●   **해석**

세상에는 이반 4세 시대의 귀족 같은 사람들로 가득하다. 당신을 경멸하고, 당신의 야망이 실현되는 것을 두려워하고, 자신의 줄어드는 영역을 지키려고 안간힘을 쓰는 사람들 말이다. 당신이 권력을 확립하고 존경을 얻으려고 노력해도, 그들은 당신의 힘이 커지는 순간 훼방을 놓을 것이다. 이반은 그러한 상황에서 지혜로운 전략을 구사했다. 그는 마음속의 야망이나 불만을 겉으로 드러내지 않고 조용히 웅크리고 있었다. 그렇게 기다리다가 때가 왔을 때 궁정 경비병들을 자기편으로 포섭했다. 경비병들은 잔인한 슈이스키 사람들에게 신물을 느끼고 있던 터였다. 일단 경비병들의 동의를 얻자, 이반은 뱀처럼 민첩하게 공격을 가하여 안드레이 슈이스키에게 대응할 시간을 주지 않았다.

위의 귀족과 같은 상대와 타협하려고 들면 당신은 그에게 기회만 주는 셈이 된다. 작은 타협의 여지만 보여도 상대는 그 틈을 비집고 들어와 당신을 무너뜨릴 것이다. 의논이나 경고 없이 불시에 과감한 행동을 보이면, 상대가 노릴 틈이 없어지고 당신은 힘을 얻을 수 있다. 그러면 당신을 의심하거나 경멸하던 사람에게는 공포를 심어주고, 과감한 행동을 존경하는 많은 사람의 신뢰를 얻게 된다.

◆ 　　　　　　　　　　　　　　　　　　**권력의 열쇠**

대담하게 행동하라

우리 대부분은 소심하다. 긴장과 갈등을 피하고 싶어 하고, 모든 사람에게 사랑받길 원한다. 때로는 과감한 행동을 생각해보지만 실천하는 경우는 드물다. 우리는 소심함을 타인에 대한 배려 때문이라고, 다른 이들의 감정을 상하지 않게 하기 위해서라고 위장한다. 실은 그 반대다. 우리는 자기 자신에게 몰두해 있기 때문에, 다른 사람들의 시선이 걱정되기 때문에 소심하게 행동하는 것이다. 반면 대담함은 내면이 아니라 바깥으로 향한다. 대담한 행동은 자의식이 적고 덜 억압되어 있기 때문에, 사람들을 더 편안하게 만드는 경우가 많다.

태어날 때부터 대담한 사람은 거의 없다. 나폴레옹도 생과 사의 경계를 넘나드는 전장에서 대담해지는 법을 익히고 터득한 것이다. 사교적인 자리에서 나폴레옹은 소심하고 서툴렀다. 하지만 그런 성격을 극복하고 삶의 매 순간에 대담해지는 연습을 했다. 대담함이 엄청난 힘을 가져다준다는 것을, 자신을 커다란 존재로 만들어준다는 것을 알았기 때문이다(나폴레옹처럼 체구가 아주 작은 사람조차도 말이다). 이반 뇌제도 이러한 변화를 보여준 인물이다. 유약한 소년이었던 그는 과감한 행동을 취함으로써 한순간에 강력한 젊은 황제로 변모했다.

대담한 행동을 실천하는 가장 좋은 공간은 협상 테이블이다. 특히 당신이 스스로의 값을 매겨 제시해야 하는 경우를 생각해보라. 너무 적게 요구함으로써 스스로의 가치를 떨어뜨리는 경우가 얼마나 많은가.

대담함이 타고나는 것이 아닌 것처럼 소심함도 마찬가지다. 그것은 타인과의 갈등을 피하려는 욕구에서 만들어진 후천적인 습관이다. 소심함에 사로잡혀 있다면 즉시 그것에서 빠져나오라. 과감한 행동의 결과에 대한 두려움은 다분히 비현실적이며, 사실은 소심함과 우유부단이 가져오는 결과가 훨씬 치명적이다. 대담한 행동으로 인해 문제가 생기면 더 대담하고 뻔뻔한 행동으로 위장하라. 또 때로는 그럼으로써 문제를 해결할 수 있다.

● **뒤집어보기**

대담함을 당신의 모든 행동을 지탱하는 전략으로 삼는 것은 곤란하다. 그것은 적절한 순간에 사용해야 하는 전술적 도구다. 미리 생각하고 계획을 짜라. 그리고 마지막에 대담한 행동을 취함으로써 승리를 얻어라. 다시 말해, 대담함 역시 하나의 학습된 행동방식이므로 적절하게 통제하고 마음대로 이용하는 법을 익혀야 한다. 이반 뇌제는 대담함이 권력을 가져다주자 대담함에 집착했고, 결국 평생 폭력과 극단적 잔학성으로 얼룩진 삶을 살았다. 그는 대담함을 발휘해야 할 때와 자제해야 할 때를 구분하는 능력을 잃어버린 것이다.

권력의 세계에서 우유부단함을 위한 자리는 없다. 그러나 때로는 우유부단을 가장함으로써 이득을 얻을 수 있다. 물론 이 경우에 우유부단한 가면은 강력한 공격 무기가 된다. 소심하고 유약한 모습으로 상대를 속인 후, 나중에 대담하게 움직여 강타를 날릴 수 있기 때문이다.

당신이 돌린 카드로
게임하게 하라

선택권 통제

최상의 기만책은 상대에게 선택권을 주는 것처럼 보이는 것이다. 상대는 자신이 통제권을 쥔 것으로 생각하겠지만 사실은 당신의 꼭두각시가 된 것뿐이다. 어느 쪽을 택하든 당신에게 유리한 결과가 나오도록 선택 사항들을 조작하라. 상대에게 불리한 것(당신의 목적에는 부합하는 것) 중에서 그나마 덜 나쁜 쪽을 택하게 하고, 상대를 딜레마에 빠지게 만들어라. 어느 쪽을 택하든 상대는 상처를 입게 될 것이다.

독재를 선택한 모스크바

후에 이반 뇌제로 알려진 러시아의 이반 4세는 통치 초기에 중대한 고민에 빠졌다. 개혁이 절실한 상황이었지만 그의 힘으로는 역부족이었던 것이다. 가장 큰 걸림돌은 상당한 권력을 행사하고 있던 귀족층 보야르였다.

1553년, 스물세 살의 이반 4세는 중환으로 드러눕게 되자 보야르들을 불러 모아 자신의 어린 아들을 후계자로 정하고 충성 서약을 하게 했다. 몇몇 보야르는 머뭇거렸고, 심지어 몇몇은 서약을 거부했다. 이반은 자신이 보야르를 통제할 힘이 없음을 절감했다. 그는 병에서 회복된 후 병상에 있을 때 깨달은 사실을 마음속 깊이 새겼다. 보야르 세력이 그를 권좌에서 끌어내리고 싶어 한다는 사실이었다. 실제로 몇 년 후에 보야르들은 러시아의 적국인 폴란드나 리투아니아로 달아나서 차르를 타도할 음모를 꾸몄다. 심지어 이반의 가까운 친구인 안드레이 쿠르브스키 공작도 1564년에 리투아니아로 달아나 이반의 강력한 적이 되었다.

쿠르브스키가 모스크바 침략을 위해 군사력을 키우고 있을 때, 황실은 커다란 위험에 처해 있었다. 서쪽에서는 망명한 귀족들이 침략을 꾀하고 있었고, 동쪽에서는 타타르족이 힘을 키우고 있었으며, 국내에서는 보야르 세력이 위협적인 움직임을 보였기 때문이다. 러시아의 방대한 영토 때문에 이들을 효과적으로 방어하기는 힘들어 보였다. 이반이 한쪽을 친다고 하더라도 다른 방향에서 다른 세력이 밀고 들어올 것이 뻔했다. 이반은 곰곰이 방책을 생각했다.

1564년 12월 3일, 모스크바 시민들은 이상한 광경을 목격했다. 크렘린궁 앞 광장에 수백 대의 썰매가 서 있었던 것이다. 썰매에는 차르의 보물들과 황실 식구들이 먹을 식량이 실려 있었다. 이반 4세는 가타부타 설명도 없이 황실 사람들을 데리고 썰매를 타고 모스크바를 떠났다. 그리고 모스크바 남쪽의 한 마을에 머물렀다. 이후 한 달 동안 모스크바 시민들은 불안과 공포에 시달렸다. 그들은 차르가 자신들을 잔인한 보야르 손아귀에 버려둔 채 떠났다고 생각했다. 가게들은 문을 닫았고 곳곳에서 폭도들이 날뛰었다. 마침내 1565년 1월 3일, 차르가 보낸 편지가 모스크바에 도착했다. 보야르들의 배신행위를 더는 두고 볼 수가 없어서 퇴위하겠다는 내용이었다.

편지의 내용이 알려지자 시민들이 들썩이기 시작했다. 성난 시민과 상인들은 거리로 몰려나와 귀족을 향한 분노를 표출했다. 곧 교회, 영주, 일반 시민 대표단이 이반을 찾아가 러시아를 위해

부디 복귀해달라고 간청했다. 그래도 이반은 마음을 바꾸지 않았다. 며칠 동안 간청이 계속되자 그는 백성들에게 직접 선택을 하라고 했다. 그에게 마음대로 나라를 다스릴 절대적인 권력을 주든가, 아니면 새로운 지도자를 뽑으라는 것이었다.

시민들은 내전과 독재 권력 중에서 하나를 택해야 했고, 거의 대부분이 강력한 차르를 '선택'했다. 그들은 이반이 모스크바로 복귀할 것을 요청했고, 법과 질서가 다시 회복되기를 소리 높여 외쳤다. 그해 2월 이반은 시민들의 환영을 받으며 모스크바로 돌아왔다. 시민들은 이제 그가 독재를 해도 불평할 수가 없었다. 그들 자신이 이반에게 그러한 권력을 주었기 때문이다.

● **해석**

이반 뇌제는 딜레마에 빠졌다. 보야르에게 굴복하는 것은 자신의 파멸을 뜻했다. 그렇다고 내전을 하자니 또 다른 파멸을 부를 뿐이었다. 설령 내전에서 승리한다 해도, 나라가 황폐해지고 분열은 더 심각해질 것이었다. 그가 과거에 즐겨 쓰던 방법은 과감하고 공격적인 행동이었다. 그러나 이제 그런 방식은 통하지 않는 상황이었다. 대담하게 나갈수록 적들의 반발만 커질 뿐이었다.

힘을 과시하는 것의 가장 큰 문제점은 사람들이 적의를 품게 된다는 점이다. 그러면 결국 당신의 힘도 줄어든다. 권력의 원리를 꿰뚫고 있던 이반은 승리에 이르는 유일한 길은 물러나는 척하는 것임을 알았다. 그는 백성들에게 강요하는 대신 '선택권'을 주었다. (정치적, 사회적 대혼란이 예상되는) 퇴위냐 절대 권력이냐, 둘 중 하나를 택하라고 말이다.

물러나거나 사라지는 것은 선택을 통제하기 위한 고전적인 방법이다. 당신이 없으면 어떤 혼란이 찾아올지를 사람들에게 인식시킨 후에 '선택권'을 주어라. 이런 식으로 선택을 통제하면, 사람들은 당신에게 권력을 주는 쪽을 택한다. 나머지 한쪽은 더 끔찍한 대안이기 때문이다. 그들이 선택권을 쥔 것 같지만 사실은 당신이 간접적으로 강요하는 것이다. 선택권을 갖고 있다고 느끼면 사람들은 당신이 쳐놓은 덫에 제 발로 걸어 들어온다.

◆　　　　　　　　　　　　　　　　　　　　　**권력의 열쇠**

당신이 돌린 카드로 게임하게 하라

'자유'와 '선택권' 같은 단어는 비록 현실적인 이익에서 멀리 떨어져 있지만 그 가능성과 희망 때문에 힘을 발휘한다. 가까이서 살펴보면 우리의 선택은(시장에서든, 선거에서든, 구직 활동에서든) 분명한 한계를 갖고 있다. 대개 그것은 A와 B 둘 중 하나를 선택하는 문제이며, 나머지 대안은 시야에서 제외되기 때문이다. 그럼에도 '선택'이라는 공허한 단어가 귓가에 울리면 우리는 나머지 대안들을 까맣게 잊어버린다. 우리는 공정한 게임이 진행되고 있다고, 우리에게 자유가 있다고 믿어버린다.

이처럼 선택의 제한된 특성에도 불구하고 사람들은 너무 많은 자유가 일종의 불안을 야기하기 때문에 그것을 무시한다. 따라서 똑똑한 사람은 이러한 원리를 통해 기만을 행할 기회를 발견한다. 눈앞에 놓인 대안들 가운데 선택을 하는 사람들은 자신이 조종당하거나 속고 있다고 생각하지 않기 때문이다.

● **뒤집어보기**

선택을 통제하는 중요한 목적은 당신이 힘을 행사하거나 피해를 입힌 장본인임을 숨기는 것이다. 따라서 이 전술은 권력이 비교적 약한 사람, 너무 공공연하게 힘을 행사하면 상대의 의혹이나 분노를 살 수 있는 사람이 활용하는 것이 효과적이다. 그러나 일반적으로 볼 때도 직접적이고 강압적으로 힘을 행사하는 것은 그리 바람직하지 않다. 아무리 안정적이고 막강한 권력을 지닌 자라 하더라도 말이다. 사람들로 하여금 스스로 선택하고 있다고 착각하게 만드는 것이 훨씬 우아하고 효과적이다.

한편 상대의 선택 가능성을 제한하면 당신의 선택 가능성도 줄어드는 경우가 종종 있다. 상대에게 더 많은 자유를 허용하는 것이 결과적으로 당신에게 이득인 경우가 있다. 상대에게 자유를 준 다음, 그의 움직임을 면밀히 관찰하면서 정보를 모으고 작전을 짤 수 있기 때문이다.

Law
43

사람들의 약점을
공략하라

심리적 무장해제

성벽에 틈이 있듯이 사람에게는 약점이 있게 마련이다. 약점은
대개 불안정을 초래할 수 있는 어떤 것이거나 통제할 수 없는
감정 혹은 상대적으로 부족한 어떤 면 등이며, 경우에 따라서
는 은밀히 즐기는 사소한 쾌락일 수도 있다. 흔한 약점이든 독
특한 약점이든 일단 찾아놓기만 하면, 그 허점을 당신은 언제
든 유리하게 이용할 수 있다.

◆ **법칙 준수 사례**

허장성세에 속은 초보 사업가

1925년 12월, 플로리다 팜비치에서 가장 화려하다고 손꼽히는 호텔에서 손님들의 호기심 어린 눈이 일제히 한곳을 향했다. 롤스로이스에서 한 남자가 내리더니 호텔 안으로 걸어 들어왔다. 이후 며칠 동안 이 잘생긴 남자는 멋진 지팡이를 들고 걸어 다니며 쉴 새 없이 전보를 받고 이따금 대화를 나누었다. 소문에 따르면 그는 유럽에서 가장 부유한 집안 출신의 빅토르 루스티히 백작이었다. 하지만 사람들이 알아낼 수 있는 건 거기까지가 전부였다.

그런 루스티히 백작이 어느 날 별 볼 일 없는 엔지니어링 회사 사장 허먼 롤러^{Herman Loller}에게 다가가 말을 거는 것을 보고 사람들은 깜짝 놀랐다. 그는 영광스럽기도 하고, 그 세련된 남자에게 다소 주눅이 들기도 했다. 루스티히 백작은 외국인 억양을 약간 풍기긴 했지만 완벽하게 영어를 구사했다. 이틀 사이에 둘은 친구가 되었다.

물론 이야기는 대부분 롤러가 했다. 그러던 어느 날 밤 롤러가 사업이 힘들게 돌아가고 있다고 털어놓았다. 그러자 루스티히도 자기 역시 심각한 자금 문제를 겪고 있다고 털어놓았다. 그런데 운 좋게도 해결 방법을 하나 찾았다는 것이다. "바로 돈 만드는 기계라네." "돈을 위조한다고?" 롤러가 깜짝 놀라 귀에 대고 소곤거렸다. 루스티히는 그런 건 아니라고 하면서 지폐를 똑같이 복사해주는 기계를 갖고 있다고 했다. 1달러를 집어넣으면 화학적 과정을 거쳐 6시간 후 2달러가 나오는데 두 장 모두 완벽한 지폐가 된다고 했다. 루스티히는 더 나아가 그 기계를 유럽에서 밀수해 들여온 과정이며, 독일인들이 영국인들을 괴롭히려고 그 기계를 만들었다는 이야기, 그 기계가 자신에게 몇 년 동안이나 든든한 힘이 되어주었다는 이야기를 했다. 롤러가 그 기계를 보여달라고 하자 둘은 루스티히의 방으로 갔다. 거기에서 백작은 슬롯과 크랭크, 다이얼이 여러 개 달린 커다란 마호가니 상자를 꺼냈다. 롤러는 루스티히가 상자 안에 달러 한 장을 집어넣는 걸 지켜보았다. 다음 날 아침 일찍 루스티히는 지폐 두 장을 꺼내 보였다. 두 장 모두 화학 물질에 젖은 채였다.

루스티히가 그 지폐를 건네자 롤러는 그것을 들고 당장 은행으로 달려갔다. 은행에서는 두 장을 모두 진짜로 받아주었다. 이제 사업가 롤러는 자신에게 그 기계를 팔라며 루스티히에게 애걸복걸하는 상황이 되었다. 백작이 이 기계는 세상에 오직 한 대뿐이라고 하며 뒤로 빼자 롤러는 2만 5천 달러를 불렀다(현재로 따지면 40만 달러가 넘는 금액이다). 루스티히는 그래도 망설이는 척하다가 결국에는 그 가격에 팔기로 합의했다. 이런 기계가 있다는 것을 아무에게도 말하지 않겠다는 다짐을 받은 후 그는 돈을 받아들었고, 그날 늦게 호텔을 떠났다. 그 후 롤러는 1년이 지나도록 지폐를 한 장도 복제하지 못하고 마침내 경찰을 찾았다. 루스티히 백작이 달러 지폐 두 장과 화학 물질과 아무 쓸모도 없는 마호가니 상자로 자신에게 사기를 쳤다는 사연과 함께.

● **해석**

루스티히 백작은 다른 사람의 약점을 알아보는 날카로운 눈이 있었다. 그는 사소한 몸짓 하나에서도 약점을 간파했다. 예를 들어 롤러는 웨이터에게 팁을 후하게 주고, 호텔 안내인과 이야기를 나눌 때 초조해 보였으며, 자기 사업 이야기를 떠벌렸다. 롤러는 사회적 인정과 존경을 받고 싶어 했고, 부가 그것을 해결해줄 거라고 믿고 있었다. 루스티히는 롤러의 그런 약점을 꿰뚫어 보았다. 또 롤러는 만성적인 불안에 시달리고 있었다. 사실 루스티히는 먹잇감을 사냥하러 그 호텔에 온 것이었다. 그는 롤러 안의 철없는 아이에게 다가갔다. 자기 마음의 빈자리를 누군가 채워주길 간절하게 바라는 사람에게로 말이다.

　루스티히는 롤러에게 우정을 베풂으로써 롤러가 다른 사람들로부터 존경받고 싶어 하는 욕구를 충족시켜주었다. 또 백작의 지위를 이용해 갓 부자가 된 이 사업가에게 오랜 시간 쌓아온 부로 이룬 화려한 세계를 접할 수 있게 해주었다. 그리고 최후의 일격으로 롤러를 근심에서 해방시켜줄 기계를 갖고 있는 척했다. 그 기계만 있으면 롤러는 그 대단한 루스티히와 동격이 될 수 있을 것이다. 루스티히도 그 기계를 이용해 자기 지위를 유지하지 않았던가. 롤러가 미끼를 덥석 문 것은 당연한 일이었다.

유념하라. 마음 약한 사람을 찾을 때는 어딘가 불만족스럽고 불행하고 불안한 사람들을 눈여겨봐야 한다. 그런 사람들은 여러 가지 약점들로 구멍이 숭숭 뚫려 있고, 당신이 그것들을 채워주리라는 욕구를 가지고 있다. 홈처럼 파인 그들의 욕구에 당신 엄지 손가락을 쑥 밀어 넣으면 당신 뜻대로 그들을 움직일 수 있다.

◆ **권력의 열쇠**

몸짓과 무의식적인 신호들에 주의를 기울여라

사람들은 변화가 생기거나 누군가가 간섭하려고 하면 자신을 방어하기 위해 무장하게 된다. 그런데 사람은 누구나 약점이 있다는 것을 잊지 마라. 약점을 자극받는 순간 사람들은 미처 저항하지 못하고 무장해제되기 쉽다.

지그문트 프로이트Sigmund Freud는 이렇게 말했다. "비밀을 지킬 수 있는 인간은 없다. 입을 다문다 해도 손가락 끝으로 이야기를 하고, 땀구멍 하나하나로 비밀을 내보내는 게 인간이다." 약점은 겉보기에 사소한 몸짓이나 지나가는 말 속에 드러난다. 누구나 자신의 약점을 숨기려 하기 때문에 의식적인 행동 속에서 알아낼 수 있는 것은 거의 없다. 그러므로 약점을 찾고자 한다면, 상대방의 몸짓과 무의식적인 신호들에 주의를 기울여야 한다.

● **뒤집어보기**

사람들의 약점을 이용할 때는 한 가지 중대한 위험이 따른다. 상대방의 심기를 건드려 당신 힘으로 어쩌지 못할 행동을 유발할 수 있기 때문이다. 권력 게임을 벌일 때는 몇 단계를 미리 생각해서 그에 따르는 계획을 세워야 한다. 당신은 감정적이고 다음 행동을 예측하기 어려운 사람을 이용할 수도 있다. 그런데 자신의 감정을 제어하지 못하는 사람의 약점을 활용하다가 뜻하지 않은 여러 감정을 이끌어내어 애초의 계획이 엉망이 될 수도 있다. 소심한 사람들이 대담한 행동을 하도록 떠밀었는데 그들이 도를 넘어설 수도 있으며, 관심이나 인정을 바라는 사람들의 욕구를 채워주다 보면 당신이 생각하는 것보다 더 많은 것을 요구하게 될 수도 있다. 사람들의 약하고 철없는 면을 이용하는 것이 당신에게 불리하게 작용할 수도 있다는 말이다.

　약점의 감정적인 부분이 크면 클수록 더 위험하다. 이런 식으로 승부를 걸 때의 한계가 무엇인지 명확히 인식하라. 그리고 당신의 제물에 행사하는 힘에 도취되어서는 안 된다. 당신이 원하는 것은 권력이지, 누군가를 통제할 때 느끼는 짜릿함이 아니다.

Law
44

가질 수 없는 것들은
경멸하라

무시 전략

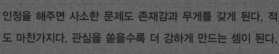

인정을 해주면 사소한 문제도 존재감과 무게를 갖게 된다. 적
도 마찬가지다. 관심을 쏟을수록 더 강하게 만드는 셈이 된다.
작은 실수도 고치려고 하면 오히려 더 나빠지고 더 눈에 띄게
되는 경우가 많다. 때로는 그냥 내버려두는 것이 최선이다. 원
하지만 가질 수 없는 어떤 것이 있다면 그에 대해 경멸감을 표
시하라. 관심을 덜 보일수록 당신은 더 우월해 보인다.

윌슨이 키운 반란군

멕시코 반란군의 지도자 판초 비야$^{Pancho\ Villa}$는 본래 산적 두목이었으나, 1910년 멕시코에서 혁명이 일어난 후에는 국민적 영웅으로 떠올랐다. 열차를 탈취해 가난한 사람들에게 돈을 나누어주고, 과감한 급습을 이끄는가 하면, 낭만적인 사건들을 벌여 여자들을 사로잡기도 했다. 하지만 몇 년에 걸친 고된 싸움 끝에 멕시코 혁명의 승리는 카란사^{Carranza} 장군에게로 돌아갔다. 패배한 비야와 그의 군대는 본거지였던 멕시코 북부의 치와와로 다시 돌아갔다. 군대의 수가 점점 줄어들자 그는 다시 산적질을 일삼았고, 인기에도 타격을 입었다. 그는 이 모든 상황을 모두 미국인 탓으로 돌렸다.

1916년 3월, 판초 비야가 뉴멕시코의 콜럼버스를 급습했다. 비야와 그 패거리들은 도시를 휘젓고 다니며 미국 군인들과 민간인 열일곱 명의 목숨을 앗아갔다. 그러자 고문들은 미국 같은 강대국이 영토 침범을 당하고도 응수하지 않는 것은 체면을 구기는 것이라고 주장했다. 더욱이 많은 미국인은 윌슨의 평화주의 원칙을 탐탁지 않아 했다. 우드로 윌슨 대통령은 이 산적을 응징해 그의 남자다움을 입증할 필요가 있었다.

이러한 압박 속에서 윌슨은 3월이 가기 전에 카란사 정부의 승인을 얻어 판초 비야를 잡을 병력 1만 명을 파병했다. 이 '토벌 원정'을 이끈 사람은 필리핀 게릴라와 미국 남서부의 인디언들을 소탕한 전력이 있는 존 J. 퍼싱^{John J. Pershing} 장군이었다.

초기 몇 달 동안 군대는 소규모 분대로 나뉘어 멕시코 북부의 황야 지대를 이 잡듯 샅샅이 뒤졌다. 비야를 잡을 단서를 제공하면 5만 달러를 주겠다고 선전했다. 멕시코 국민들은 비야가 다시 산적질을 시작했을 때 그에 대한 환상을 버렸지만, 막강한 미국 군대에 맞서는 모습이 이제 영웅으로 보였다. 그래서 퍼싱에게 거짓 정보를 주었다. 그로 인해 군대는 비행기까지 동원해가며 출동을 했지만 번번이 약삭빠른 산적은 미국 군대보다 항상 한발 앞서 있는 것처럼 보였다.

그해 여름, 토벌대 병력은 12만 3천 명으로 불어났다. 병사들은 진을 빼는 무더위와 모기, 황야 지대 때문에 고생했다. 시골 주민들은 미국 군대라면 질색이었는데, 그들이 비야를 잡겠다고 마을을 누비고 다니자 이제는 치를 떨게 되었다.

겨울에 접어들 때까지 비야는 이 쫓고 쫓기는 게임을 계속했다. 미국인들은 아무런 성과가 없는 토벌 작전을 시끌벅적한 코미디로 여기게 되었다. 오히려 전력이 우월한 미군을 요리조리 피하는 재간에 비야는 다시 인기를 끌었다. 1917년 1월 윌슨은 마침내 퇴각 명령을 내렸다. 미군이 퇴각하는 길에 멕시코 반란군이 추격을 해왔다. 그 바람에 미 육군은 비행기까지 동원하여 후방을 막아야 했다. 오히려 토벌대가 응징을 당한 꼴이었다.

● **해석**

우드로 윌슨은 힘 과시용으로 토벌 원정대를 조직했다. 그는 막강한 미국을 당해낼 자는 없다는 사실을 세상에 보여줄 작정이었다. 하지만 일은 그렇게 돌아가지 않았다. 원정이 길어질수록 미국은 무능하고 비야는 똑똑하다는 사실만 부각되었다. 윌슨에게 다른 수는 없었던 것일까? 윌슨은 멕시코 정부를 압박해 비야를 잡아 달라고 할 수도 있었다. 아니면 멕시코인들이 비야에게 염증을 내고 있을 때 조용히 멕시코 국민과 협력해 소규모 공격으로 산적 무리를 소탕할 수도 있었다. 아니면 멕시코인들이 자발적으로 나서서 비야를 처리하도록 기다릴 수도 있었다.

유념하라. 무언가가 당신을 건드리고 짜증 나게 해도 얼마든지 그것에 신경 안 쓰기로 '선택'할 수 있다. 이것은 막강한 수다. 당신이 응수하지 않는데 당신을 교전으로 끌어들일 수는 없는 법이다. 자존심을 개입시킬 것 없다. 각다귀처럼 귀찮게 달라붙는 것들에 대한 최선의 대응은 무시해서 아무것도 아닌 것으로 만드는 것이다. 도저히 무시할 수 없는 상황이라면 몰래 음모를 꾸며 처리하라.

가질 수 없는 것들은 경멸하라

무언가를 간절히 원해 열심히 쫓으면 쫓을수록 그것은 당신을 피해 달아난다. 관심을 더 보이면 보일수록 열망하는 그 대상을 열심히 쫓아버리는 셈이다. 그것은 당신의 관심이 너무 강하기 때문이다. 사람들은 그런 모습을 거북해하고 심지어 두려워한다. 통제 불능의 열망은 당신을 하찮고 불쌍한 사람으로 보이게 한다.

당신은 원하는 것에 오히려 등을 돌리고 경멸할 필요가 있다. 경멸은 왕의 특권이다. 왕이 시선을 두는 곳, 왕이 보기로 마음먹은 것은 존재감을 가진다. 그러나 왕이 무시하거나 등을 보이는 것은 죽은 것이나 다름없다. 무시가 힘을 키우는 방편이라면, 그 반대인 헌신과 열중은 당신의 힘을 약화시킨다. 보잘것없는 적에게 필요 이상의 관심을 보이면, 당신이 보잘것없어 보인다.

이 전략을 실행하는 방법은 여러 가지다. 첫 번째는 여우의 '신 포도' 전략이다. 무언가 갖고 싶은데 현실적으로 가질 수 없을 때, 불만을 토로해 실망감을 표출하는 것은 최악의 대처 방법이다. 그보다는 애초부터 전혀 관심 없다는 듯 행동하는 것이 막강한 전술이다.

두 번째, 별 볼 일 없는 사람이 공격해올 때는 그 공격을 대수롭지 않게 받아쳐 사람들의 관심을 흩뜨려라. 공격을 외면하거나 오히려 친절함을 보여 그 공격을 신경 쓰지도 않는다는 모습을 보여주는 것이다. 이와 유사한 전략으로, 당신이 어쩌다 큰 실수를 저질렀을 때는 실수를 가볍게 취급해 별것 아닌 일로 만드는 것이 최선책이다.

유념하라. 누군가 당신을 흠잡거나 속 좁게 괴롭히거나 짜증 나게 할 때, 경멸과 모독을 주는 것이 강력한 방법이다. 그것이 당신에게 영향을 주고 있다거나, 그것 때문에 상처를 받고 있다는 인상을 절대 주지 마라. 그건 문제를 인정한다는 뜻이다. 경멸이란 음식은 아무 감정도 없이 차갑게 내놓아야 가장 좋다.

● **뒤집어보기**

경멸이란 패는 조심스럽고 세심하게 다뤄야 한다. 가만히 내버려두면 사소한 문제들은 대부분 알아서 사라진다. 하지만 개중엔 관심을 기울이지 않으면 점점 커져 곪아 터지는 문제도 있다. 사소한 문제를 감지하고 그것들이 처치 곤란으로 커지기 전에 다스리는 기술을 익혀라. 장차 재앙으로 번질 수 있는 문제와, 조용히 놔두면 알아서 사라질 사소한 짜증 거리를 구별하는 법을 익혀야 한다. 하지만 어느 경우든 그 문제에서 완전히 눈을 떼서는 안 된다. 기운이 완전히 죽지 않은 한 문제는 언제든 다시 피어올라 불꽃을 일으킬 수 있기 때문이다.

Law
45

모든 것을 한 번에 바꾸려 하지 마라

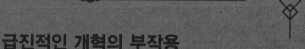

급진적인 개혁의 부작용

모두들 추상적으로는 변화의 필요성을 이해하지만, 일상생활 수준에서 보면 사람들은 습관의 굴레를 벗어나지 못한다. 너무 많은 혁신은 정신적 쇼크를 유발하며 반감을 일으킨다. 만약 당신이 새롭게 권력의 자리에 오른 사람이거나 권력의 기반을 구축하기 위해 애쓰는 외부인이라면, 과거의 관행을 존중하는 모습을 보여주어라. 만약 변화가 필요하다면, 약간의 개선을 가하는 것으로 느끼게 만들어라.

법칙 준수 사례

전통을 활용한 마오쩌둥

1920년대 젊은 공산주의자 마오쩌둥은 공산당이 승리할 가능성이 거의 없다는 사실을 잘 알고 있었다. 공산당은 지지 기반이 약할 뿐만 아니라 자금도 부족했고, 군사 경험도 없고 무장도 빈약했다. 마오쩌둥은 중국의 거대한 농업인구를 끌어들이지 못한다면 승리는 없다고 판단했다. 하지만 중국 농부들은 가장 보수적이고, 전통을 매우 중시하는 사람들이었다. 비록 현 체제의 압제가 고통을 주기는 하지만, 과연 중국의 농민들이 오랜 유교적 전통을 버리고 공산주의라는 완전히 새로운 사상을 받아들일 수 있을까?

마오쩌둥은 간단한 속임수로 이를 해결했다. 공산주의 혁명에 과거의 옷을 입힌 것이다. 마오쩌둥은 기회가 있을 때마다 혁명군을 『수호지』에 나오는 영웅들에 비유했고, 공산주의 혁명을 억압당한 농민들이 폭군에 대항하여 싸우는 투쟁으로 묘사했다. 과거의 전통이 공산주의에 정당성을 부여하는 것처럼 보이게 만든 것이다. 농민들은 그런 이미지에 편안함을 느꼈고 더 나아가 그처럼 과거에 뿌리를 두고 있는 집단에 지지를 보냈다.

공산당이 권력을 장악한 뒤에도 마오는 공산당을 과거와 연관시켰다. 그는 중국판 레닌이 아니라 현대판 제갈량의 이미지로 대중들 앞에 나섰다. 제갈량은 단순히 위대한 장군이 아니었다. 그는 시인이자 철학자였으며, 도덕적 이상주의자였다. 따라서 마오쩌둥은 자신을 제갈량과 같은 철학을 추구하는 전략가이자 새로운 윤리의 전도사로 표현했다. 문무를 겸비한 과거 중국의 어떤 영웅처럼 보이게 만든 것이다.

1960년대 말 문화혁명이 실패한 뒤, 중국 공산당 내부에서는 권력 투쟁이 벌어졌다. 당시 마오쩌둥의 최대 라이벌은 한때 절친한 친구였던 린뱌오林彪였다. 마오쩌둥은 자신의 철학과 린뱌오의 철학의 차이를 분명하게 보여주기 위해 다시 한번 과거를 활용했다. 그는 린뱌오에게는 공자로 대표되는 유교 사상을, 그리고 자신은 한비자의 법가 사상의 이미지를 심었다. (실제로 린뱌오는 공자의 말을 자주 인용했다.) 과거를 유지하려는 보수주의 성향이 강한 유교와는 달리, 법가 사상가들은 새로운 질서를 정착시키기 위해 힘이 필요하다고 믿었다. 권력 투쟁에서 자신에게 무게가 쏠리도록 마오쩌둥은 유교를 배격하는 국가적 선전 운동의 기운을 거세게 일으켰으며, 이번에는 유가 대 법가라는 대립 구도를 이용해 젊은이들을 부추겨 구세대에 반기를 들게 했다. 이 거대한 흐름 뒤에는 권력 투쟁이 도사리고 있었고, 마오쩌둥은 다시 한번 대중의 마음을 얻어서 적들을 타도했다.

중국인들은 과거에 깊은 애착을 가진 민족이다. 그러한 보수성은 개혁의 장애물이었다. 마오쩌둥의 전략은 단순했다. 그는 과거에 대항하여 싸움을 거는 대신, 급진적인 공산주의자들의 이미지를 중국 역사 속의 낭만적인 인물들과 결합시켰다.『삼국지』의 이야기를 미국과 소련, 중국 사이의 투쟁사로 엮어내서 자신을 제갈량에 비유했다. 중국인들에게는 아버지와 같은 이미지의 존경의 대상이 필요하다는 사실을 잘 이해했던 그는 마치 중국의 황제들처럼 종교적 광신에 가까운 대중적 숭배를 기꺼이 받아들였다. 그리고 농촌을 근대화시키려 했던 대약진운동이 참담하게 실패한 뒤, 그는 같은 실수를 반복하지 않았다. 그 이후 급진적 변혁은 항상 과거라는 마음 편한 겉옷을 걸치게 되었다.

과거는 강력하다. 과거에 벌어진 일들은 무조건 위대하게 보인다. 관습과 역사는 어떤 종류가 됐든 행동에 무게를 실어준다. 이 교훈을 당신의 이점으로 활용하라. 당신이 낯익은 것을 파괴했을 때, 당신은 공허, 즉 진공 상태를 초래하게 된다. 사람들은 그런 진공 상태를 채우게 될 혼돈을 두려워한다. 당신은 무슨 수를 쓰더라도 그와 같은 공포감이 조성되지 않게 해야 한다. 과거로부터 무게와 정당성을 빌려 써라. 그것이 편안하고 낯익은 현재를 창조해줄 것이다. 그러한 현재는 당신의 행동에 낭만적인 연상을 제공하며, 당신이 추구하는 변화의 본질을 가려줄 것이다.

모든 것을 한 번에 바꾸려 하지 마라

인간 심리는 수많은 이중성을 내포하고 있다. 그중 하나는 사람들이 변화의 필요성을 느낄 때조차 변화가 그들에게 직접 영향을 미치면 분노하고 당황한다는 것이다. 추상적으로는 변화를 원하지만, 중요한 습관이나 틀에 박힌 일과를 뒤엎는 변화는 그들을 깊은 불안에 빠뜨린다. 어떤 혁명도 이후 강력한 역풍을 맞지 않았던 경우는 없다. 인간이란 존재는 그것이 초래한 진공 상태를 감당할 때 엄청난 불안을 느낀다.

당신은 죽은 과거를 마음대로 해석할 수 있다. 당신의 명분을 강화하기 위해 과거의 사실에 약간의 조작을 가하라. 오래된 이름을 사용하거나, 조직 내에서 똑같은 숫자를 쓰는 것과 같은 단순한 행동만으로도 당신은 과거와의 연결고리를 만들 수 있다.

● 　　　　　　　　　　　　　　　　　　　　　**뒤집어보기**

과거는 당신이 원하는 대로 이용할 수 있는 일종의 시신이다. 최근에 고통스럽고 가혹한 일이 있었다면, 그것을 당신과 연관시키는 것은 자살행위와 다름없다.

시대의 흐름을 존중하라. 만약 당신이 과거로부터 과감한 변화를 일으켰다면, 무슨 수를 쓰든 공백, 즉 진공 상태만은 피해야 한다. 그러지 않으면 공포가 조장될 것이다. 심지어 불행했던 최근의 기억조차 빈 공간보다는 나아 보이게 된다. 그 공백을 새로운 의식과 형태로 즉시 메워라. 불안감을 진정시키고 친근한 분위기를 조장하라. 이러한 느낌이 대중 속에서 당신의 지위를 지켜줄 것이다.

예술이나 패션, 기술 분야에서는 과거를 창조적이고 급진적으로 파괴하는 것에서 권력이 발생하는 것처럼 보인다. 사실 그와 같은 전략이 권력을 부여하기도 하지만, 거기에는 위험이 도사리고 있다. 어느 날 다른 사람이 당신의 혁신을 추월하게 되는 것은 불가피한 일이다. 더 젊고 신선한 인물이 갑자기 새로운 방향을 추구하여 어제의 과감했던 당신의 혁신을 지루하고 단조로운 것으로 만들어버린다. 따라서 당신은 끊임없이 노력해야 한다. 당신의 권력은 빈약하고 수명도 짧다. 이제 당신은 더 견고한 것에 뿌리를 둔 권력을 원한다. 과거를 이용하고 전통과 손을 잡으며 인습을 따르면서 동시에 그들을 타파하는 전술은 당신의 창조물에 순간적인 매력 이상의 것을 부여해줄 것이다. 현란한 변화의 시기에도 그 밑바닥에는 과거에 대한 갈망이 숨어 있다. 결국 과거를 자신의 목적에 맞게 이용하는 것이 과거와 완전히 단절하는 것보다 더 큰 권력을 당신에게 부여해줄 것이다. 과거와의 단절은 무익할 뿐만 아니라 스스로를 해치는 행위다.

Law
46

상대의 마음을
유혹하라

은밀한 설득

강제는 결국 당신에게 해롭게 작용할 반응을 일으킬 뿐이다.
사람들이 스스로 원해서 당신이 정하는 대로 움직이게끔 해야
한다. 그렇게 당신에게 가슴과 머리를 빼앗긴 사람은 당신의
심복이 된다. 사람들을 유혹하는 방법은 그들의 개인적 심리와
약점을 공략하는 것이다. 사람들의 감정을 이용해서, 즉 그들
이 소중히 여기는 것과 두려워하는 바를 이용하여 저항 심리를
누그러뜨려라. 사람들의 마음을 무시하면, 당신은 증오를 얻게
된다.

버림받은 마리 앙투아네트

루이 15세의 통치가 끝나갈 무렵 프랑스 국민은 변화를 간절히
원하고 있었다. 루이 15세의 후계자로 예정된 사람은 그의 손자
루이 16세였다. 루이 16세가 열다섯 살의 오스트리아 황녀 마리
앙투아네트와 결혼했을 때, 국민은 희망적인 미래에 대한 막연한
기대감을 품었다. 마리 앙투아네트는 빼어난 미모에 생기가 넘쳤
다. 그녀는 루이 15세의 방탕한 생활로 침체되어 있던 궁정 분위
기를 단번에 변화시켰다. 심지어 그녀를 만나본 적이 없는 일반
국민도 흥분한 태도로 마리 앙투아네트에 관해 이야기를 나누곤
했다. 루이 15세를 쥐락펴락하던 후궁들에게 신물이 나 있던 프
랑스인들은 이제 진정한 왕비를 섬길 수 있게 되기를 기대했다.
1773년, 그녀가 처음으로 파리 거리에 모습을 드러냈을 때 국민
은 열렬하게 환호하며 그녀의 마차 주위에 모여들었다. 그녀는 자
신의 어머니에게 이렇게 편지를 썼다. "별다른 노력도 하지 않았
는데 이렇게 커다란 사랑을 받는 자리에 와 있다니, 너무나 기쁩

니다."

1774년, 루이 15세가 죽자 루이 16세가 왕좌에 앉았다. 마리 앙투아네트는 왕비가 된 후 쾌락과 사치에 전념했다. 값비싼 옷과 보석을 몸에 걸치고, 역사상 가장 복잡하고 화려한 헤어스타일을 하여 1미터에 가까운 머리장식을 붙이고 다녔으며, 가면무도회와 파티를 열곤 했다. 거기에 들어가는 비용 따위는 전혀 신경 쓰지 않았다.

마리 앙투아네트가 가장 즐긴 일은 프티 트리아농(베르사유 궁전 한쪽에 있는 작은 성)에 자기만의 에덴동산을 꾸미는 일이었다. 이 정원은 가급적 '자연 그대로'의 모습으로 꾸며졌다. 이를 위해 일꾼들이 손으로 나무와 돌들에 이끼를 입혔다. 또 전원의 풍광을 만들어내기 위해 농부의 아낙네들을 데려다가 멋진 소들의 젖을 짜게 했는데, 그들은 소젖을 고급스러운 도자기 단지에 받았다. 또 마리 앙투아네트가 직접 디자인한 농부 옷을 빨래하는 사람과 치즈 만드는 사람에게 입혔으며, 목동들은 실크 리본을 목에 두른 양들을 돌보았다. 마리 앙투아네트는 수시로 프티 트리아농 근처의 숲속에서 꽃을 꺾거나 자신의 '훌륭한 농부'들이 '농장 일'을 하는 것을 구경했다. 이곳은 그녀가 특별히 허락한 이들만 둘러볼 수 있는 별세상이었다.

그러는 동안 프랑스의 상황은 악화되었다. 기근이 찾아와 굶주리는 사람들이 늘어났고 국민의 원성이 드높았다. 또 마리 앙투아네트가 신하들을 어린아이 대하듯 하자 신하들의 불만도 쌓였다. 그녀는 자기가 총애하는 사람만 챙겼고, 그런 사람의 수는 갈수록 적어졌다. 그럼에도 마리 앙투아네트는 이런 상황에 대한 문제의식을 느끼지 못했다. 그녀는 국민이 당연히 왕비인 자신한테 애정을 주어야 한다고 생각했다. 그러면서도 그들에게 사랑을 되돌려주지는 않았다.

1784년, 마리 앙투아네트는 스캔들에 휘말렸다. 한 사기꾼이 사기극을 꾸며 마리 앙투아네트가 유럽에서 가장 값비싼 다이아몬드 목걸이를 구입한 것처럼 되어버렸고, 나중에 그 사기꾼의 재판을 진행하는 과정에서 마리 앙투아네트의 사치스러운 생활이 세상에 낱낱이 드러난 것이다. 국민은 그녀가 평소 보석과 옷과 가면무도회에 어마어마한 돈을 쓴다는 사실을 알게 되었다. 마리 앙투아네트에게는 '적자 왕비'라는 별명이 붙었고, 국민의 분노와 적개심은 점점 커졌다. 그녀가 오페라 극장에 모습을 드러내면 사람들은 야유를 퍼부었다. 심지어 궁정 신하들도 등을 돌렸다. 그녀가 엄청난 사치를 누리는 동안 프랑스는 파멸을 향해 치닫고 있었기 때문이다.

5년 후인 1789년에 프랑스 혁명이 일어났지만 마리 앙투아네트는 걱정하지 않았다. 한낱 평범한 시민들이 반항한들 뭐 그리 대단하겠냐고, 곧 세상은 다시 잠잠해지고 자신은 예전의 즐거운 삶을 되찾으리라 생각하는 듯했다.

1792년, 왕과 왕비는 감옥에 갇혔고 혁명 세력은 왕정 폐지를 공식적으로 선언했다. 다음 해 루이 16세는 유죄 판결을 받고 처형당했다. 마리 앙투아네트 역시 같은 운명을 기다리고 있었지만 아무도 그녀를 도와주지 않았다. 왕실에서 가까이 지낸 지인들도, 유럽의 다른 왕들도(그들 역시 한 나라의 왕가 사람으로서 혁명이 바람직하지 않다는 입장을 견지했으면서도 말이다), 심지어 이제 오스트리아 왕이 된 그녀의 형제도 그녀를 도와주지 않았다. 마리 앙투아네트는 세상에서 버림받은 여인이 되었다. 1793년 10월, 그녀는 단두대에 서는 순간까지도 뉘우치지 않는 거만한 태도를 보였다.

●   **해석**

마리 앙투아네트는 어린 시절부터 위험한 태도가 몸에 배었다. 오스트리아 공주였던 그녀는 늘 아부와 듣기 좋은 말만 들으며 자랐다. 그녀는 다른 사람을 기쁘게 하거나 남의 비위를 맞춰주는 것을 해본 적이 없었다. 또 다른 사람의 마음과 심리에 자신을 맞출 필요도 없었다. 그녀는 타인의 마음을 전혀 헤아릴 줄 모르는 사람으로 자랐다.

  마리 앙투아네트는 프랑스 국민의 불만과 분노의 표적이 되었다. 타인의 마음을 얻기 위해 아무런 노력도 기울이지 않는 사람은 분노를 사게 마련이다. 그녀가 과거의 인물일 뿐이라고, 또는 아주 드문 유형의 사람이라고 생각하지 마라. 그녀와 같은 유형은 오히려 지금 더 흔하게 볼 수 있다. 그런 사람들은 자기가 만든 착각의 거품 속에 산다. 자신이 왕이나 여왕이라고, 모두가 마땅히 자신에게 관심을 기울여야 한다고 여긴다. 타인의 특성이나 기분은 안중에도 없고, 마리 앙투아네트와 같은 독선과 오만함으로 똘똘 뭉쳐 있다. 아이처럼 응석을 부리면 모든 걸 가질 수 있다고 믿는다. 또 자신의 매력을 확신하기 때문에 상대를 유혹하거나 설득하기 위한 노력을 기울이지 않는다.

권력의 세계에서 그런 태도는 비극을 부른다. 당신은 주변 사람들에게 늘 관심을 기울여야 하며, 그들 각각의 심리 상태를 헤아리고 그들을 유혹하는 데 적절한 말을 해야 한다. 이를 위해서는 노력과 기술이 필요하다. 높은 자리에 있을수록 아랫사람의 마음에 더 귀를 기울여야 한다. 그래야 권력의 정점을 유지할 수 있는 지지 기반을 확보할 수 있다. 그러한 기반이 없으면 권력은 흔들릴 것이고, 상황이 조금만 바뀌어도 아랫사람들이 기꺼이 당신의 몰락을 도울 것이다.

◆　　　　　　　　　　　　　　　　　　　　　**권력의 열쇠**

상대의 마음을 유혹하라

권력 게임에서 당신은 자기에게 돌아오는 이익이 없는 한 절대로 당신을 도와주지 않는 사람들을 만나게 된다. 자기가 취할 이익이 없다고 판단되면 그들은 당신을 적대적으로 바라본다. 그들에게 당신은 그저 또 다른 경쟁자, 교류해봐야 시간 낭비인 사람으로 보이기 때문이다. 이러한 냉정한 시선을 극복하는 방법은 상대의 마음을 열어 당신 편으로 끌어들이는 것이다.

기억하라. 설득의 열쇠는 상대를 부드럽고 점잖게 제압하는 것이다. 양면적인 방식으로 상대를 유혹하라. 그들의 감정적 측면과 지적인 약점을 동시에 이용하라. 남들과 다른 상대만의 특징(개인적인 심리)과 보편적인 특징(일반적인 감정 반응) 모두를 주시하라. 사랑, 미움, 질투 등 기본적인 주요 감정에 주목하라. 상대의 감정을 움직이면 그는 당신의 설득에 훨씬 쉽게 넘어온다.

마오쩌둥은 언제나 대중의 감정에 호소했으며 간단하고 쉬운 언어로 말했다. 마오쩌둥 자신은 좋은 교육을 받았고 박식한 인물이었지만, 연설에서는 본능적이고 단순한 비유를 사용했으며 특정한 제도의 실천 방안을 강조하기보다는 그 제도가 대중에게 현실적으로 미치는 영향을 설명했다. 이는 어떤 상대에게나 효과가 있다.

때로는 상징적 행동이 공감을 얻는 데 중요한 역할을 한다. 예를 들어 자기희생의 모습을 보이면(당신 역시 다른 사람들과 마찬가지로 고통을 겪고 있음을 보여주면), 사람들은 당신에게 동질감을 느낀다. 설령 당신의 희생은 그저 상징이거나 미미한 수준이고 그들의 희생은 진짜라고 할지라도 말이다. 집단에 들어갈 때는 선의의 행동을 보여라. 그러면 집단이 거친 행동으로 치닫지 않도록 누그러뜨릴 수 있다.

마음을 얻는 가장 빠른 방법은 상대가 얻을 이익을 간단하게 보여주는 것이다. 이해관계는 무엇보다도 강력한 동기다. 훌륭한 대의도 마음을 얻는 데 요긴하지만, 처음의 흥분이 시들해지고 나면 이해관계가 고개를 쳐들게 마련이다. 그것은 고상한 대의보다 훨씬 견고한 기초다.

　마지막으로, 사람들의 수를 이용할 줄 알아야 한다. 당신의 지지 기반이 넓을수록 힘이 커진다. 모든 위치에 있는 사람들을 동맹으로 만들어라. 언젠가는 그들이 반드시 필요해진다.

●　　　　　　　　　　　　　　　　　　**뒤집어보기**

이 법칙은 뒤집어볼 수가 없다.

Law
47

상대를 허상과
싸우게 하라

거울 전략

거울은 현실을 비추지만, 기만의 완벽한 도구가 되기도 한다. 거울에 비치듯이 상대가 하는 그대로 따라 하면, 상대는 당신의 전략을 파악할 수 없게 된다. 거울 효과는 상대를 조롱하며 굴욕감을 안겨주고 과잉 반응을 이끌어낸다. 상대의 심리에 거울을 들이대면, 상대는 당신이 자신의 가치를 공유한다는 착각에 빠진다. 상대의 행동에 거울을 들이대면, 당신은 상대에게 교훈을 가르치는 셈이 된다. 거울 효과의 힘에 저항할 수 있는 사람은 별로 없다.

거울 전략

권력을 위한 4가지 거울 효과

우리는 거울 속 자신을 보면서 보고 싶은 모습만 볼 때가 많다. 너무 가까이 보지 않으려 하고 주름과 여드름은 무시한다. 그러나 거울 속 모습을 자세히 들여다보면, 때로 우리는 다른 사람의 눈을 통해 자신을 보는 듯한 느낌, 다른 사람들 사이에 있는 자신을 보는 느낌을 받는다. 한마디로 자신이 객체화된 기분을 느끼는 것이다. 그러한 느낌이 들면 오싹해진다. 생각과 정신과 영혼이 빠진 자아를 외부에서 바라보는 기분이 들기 때문이다.

거울 효과를 사용하면 이와 같은 혼란스러운 힘을 상징적으로 재현할 수 있다. 상대의 행동을 거울에 비치듯 보여주고 그들의 움직임을 흉내 냄으로써 상대를 흔들어놓고 격노하게 하는 것이다. 사람들은 누가 자신을 흉내 내면서 조롱하면 화를 낸다. 또는 거울 효과를 조금 다르게 이용할 수도 있다. 상대의 바람과 욕구를 완벽하게 반사해 보여줌으로써 상대를 무력화시키는 것이다. 이는 거울이 지닌 자기도취적 힘이다. 분노를 일으키든 자기

도취에 빠지게 하든, 거울 효과는 상대를 혼란에 빠뜨린다. 바로 그 순간 당신은 상대를 조종하거나 유혹할 힘을 갖게 된다.

권력의 세계에서 활용할 수 있는 네 가지 거울 효과가 있다.

무력화 효과

어린 시절 누군가가 당신의 말을 똑같이 따라 하면서 당신을 놀리던 경험을 떠올려보라. 상대의 얼굴에 주먹을 날리고 싶은 기분이 들지 않았는가. 성인인 당신은 좀 더 교묘한 방식으로 상대를 동요시킬 수 있다. 거울을 방패로 이용해 당신의 전략을 가리고 보이지 않는 덫을 놓아라. 또는 상대가 당신을 빠뜨리려 계획해둔 함정에 오히려 상대를 밀어 넣어라. 이는 무력화 효과의 핵심이다. 적이 하는 대로 따라 하면, 적은 당신의 의도를 알아채지 못한다. 적은 당신 특유의 행동 방식을 토대로 당신에 대한 전략을 세운다. 따라서 당신이 적을 흉내 내면 적을 무력화할 수 있다. 이 전술을 쓰면 상대는 조롱받는다고 느끼거나 격분하게 된다.

이 강력한 전략은 손자孫子 이래로 여러 군사 전략에서 이용되었다. 오늘날에는 정치 캠페인에서 종종 볼 수 있다. 또한 이 전략은 당신이 특별한 전략을 세워두지 않은 경우에 상황을 위장하는 데 효과적이다.

반면 무력화 효과를 뒤집는 것이 그림자 전략이다. 그림자 전략이란 상대의 움직임 하나하나를 그림자처럼 따라다니되 상대가 당신을 보지 못하게 하는 것이다. 그러면서 정보를 모은 다음,

그것을 이용해 상대의 전략을 무력화할 수 있다. 적의 움직임을 따라다니면 적의 습관과 행동 방식을 간파할 수 있다. 그림자 전략은 특히 탐정과 첩자들이 자주 쓰는 방법이다.

나르키소스 효과

그리스 신화에 나오는 미소년 나르키소스는 샘물에 비친 자기 모습을 보고 사랑에 빠진다. 그리고 그것이 자기 모습이 비친 것임을, 이룰 수 없는 사랑임을 알게 되자 괴로워하다가 물에 빠져 죽는다. 사람들은 모두 이와 유사한 문제를 갖고 있다. 우리는 우리자신을 깊이 사랑한다. 그런데 이 사랑은 그 어떤 사랑보다도 강하기 때문에, 항상 채워지지 못한 채 남아 있다. 나르키소스 효과는 이러한 보편적인 나르시시즘을 이용하는 것이다. 타인의 영혼을 깊숙이 들여다보라. 그들 내면 깊은 곳의 욕구, 가치관, 취향, 정신을 헤아려보라. 그리고 그것을 거울로 비춰 그들에게 보여주어라. 그들의 영혼과 정신을 비춰 보여주면 당신은 그들을 제압할힘을 얻게 된다.

대개 사람들은 남에게 자신의 경험과 취향을 강요한다. 그리고 남의 눈을 통해 사물을 바라보려는 노력을 좀처럼 하지 않는다. 상대의 내면적인 감정을 반사해 비춤으로써 당신이 상대를 이해하고 있다는 사실을 보여주면, 상대는 당신에게 매혹당하고 무장해제된다.

교훈 효과

말을 사용한 논쟁은 제한적인 힘을 가질 뿐만 아니라 의도했던 것과 반대의 결과를 가져오기도 한다. 발타사르 그라시안은 "대개 진실은 귀를 통해서가 아니라 눈을 통해 알 수 있다"고 말했다. 교훈 효과는 당신의 생각을 행동을 통해 보여주는 방법이다. 간단히 말해, 상대가 쓴 것과 똑같은 방식을 사용함으로써 교훈을 깨닫게 하는 것이다.

상대가 당신에게 한 행동을 나중에 당신이 똑같이 하되, 상대가 했던 것과 같은 방식을 쓰고 있다는 사실을 알게 하라. 상대의 행동에 대해 불평하고 투덜대는 대신 직접 보여주어라. 불만과 비난을 표현하면 상대는 더욱 방어적이 될 뿐이다. 자기 행동의 결과를 거울에 비치듯이 목격하면, 상대는 자신의 반사회적 행동이 얼마나 남에게 피해와 고통을 주었는지 깊이 깨닫는다.

환각 효과

거울은 매우 기만적인 물건이다. 마치 실제 세상을 보고 있는 느낌을 주기 때문이다. 하지만 사실 당신은 그저 유리 조각을 보고 있을 뿐이다. 그리고 모두가 알듯이 거울은 세상을 있는 그대로 보여주지 못한다. 거울 속의 모든 모습은 반대로 비치지 않는가.

환각 효과는 사물이나 장소, 사람의 완벽한 복제물을 만듦으로써 나온다. 이러한 복제물은 일종의 모조품 역할을 하며 사람들은 그것을 진짜라고 믿는다. 외형적으로는 진짜와 똑같이 생겼기 때문이다. 이는 특히 사기꾼들이 사용하는 방법이다. 그들은 진짜 대상을 똑같이 흉내 내어 당신을 속인다. 또한 이 전략은 위장이 필요한 모든 영역에 응용할 수 있다.

● 경고

거울에 비친 듯한 상황을 경계하라. 이전의 상황을 반영하거나 그 것과 매우 비슷한(대개는 형식이나 외양의 측면에서) 상황을 조심해야 한다. 당신은 제대로 알지 못한 채 어떤 상황에 들어갔지만, 주변 사람들은 그 상황을 익히 잘 알고 있어서 예전의 상황과 비교할 때가 있다. 그리고 당신은 그러한 비교 때문에 곤욕을 겪게 된다. 이전의 유사한 상황을 겪었던 전임자보다 약하고 못한 존재로 보이거나, 또는 전임자가 사람들에게 남긴 안 좋은 기억 때문에 당신이 피해를 입을 수 있기 때문이다.

거울에 비친 듯한 상황이 되면, 당신과 연결된 다른 누군가의 모습이 연상되는 것을 막을 방법이 없다. 그처럼 당신의 통제력을 벗어난 상황은 위험하다. 설령 이전 사람이나 상황이 긍정적이고 훌륭한 이미지라고 해도, 당신이 그에 필적하는 모습을 보이지 못하면 그것도 문제다. 당신이 있는 현재보다 과거가 더 아름다워 보일 테니 말이다. 사람들이 당신을 과거의 어떤 인물이나 사건과 연관 지어 생각한다면, 어떻게든 당신과 그 기억을 분리해놓고 거울을 부숴버려라.

승리를 거두면
멈출 때를 알라

승자의 저주

승리의 순간은 종종 가장 위험한 순간이기도 하다. 승리의 열기 속에서 오만과 과신 때문에 애초에 목표했던 지점을 넘어가 버리기 쉽기 때문이다. 너무 멀리 나아가면, 지금까지 물리친 것보다 더 많은 적이 생기기 십상이다. 성공이 이성을 지배하게 만들지 마라. 전략과 조심스러운 계획을 대체할 수 있는 것은 어디에도 없다. 미리 세운 목표에 도달하면, 거기에서 멈추어라.

키루스의 결정적 실수

기원전 559년, 키루스라는 한 젊은이가 흩어진 페르시아 부족을 결집해 메디아의 왕이자 자기 조부인 아스티아게스^{Astyages}에게 맞섰다. 그는 아스티아게스를 손쉽게 격퇴한 후, 스스로 메디아와 페르시아의 왕이 되어 페르시아 제국을 건설하기 시작했다. 그는 연승 가도를 질주했다. 리디아 왕 크로이소스를 꺾고 이오니아 제도 및 기타 군소 왕국을 정복했다. 바빌로니아로 진군해 무참히 짓밟았다. 이제 그는 전 세계의 통치자 키루스 대왕으로 불렸다.

바빌로니아를 점령한 후, 키루스는 동쪽으로 눈을 돌려 카스피해에 광대한 영토를 가진 반야만 부족 마사게타이에 주목했다. 토미리스^{Tomyris} 여왕이 다스리는 거친 전사의 나라 마사게타이는 바빌로니아보다 부유하진 못했지만, 패배를 모르는 절대 영웅이라 자처한 키루스는 어쨌든 침공을 결심했다.

기원전 529년, 키루스는 마사게타이 왕국의 관문인 아락세스 강으로 진군해 강 서편 제방에 진을 쳤다. 그때 토미리스 여왕으로부터 전갈이 왔다. "메디아의 왕이여, 이 전쟁을 거둘 것을 충고한다. 이 전쟁에서 무엇을 얻을 것인가. 그대 백성이나 다스리고, 내 백성은 내가 다스리도록 지켜봐주기 바란다. 내 충고를 받아들이지 않으면, 그대의 마지막 소원은 평화롭게 살기만 바라는 것이 될 것이다." 토미리스는 자신의 군사력을 믿었다. 그래서 키루스의 군대가 강을 건너오게 하고, 강 동편에서 싸우고자 했다.

키루스는 이에 응했지만, 직접 대결을 피하고 속임수를 도모했다. 일단 강을 건넌 키루스는 강 동편에 진을 친 후 고기와 진미, 독한 포도주를 잔뜩 차려 잔치를 베풀었다. 그런 다음 가장 약한 군대를 진지에 남겨두고 나머지는 강 쪽으로 철수시켰다. 곧 마사게타이군이 대규모로 진지를 공격해와 페르시아군을 전멸시켰다. 승리한 마사게타이군은 진수성찬에 마음이 빼앗겨 진탕 먹고 마시며 즐긴 후 곯아떨어졌다. 그날 밤 물러갔던 페르시아군이 진지로 돌아와 곯아떨어진 적군 상당수를 죽이고 나머지를 포로로 잡았다. 포로 중에는 스파르가피세스Spargapises라는 젊은 장수도 있었는데, 토미리스 여왕의 아들이었다.

여왕은 키루스에게 전갈을 보내 속임수로 자기 군대를 격퇴한 것을 꾸짖었다. "들어라. 그대를 위해 충고하겠다. 내 아들을 돌려보내고 그대 군대를 모두 데리고 내 나라를 떠나라. 마사게타이의 3분의 1을 빼앗은 것으로 만족하라. 거부하면 우리가 섬기는 태양을 두고 맹세하는데 그대가 다 마실 수 없는 피를 실컷 마시도록 해주겠다." 키루스는 여왕의 말을 비웃었다. 여왕의 아들을 돌려보내기는커녕 이 야만인들을 뭉개버릴 심산이었다.

여왕의 아들은 굴욕감에 못 이겨 스스로 목숨을 끊었다. 아들의 죽음에 격분한 토미리스 여왕은 군사력을 모두 동원해 키루스의 군대와 피비린내 나는 전투를 치렀다. 마침내 마사게타이군이 승세를 잡았다. 분노한 그들은 페르시아군을 닥치는 대로 죽였고 키루스는 자결했다.

전투가 끝난 후 토미리스 여왕과 병사들은 전장을 샅샅이 뒤져 키루스의 시체를 찾았다. 여왕은 그의 머리를 잘라 사람 피가 가득 담긴 포도주 부대에 처넣었다. 키루스가 죽은 후 페르시아 제국은 급속히 약화하였다. 키루스의 단 한 번의 오만한 행동이 모든 공적을 망쳐버린 것이다.

● **해석**

승리보다 더 위험하고 흥분케 하는 것은 없다. 키루스는 이전 제국의 파멸 위에 자신의 거대한 제국을 세웠다. 100년 전 강력한 아시리아 제국은 멸망했고, 한때 화려했던 수도 니네베도 모래 위 폐허만 남았다. 아시리아가 이런 운명을 맞은 이유는 자신의 목표와 그에 따른 대가를 잊고 도시국가들을 연이어 함락시키며 너무 멀리 나아갔기 때문이다. 아시리아는 지나치게 세력을 확장해 적을 많이 만들었으며, 결국 이들이 힘을 합해 그를 멸망시킨 것이다.

권력의 세계에서는 이성을 따라야 한다는 사실을 이해해야 한다. 찰나적인 통쾌함이나 감정적인 승리에 행동을 맡기면 그 결과는 치명적일 수 있다. 성공을 거두면 뒤로 한 걸음 물러나서 신중해야 한다. 승리를 거두면 당시 특수 상황이 어떻게 작용했는지 살펴보고 같은 행동을 단순히 반복하면 절대 안 된다. 역사에는 멈추어 서서 이룩한 위업을 공고히 하지 못한 채 파멸한 제국과 영웅들이 널려 있다.

◆ **권력의 열쇠**

승리를 거두면 멈출 때를 알라

권력에는 리듬과 패턴이 있다. 패턴을 자유자재로 구사하면서, 자기 템포는 유지하는 반면 다른 사람의 균형 감각은 흐트러뜨리는 사람이 게임에서 승리한다. 전략의 요체는 다음 단계를 통제하는 데 있다. 성공에 도취하면 두 가지 면에서 다음 단계에 대한 통제력을 상실한다. 첫째, 성공의 비결을 패턴에서 찾고 그 패턴을 반복하려 한다. 그것이 여전히 최선책인지 돌아보지 않고 계속 같은 방향으로 나아가려 하는 것이다. 둘째, 성공하면 자만에 빠져 감정에 치우치기 쉽다. 득의양양하여 공격적인 자세를 취하면, 애써 이룬 성공이 물거품으로 사라질 수 있다.

교훈은 간단하다. 강자는 리듬과 패턴, 과정에 변화를 주면서 상황에 맞게 대처할 줄 알아야 한다. 발걸음을 앞으로만 내딛기보다 한 걸음 물러서서 어디로 향하고 있는지 살펴보아야 하는 것이다. 어떻게 생각하든, 행운은 불행보다 더 위험하다. 불행을 통해 인내와 적절한 시기, 최악의 상황에 대한 대처 요령에 대해 소중한 교훈을 배울 수 있는 반면, 행운은 반대 방향으로 유도해 자신의 뛰어난 능력으로 난관을 극복할 수 있을 거라고 자만하게 만든다. 운은 결국 바뀌고, 그렇게 되면 전혀 준비되지 않은 채 불운을 맞게 된다.

결국 멈추어야 할 때를 아는 것이 중요하다. 언제나 마지막엔 감탄 혹은 절규가 남게 마련이다. 승리를 거두었을 때야말로 일단 멈추고 마음을 가다듬어야 할 때다. 위험을 무릅쓰고 계속 나아가다가는 그동안의 수고가 무산될 뿐 아니라 실패로 끝날 수도 있다. 반대 심문에 대해 변호인이 말하는 것처럼, "승리하면 멈춰라."

● **뒤집어보기**

마키아벨리가 말한 것처럼, 적을 파멸시키든지 고립무원의 지경에 빠뜨려라. 적당히 벌주거나 해를 입히면, 적은 반드시 앙심을 품고 복수할 것이다. 적을 칠 때는 완전히 짓밟아라. 적을 물리치면 완전히 제거하고, 쓸데없이 새로 적을 만들지 마라. 적에게는 무자비하고, 도를 넘어 새로운 적을 만들지 마라.

승리로 얻은 전리품에 집착해 이전보다 더 조심스러워질 때가 있다. 그러나 조심성 때문에 쓸데없이 머뭇거리거나 여세를 몰

기회를 놓쳐서는 안 된다. 그보다는 조심성을 성급한 행동의 제동 장치로 삼아야 한다. 한편 여세를 몰아 밀어붙이는 것의 효과는 자칫 과대평가되기 쉽다. 잇따른 승리에 우쭐해져 그 여세를 믿고 같은 방식을 되풀이할 뿐 전략적으로 대처하지 못하는 것이다. 더 나은 대안이 없는 이들이나 여세를 믿고 거기에 의지할 뿐이다.

옮긴이

안 진 환   경제경영 분야에서 활발하게 활동하고 있는 전문 번역가. 1963년 서울에서 태어
나 연세대학교를 졸업했다. 저서로 『영어 실무 번역』 『Cool 영작문』 등이 있으며,
역서로 『전쟁의 기술』 『넛지』 『부자 아빠 가난한 아빠』 『마켓 3.0』 『스틱!』 『스위
치』 『불황의 경제학』 『실리콘밸리 스토리』 등이 있다.

이 수 경   한국외국어대학교 노어과를 졸업했으며 전문번역가로 활동하며 인문교양, 경제
경영, 심리학, 자기계발, 문학, 실용 등 다양한 분야의 영미권 책을 우리말로 옮
겨왔다. 옮긴 책으로 『뒤통수의 심리학』 『영국 양치기의 편지』 『완벽에 대한 반
론』 『아무도 나를 이해해주지 않아』 『멀티플라이어』 『해피니스 트랙』 『앱 제너
레이션』 등이 있다.

인간 욕망의 법칙

초판 1쇄 발행 2021년 3월 30일
초판 9쇄 발행 2024년 8월 26일

지은이 로버트 그린 **옮긴이** 안진환 이수경

발행인 이봉주 **단행본사업본부장** 신동해
책임편집 김동화 **디자인** ★규 **교정** 남은영
마케팅 최혜진 이은미 **홍보** 반여진 허지호 송임선
국제업무 김은정 김지민 **제작** 정석훈

브랜드 웅진지식하우스
주소 경기도 파주시 회동길 20
문의전화 031-956-7355(편집) 02-3670-1123(마케팅)
홈페이지 www.wjbooks.co.kr
인스타그램 www.instagram.com/woongjin_readers
페이스북 www.facebook.com/woongjinreaders
블로그 blog.naver.com/wj_booking

발행처 ㈜웅진씽크빅
출판신고 1980년 3월 29일 제406-2007-000046호

한국어판 출판권 © 웅진씽크빅, 2021
ISBN 978-89-01-24973-5 03180